Lesley Hazleton
Dein Recht, dich schlecht zu fühlen

Lesley Hazleton

Dein Recht, dich schlecht zu fühlen

Mit Alltags-Depressionen leben

ERNST KABEL VERLAG

Titel der amerikanischen Originalausgabe:
THE RIGHT TO FEEL BAD
The Dial Press
Doubleday & Company, Inc.
Garden City, New York

Aus dem Amerikanischen
von Denis Scheck

Copyright der deutschen Ausgabe:
© 1987 by Ernst Kabel Verlag GmbH, Hamburg
Umschlag: Theodor Bayer-Eynck
Gesamtherstellung: Clausen & Bosse, Leck
ISBN 3-8225-0051-8

Danksagung

Ohne die Hunderte von Menschen, die den Mut und die Zeit aufbrachten, mit mir über ihre Depressionen zu sprechen, wäre dieses Buch niemals möglich gewesen. *Um die Intimsphäre der von mir wörtlich Zitierten zu schützen, habe ich erfundene Namen an Stelle ihrer richtigen verwandt.*

Meine tiefste Dankbarkeit gebührt auch den zahlreichen Psychologen, Psychiatern und Psychoanalytikern, mit denen ich über dieses Buch sprach und die auf verschiedene Weise zu seinem Zustandekommen beitrugen. Vor allem bin ich dem Werk Ernest Beckers verpflichtet, das mir half, viele der Leitgedanken dieses Buches zu entwickeln.

Zwei Menschen schulde ich besonderen Dank – meiner Lektorin Joyce Johnson, für ihre sanfte Schonungslosigkeit, und meiner Agentin Gloria Loomis, für ihre unerschütterliche Ermutigung und Unterstützung. Danken möchte ich auch der MacDowell Colony, für die friedliche Ruhe zum Schreiben, und der New York Public Library, für die Möglichkeit zur Benutzung der Wertheim und Allan Forschungsstellen.

Inhalt

1.
Das Recht, sich schlecht zu fühlen

Wir alle kennen diese schlechten Zeiten. Morgens aufzustehen scheint keinen Sinn zu haben. Eigentlich scheint überhaupt nichts Sinn zu haben. Unsere ganze Zielstrebigkeit hat uns verlassen. »Warum sollte ich aufstehen? Warum zur Arbeit gehen? Welchen Zweck hat das schon?« fragen wir vielleicht. Doch als Antwort hallt nur Stille zurück.

Jeglicher Sinn für die schönen Seiten des Lebens scheint einem abhanden gekommen zu sein. Die Sonne kann scheinen, der Himmel mag blau sein, doch was uns anbelangt, erstreckt sich lediglich ein monotones Schiefergrau bis zum fernen Horizont unseres Lebens. Das Grau durchdringt alles, entzieht den Dingen, die uns normalerweise lieb und wert sind, sämtliche Farbe. Wir fühlen Leere in uns, Leere in der Welt. Wir haben kein Vertrauen mehr zu uns oder zur Welt. An dieser Stelle fragen wir uns vielleicht sogar: »Was hat es überhaupt für einen Sinn weiterzuleben?«

Es kann aber auch sein, daß die tausend kleinen Mühen des Alltags plötzlich schlicht zuviel werden. Wir ertappen uns bei der Frage: »Warum tue ich das?« – und wieder finden wir keine Antwort.

Am schlimmsten sind solche Phasen unter Umständen dann, wenn es scheinbar keinen unmittelbaren Grund für Fragen und Gedanken wie diese gibt. Es kann alles ziemlich gut laufen, nicht gerade berauschend vielleicht, aber so mies auch wieder nicht, und dennoch... Etwas scheint zu fehlen, etwas so Ungreifbares, daß wir nicht sagen können, was es ist, gleichzeitig aber etwas so Wesentliches, daß alles andere bedeutungslos wird. Wir fühlen uns einfach hundeelend und fürchten uns vor dem, was wir empfinden, weil sich kein triftiger Grund anbietet, der uns mit einem klaren Prinzip von Ursache und Wirkung Trost spenden könnte. Es gibt nichts außer der Depression.

Fast jeder bekommt Depressionen. Jenes Grundgefühl der Leere, Erschöpfung und Sinnlosigkeit ist universell, überschreitet alle Alters-, Geschlechts- und Landesgrenzen. Winston Churchill nannte es seinen »Katzenjammer«, der hinter jeder Ecke auf ihn lauere. Psychiater bezeichnen es als den »Schnupfen« ihres Gewerbes. Eine Systemanalytikerin stellt es sich als »stinkende alte Decke« vor, die sie mit sich herumträgt. Doch welche Vorstellung wir uns auch immer von der Depression zurechtgelegt haben, die jeder von uns gelegentlich durchläuft, wir tragen diese Last mit Scham- und Schuldgefühlen. Schließlich ist es »falsch«, sich so zu fühlen. Jede Depression, so hat man uns weisgemacht, ist entweder krankhaft oder ungerechtfertigt.

Auf Schritt und Tritt verfolgt uns die ständig wiederholte Tatsache, daß zwischen fünf und fünfzehn Prozent der Bevölkerung unter schweren Depressionen leiden. Soviel stimmt. Aber was ist eigentlich mit uns anderen, der überwältigenden Mehrheit? Auch wir haben Depressionen. Wir leiden Stunden, Tage, manchmal sogar ganze Wochen lang unter ihnen, doch wir gehen allein, ohne psychiatrische Hilfe, wieder aus ihnen hervor. Als was sollen wir unsere Depressionen betrachten? Wie sollen wir jene schwierigen und quälenden Phasen durchstehen, ohne uns Vorwürfe zu machen, daß wir überhaupt Depressionen haben? Wie sollen wir damit fertig werden, daß wir uns schlecht fühlen, wo unsere Umwelt doch beharrlich beteuert, sich stets gut zu fühlen?

Weil wir aus Angst und Scham unsere Depressionen verbergen, damit andere sie nicht bemerken, erkennen wir nicht, daß jeder schon einmal das gleiche empfunden hat. Selbst diejenigen, von denen wir vielleicht annehmen, daß sie sich niemals Depressionen überlassen, entpuppen sich als gut vertraut mit ihnen, wie ich zu meinem Erstaunen feststellte, als ich mit der Arbeit an diesem Buch begann.

Ein Freund, von dem ich dachte, daß er noch nie in seinem ganzen Leben deprimiert war, bezeichnete sich als »alter Hase auf diesem Gebiet«, drehte dann den Spieß herum und fragte mich, weshalb ich denn darüber schreiben wolle.

»Liegt denn das nicht auf der Hand?« erwiderte ich und beantwortete vor Überraschung seine Frage mit einer Gegenfrage. »Auch ich habe Depressionen.«

»Du?« sagte er merklich verblüfft. Und plötzlich kam mir zu Bewußtsein, wie geschickt ich im Versteckspielen geworden war – wie geschickt wir alle darin haben werden müssen. Innerlich können wir uns fühlen, als gingen wir und die Welt vor die Hunde, aber wir machen weiter »als ob« – als ob alles bestens stünde und wir das Wort »Depression« noch nie gehört hätten. Allen anderen können wir vielleicht etwas vormachen, uns selbst aber nicht.

Dennoch geben wir uns größte Mühe, den uns von der Depression aufgezwungenen Fragen auszuweichen. Allein schon wissen zu wollen: »Was für einen Sinn hat es?« zieht alles in Zweifel, was wir normalerweise als gegeben ansehen. Folglich wenden wir wenn möglich den Blick davon ab und sind bestrebt, uns unter der Decke des Lebens zu verkriechen oder die Fragen in Alkohol, Arbeit oder hektischer Betriebsamkeit zu ertränken. Diejenigen unter uns, welchen dies nicht gelingt, stellen die Fragen zitternd und zagend, mit stummen Schreien, die so laut sind, daß kein ruhiger Ort mehr bleibt, an dem man rasten und ihnen in Ruhe begegnen könnte.

Tatsächlich haben wir so panische Angst vor unserer Depression, daß wir uns ihr nicht stellen wollen. Man hat sie zu einer furchtbaren Leere gemacht, einem riesigen Gefahrenbereich, den es um jeden Preis zu meiden gilt, wenn wir nicht unserer Selbstachtung oder gar unser Leben verlieren wollen. Vor lauter Angst haben wir aus einer normalen Emotion ein Schreckgespenst gemacht.

Das Gegenstück zum Schreckgespenst, der uns zu Hilfe eilende Ritter in schimmernder Rüstung, steht für das Glücklichsein. In der Tat ist der Wunsch, sich gut zu fühlen, ganz natürlich. Welcher halbwegs Normale wollte nicht geliebt, geachtet, geborgen, zufrieden und glücklich sein? Doch wenn man uns sagt, daß wir uns *nur* so fühlen sollten und alles andere falsch sei, dann wird das Streben nach Glück zu einer aussichtslosen Hetzjagd, die uns wie ein Schraubstock unter Druck setzt.

Sich gut zu fühlen, ist nicht mehr bloß ein Recht, sondern eine gesellschaftliche und persönliche Pflicht. Es liegt an uns, so hat man uns eingeredet, wenn wir uns nicht gut fühlen – wir sind schwach oder krank, liegen falsch oder haben eine innere Störung. Das Recht, sich gut zu fühlen, ist über jedes gesunde Maß hinausgewachsen – bis zu dem Grad, daß wir das Recht, uns schlecht zu fühlen, jetzt von neuem fordern müssen.

Wir müssen wieder das Recht auf die ganze Bandbreite des Gefühls fordern, einschließlich des Rechts, um die zahllosen Verluste zu trauern, denen wir ausgesetzt sind. Dies ist nichts anderes, als das Recht, wie Menschen zu reagieren statt wie Roboter, die ungeachtet der Tatsachen des Lebens mit grimmiger Entschlossenheit den einmal eingeschlagenen Weg zum Glück weitergehen.

Wir müssen die unnatürliche Forderung nach einem fortwährenden Hoch im Leben zurückweisen und wieder Geduld haben mit den Prüfungen und Plagen des Daseins, mit dem natürlichen Rhythmus von Auf und Ab, der dem Leben ein dynamisches Moment des Fließens, der Bewegung und des Wandels verleiht.

Der gesunde Menschenverstand sagt uns, daß alle Versprechungen auf den »Schlüssel zum ewigen Glück« falsch sind, so verlockend wie die Fata Morgana einer Quelle in der Wüste. Insgeheim gestehen wir uns ein, daß wir tatsächlich Depressionen haben, und kämpfen so gut wie möglich gegen sie an. Aber das, was wir fühlen, steht im krassen Widerspruch zu dem, was uns ständig die Medien und die populärwissenschaftliche Psychologie predigen, die sich fast ausschließlich mit schweren Depressionen beschäftigen.

Nur ein geringer Teil aller Depressionen sind schwer; die meisten Depressionen sind normal, sind Alltags-Depressionen. Wie könnten wir sie auch anders bezeichnen, haben wir doch fast alle schon das eine oder andere Mal eine Depression durchlaufen. Und gerade weil sie eine normale Erfahrung ist, müssen wir also die Frage stellen, welche Funktion sie erfüllt. Weshalb haben wir Depressionen? Welche Rolle spielen sie in unserem Leben?

Die Zeit ist mehr als reif für diese Fragen. Wir müssen dieses Thema, die ganze Bandbreite der Depression, wie sie den meisten von uns vertraut ist, aus einer neuen Perspektive sehen. Was haben wir unter der Depression als legitimem Gefühl zu verstehen? Wie sollen wir vermeiden, uns als krank oder abnorm zu bezeichnen, wenn wir uns doch so fühlen? Wie sollen wir den Begriff für uns vereinnahmen, solange er in der Gewalt derjenigen ist, die behaupten, daß alles außer sich gut fühlen schlecht sei.

Mein Buch ist ein Versuch, diese Fragen zu beantworten. Wie jeder seiner Leser habe auch ich ein persönliches Interesse daran, das über die Verfasserschaft hinausreicht. Lange Zeit über hielt ich mich für in ganz besonderer Weise mit Depressionen geschlagen. Das machte mir Angst und rief in mir den Eindruck hervor, schrecklich isoliert zu sein. Weil ich von Alltags-Depressionen keinerlei Vorstellung besaß, dachte ich mir, allein das Vorhandensein meiner Depression reiche aus, mich zu den fünf bis fünfzehn Prozent zählen zu müssen, die schwer depressiv sind.

Zwar verging die Depression jedesmal von allein, doch dies zu wissen, half rein gar nichts; ich war jedesmal aufs neue überzeugt, sie nähme nie ein Ende. In Zeiten wie diesen schien ich in einem hoffnungslosen Nichts der Leere und Sinnlosigkeit dahinzudämmern.

Der Umstand, daß ich gelegentlich mit Selbstmordgedanken gespielt hatte, verstärkte noch meinen Verdacht, es könnte etwas mit mir ernsthaft nicht in Ordnung sein. Ich stand der eigentlichen Tat nie wirklich nahe, aber allein daß ich darüber nachdachte, ließ mich in meinen Augen »krank« erscheinen. In derartigen Kategorien darf ich nicht denken, ging mir durch den Kopf, und auch nicht solche Tagträume haben.

Im hellen Licht der Erinnerung betrachtet, kann ich jetzt natürlich behaupten, daß ich klüger hätte sein müssen. Schließlich war ich ausgebildete Psychologin. Ich hatte eine Analyse durchlaufen und sogar eine

Ausbildung als Psychoanalytikerin für mich in Erwägung gezogen. Andererseits ist wohl bekannt, wie trügerisch psychologisches Wissen ist, wenn man es auf sich selbst anwendet.

Manchmal erstreckten sich diese Depressionen über einige Tage. Zuweilen gab es auch längere Phasen – etwa ein oder zwei Wochen –, aber dann kam die schlimme – damals, als ich über einen Monat lang den Blick nach innen richtete und nur auf Leere stieß.

Ich weiß nicht genau, was ich damals hätte sonst erwarten können. Ich hatte gerade ein Buch zu Ende geschrieben und war unschlüssig, ob ich wieder ins Journalistenlager wechseln wollte, eine feste Beziehung war auseinandergegangen, und mein Umzug nach New York lag noch nicht lange zurück. Die wichtigsten Bindungen, die mir einen Halt im Leben gaben und ein Heimatgefühl vermittelten, hatten sich gelöst. Verantwortlich dafür war aber ich selbst. Ich hatte in allen Fällen eine Wahl getroffen. Warum also war ich deprimiert?

Unmut überkam mich. Arm in Arm auf der Straße gehende Pärchen erinnerten mich an die Liebe, die ich verloren hatte. Das gemütliche Heim von Freunden ließ mich an meine Heimatlosigkeit denken. Die entschlossene Zielstrebigkeit der Rushhour-Massen rief mir ins Gedächtnis, daß ich keine Arbeit hatte, auf die ich mich stürzen wollte. Mich übermannte das Gefühl, daß dies alles einfach ungerecht war, daß ich es genau so gut zu haben verdiente wie jeder dieser Menschen um mich herum – und in meinen gehässigeren Augenblicken dachte ich sogar, daß sie es genau so schlecht zu haben verdienten wie ich.

Auf dem Boden des schäbigen Zimmers sitzend, das ich zur Untermiete bewohnte, verbrachte ich ganze Stunden damit, aus dem Fenster in einen grauen Himmel zu starren. »Die Welt ist *wirklich* grau«, dachte ich immerzu. Ich schlief sehr viel und war müde, wenn ich erwachte. Ich fühlte mich erschöpft und konnte nicht die Kraft aufbringen, dagegen anzugehen.

Doch nachdem dies einen Monat währte, hielt ich es nicht mehr länger aus. Ich war wütend auf mich, angewidert von mir selbst und schämte mich. Etwas mußte geschehen. Und irgendwo war da die uneingestandene Entschlossenheit, daß ich mich nicht kaputtmachen lassen würde.

Eines späten Abends befand ich mich in jenem seltsam ruhelosen Zustand, der den Schlaf fernhält, obwohl man sich nichts sehnlicher wünscht als einzuschlafen. Es hatte zu schneien begonnen, und ein bitterkalter Wind pfiff um die Häuserecken. Ich weiß nicht weshalb, aber ich zog mir einen Mantel über und ging nach draußen. Dahinter stand wohl die vage Vorstellung, wenn ich nur weit genug ginge, würde ich müde werden und Schlaf finden.

Ich stemmte mich direkt gegen den Wind. Hin und wieder fuhr ein Auto langsam die Straße entlang und hinterließ Zickzackspuren im Schnee. Niemand sonst war auf den Bürgersteigen. Der heftige Schneefall trieb mir die Tränen in die Augen; die eisige Kälte schien mir geradewegs durch den Kopf zu wehen. Dennoch lag etwas beinahe Befriedigendes darin: Das schlechte Wetter stimmte mit meiner schlechten Laune überein. Ganz allmählich begann ich etwas anderes als Trübsal zu empfinden. Sogar das Wetter stand auf meiner Seite! Ich war also doch nicht so allein! Und während ich mich noch im Wind und Schnee zusammenkauerte, brachte mich dieser Gedanke auf die Idee, daß, wenn ich niederschreiben konnte, wie mir zumute war, es mir vielleicht gelingen würde, mir das alles von der Seele zu schreiben. Ich machte kehrt, ging nach Hause und schrieb die ganze Nacht bis in den Morgen hinein; als ich schließlich zu Bett ging, hatte ich den ersten wirklich erholsamen Schlaf seit Wochen.

Einige Monate später las ich mir jene leidenschaftlichen Notizen zum erstenmal durch. Ich erkannte die groben Umrisse von etwas, was ich damals nicht hatte sehen können – die Struktur und Gesetzmäßigkeit hinter meiner Depression. Zögernd, da dieses Thema immer noch mit Scham verbunden war, begann ich, mit anderen darüber zu sprechen, und damals kam mir zum erstenmal zu Bewußtsein, daß ich nicht allein war, sondern daß beinahe jeder die gleichen Gefühle aus eigener Erfahrung kannte. Diese Erkenntnis bewog mich, das vorliegende Buch zu schreiben.

Es folgten fast drei Jahre des Befragens, Lesens, Interviewens und Schreibens. Im Verlauf dieser Zeit kristallisierte sich eine ganz andere Sichtweise der Depression heraus.

Kapitel 2–4 beschäftigen sich mit dem, was man mit der Depression alles gemacht hat – die verschiedenen Arten, auf die man sie gebrandmarkt und verteufelt hat, und die zahllosen Weisen, auf die man uns eingeredet hat, daß es generell untragbar sei, sich schlecht zu fühlen. Dies bedeutet, die von der Gesellschaft und der Psychiatrie ausgeübten Zwänge zu untersuchen, die festlegen wollen, wie wir uns fühlen *sollten*, wobei sie die tiefe Kluft zwischen ihren Sollvorgaben und unserer Wirklichkeit übersehen.

In Kapitel 5–8 wird näher auf das Erleben der Depression eingegangen, was während der Depression abläuft und weshalb. Dies bedeutet, sie nicht als Krankheit oder Funktionsstörung zu untersuchen, sondern als gesunde Reaktion auf verschiedene Arten von Verlusten und auf das äußerst aktuelle Problem, in einer komplexen und schwer durchschaubaren Welt zu leben. Folglich kann man die Depression nicht als Zeitverschwendung ansehen, sondern muß in ihr einen wertvollen Prozeß erkennen, in dessen Verlauf wir über die Bedingungen unseres Daseins nachdenken, unsere Werte und unser Ich einer nochmaligen Prüfung unterziehen und den Weg zu einem erneuerten Zielbewußtsein und Sinngefühl finden. Ein Wegfall dieser Phasen wäre für uns menschlich gesehen ein Verlust.

Kapitel 9–11 nehmen verschiedene Methoden unter die Lupe, wie wir mit der Depression leben können – indem wir sie akzeptieren, sie hinnehmen, ihr frei von Angst gegenübertreten und ihr dadurch die Möglichkeit einräumen, die für sie vorgesehene Rolle in unserem Leben zu spielen. Keine Wunderpille wird uns diese Arbeit abnehmen. Die neuen Antidepressiva sind zwar bei schweren Depressionen wirksam, doch ihr Nutzen bei normalen Depressionen ist fragwürdig. Wenngleich man auch andere Drogen und Medikamente dazu benützen kann, dem Bewußtsein zu entfliehen, so schränken diese uns als Menschen doch stark ein.

Wirklich am Leben zu sein heißt, die ganze Bandbreite der Emotionen auszukosten, heißt, sowohl gegen die Tiefs anzukämpfen, als auch die Hochs zu genießen. Das Leben ist zweifellos schwierig und oft sogar unberechenbar – mal prallvoll von Sinn und Zweck, mal ganz und gar sinnlos und zwecklos; manchmal so verlockend, daß wir es an einer bestimmten Stelle anhalten und dort auf immer verweilen wollen, ein andermal so unerfreulich, daß wir uns vielleicht bei dem Wunsch ertappen, nie geboren worden zu sein. Aber es besitzt auch eine eigene Dynamik. Es gibt kein echtes Glück ohne die ausgleichende Erfahrung der Depression. Sind wir nicht fähig zur Depression, sind wir auch nicht fähig zum Glück. In einem ganz realen Sinne erhält uns die Depression am Leben.

Statt vor ihr wegzulaufen, müssen wir also unsere Scham und unseren Schrecken ablegen und die Depression als das sehen, was sie ist – kein Schreckgespenst oder Feind, sondern ein integraler Bestandteil des Lebens.

Dieses Buch ist daher im Grunde eine Verteidigung der Depression. Es vertritt eine ganz andere Ansicht als die uns geläufige. Manche haben sie als hilfreichere Sichtweise bezeichnet. Andere sagen, sie spende Trost. Ich bin der Meinung, sie kommt ganz einfach näher an das heran, was wir alle empfinden.

2.
Das glückverheißende Ideal

*...wir sitzen und atmen
Die Reinheit eines vollkommenen
Falschen Glücks...*

Wallace Stevens

Es war einige Zeit her, seit David und ich uns das letzte Mal gesehen hatten. Wir hatten uns einmal geliebt, waren enge Freunde geblieben und hatten als Freunde viele Abenteuer bestanden – hatten uns in der Wüste verirrt, Kriege miterlebt und bis spät in die Nacht hinein leidenschaftliche Gespräche über Ideen und Ereignisse geführt. Es war eine Freude, ihn wiederzusehen. Wieder blieben wir lange auf, unterhielten uns und holten so schnell nach, was wir in der Zwischenzeit getan hatten, daß es bald den Anschein hatte, als hätten wir uns erst gestern das letzte Mal gesehen. Aber dann kam die Frage: »Sag mal, Lesley, bist du glücklich?« Und mit einem Mal war ich es nicht.

Das muß wohl eine der schlimmsten Fragen sein, die man überhaupt stellen kann. Man ist mit Leib und Seele bei der Sache, die man gerade macht, und dann erwischt einen diese Frage eiskalt und setzt einem die Pistole auf die Brust. »*Bin* ich glücklich?« denkt man. Und während sich die Gedanken überschlagen und man sich noch den Kopf zerbricht, ob man denn »wirklich« glücklich ist, flieht das Glück wie eine in der Wildnis überraschte Gazelle.

Damals riß mich Davids unvermittelte Forderung, mich hinsichtlich des Glücks für mein Leben während der vergangenen zwei Jahre zu verantworten, aus meiner Wiedersehensfreude. Es waren zwei Jahre voller Mühen gewesen; keine glücklichen Jahre, selbst im Rückblick, aber vermutlich notwendige. Glück war für diese Zeit nicht der richtige Maßstab; man verlangte von mir, daß ich sie in Kategorien des Gefühls statt des Sinns rechtfertige.

Natürlich hatte es Augenblicke des Glücks gegeben, an die ich mich gut erinnerte, und ausgedehntere Momente der Trübsal, die ich nicht mehr so gut im Gedächtnis hatte, aber auch wesentlich längere Zeiträume, als ich viel zu beschäftigt war, um von dem einen oder anderen Notiz zu nehmen.

Und dennoch... Vernunft ist eine Sache, Gefühl eine andere. Ich sehnte mich danach, David mit einem definitiven »Ja« antworten zu können. Da mir dies jedoch nicht möglich war, fragte ich mich, was ich falsch gemacht hatte.

Obwohl wir uns darüber im klaren sind, wie schwer das Glück zu fassen und wie vergänglich es ist, setzen wir alle unsere Suche nach dem Glück fort und beurteilen uns danach, ob wir es finden oder nicht. Was als Recht im Sinne eines Anspruchs begann – das Recht auf Streben nach Glück, wie es in der amerikanischen Unabhängigkeitserklärung festgeschrieben ist –, hat allmählich die Bedeutung von *im Recht sein* angenommen. Statt eines zufälligen Lebensgefühls ist Glücklichsein zu einem moralischen Imperativ geworden.

Diese mißbräuchliche Anwendung eines moralischen Urteils auf eine Seinsweise hat sogar in der Sprache ihren Niederschlag gefunden. Viele Menschen beschreiben ihre Depression mit den Worten »wenn ich nicht auf dem Posten bin« oder »wenn ich nicht ganz bei mir bin«, als wäre das einzig wahre Selbst das glückliche Selbst. Inzwischen bedeutet Glück, daß man mit seinen Gefühlen richtig liegt, und wer deprimiert ist, der liegt eben falsch.

Um den eigentlichen Begriff wurde ein System von Sollvorgaben errichtet, das zwangsläufig Schuldgefühle verursacht. Die Geburt eines Kindes zum Beispiel sollte die Eltern glücklich machen. Anscheinend ist es eine Conditio sine qua non des Lebens, daß dies so sein soll. Aber postnatale Depression ist ein weitverbreitetes Phänomen, sowohl bei Vätern wie bei Müttern. Eine neue Stelle mit besserem Gehalt sollte einen jungen ehrgeizigen Angestellten eigentlich glücklich machen, doch nach einigen Wochen an dem neuen Arbeitsplatz erlebt der Aufsteiger vielleicht eine Depression, ohne scheinbar einen »triftigen Grund« dafür angeben zu können. In beiden Fällen ist die Schuld, so zu empfinden, genauso schwer zu ertragen wie die eigentliche Depression.

Das Beharren auf Glück kann normale Menschen manchmal unerträglichen Belastungen aussetzen. Ständig zur erwünschten Norm erklärt, wird es bedrückend. Ein junger Krankenpfleger führt seine Depressionen direkt auf die an ihn gestellte Forderung zurück, glücklich zu sein. Seine Eltern wollten – wie alle Eltern – nur sein Bestes. »Ich war ein guter Schüler im letzten Jahr auf der High-School, und ich entsinne mich noch, wie meine Eltern zu mir sagten: ›Uns ist es egal, was du werden möchtest, ob Straßenkehrer oder Wissenschaftler, Künstler oder

Geschäftsmann. Wir möchten dir bloß sagen, daß wir dich immer liebhaben werden, was du auch tust, solange du nur glücklich bist.‹ Die implizite Aussage schien klar – wenn ich nicht glücklich war, würden sie mich nicht mehr liebhaben. Und genau das machte mich unglücklich. Seither bin ich anscheinend immer dann deprimiert, wenn ich nicht glücklich war bei einem Anlaß, wo ich es eigentlich hätte sein sollen.«

Unser Erwarten, glücklich zu sein, läßt oft gerade dies unmöglich werden. Entschlossen zum Glück, machen wir uns unglücklich.

Doch soweit dies in unseren Kräften steht, versuchen wir, das Glück vorauszuplanen. In jenen beiden Jahren zum Beispiel, seit ich David das letzte Mal gesehen hatte, war ich durch meine Arbeit als Journalistin viel gereist. Das hätte mich doch glücklich machen müssen, oder? Schließlich wird in einer Konsumgesellschaft das Reisen als wichtiger Faktor zum Glück angepriesen, man amüsiert sich und gibt das Geld mit beiden Händen aus. Alle meine Freunde, die durch ihre Arbeit ans Büro gefesselt waren, beneideten mich darum. Aber die Wirklichkeit sah anders aus als sie es sich ausmalten.

Immer wenn ich auf eine lange Reise in ein anderes Land gehen sollte, empfand ich, je näher der Termin zum Aufbruch rückte, wachsenden Widerwillen fortzugehen. Es fiel mir schwer, dies einzugestehen, auch mir selbst gegenüber: das Eingeständnis strafte die gängige Vorstellung vom idealen Leben Lügen.

Der Wunsch, an Ort und Stelle zu bleiben, rührte daher, daß ich wußte, was mich erwartete: ein fremdes Land, manchmal eine fremde Sprache, fremde Sitten und Gebräuche. Ich würde zu einer Fremden werden, umgeben von Fremdheit. Aufregend, gewiß, aber auch erschreckend. All die Kleinigkeiten, die ich normalerweise als selbstverständlich ansah, würden ungewiß werden – wie man telefoniert, wie man locker ein Gespräch beginnt, sogar wie man den Wasserhahn aufdreht oder das Licht anmacht. Außer diesem Vertrautheitsverlust bestand zudem die Möglichkeit, sich nicht mehr zurechtzufinden, sowohl in geographischer als auch in psychologischer Hinsicht.

Allmählich wurde mir klar, daß Reisen an sich nicht glücklich macht, sondern lediglich die Möglichkeit zum Glück eröffnet, deren Realisierung von einem Element des Zufalls abhängt, wie es das Wort »Glück« auch ausdrückt: zum Glücklichsein gehört eben eine Portion Glück. Reisen konnte meine Sicht- und Denkweise bereichern, erweitern und mit neuem Leben erfüllen; aber es würde dies nicht tun, indem es mich glücklich machte, sondern indem es mich forderte. Meine Arbeit gab mir natürlich den Rahmen vor, innerhalb dessen ich zu dieser Erkenntnis kommen konnte. Aber wenn ich andere Reisende betrachtete, sah ich oft, wie sie an der Unvereinbarkeit des in den Reisekatalogen angepriesenen Glücks mit der ernüchternden wirklichen Erfahrung litten. In der Erwartung, glücklich zu sein, hatten sie, so schien es mir, die wesentliche Zufallskomponente von »Glück« zerstört.

Die Vorstellung, man könne diesen »Glücksfall« künstlich herbeiführen, ist utopisch – ein unmögliches Ideal. Dennoch machen wir uns vor und lassen uns vormachen, daß diese Utopie möglich ist. Jonathan Swifts Definition des Glücks als »die fortwährende Verfassung des gründlichen Betrogenseins« ist heute so treffend wie damals, als er sie niederschrieb.

Da es nun genauso schwer ist, fortwährend gründlich betrogen zu sein wie fortwährend mit Klarheit zu sehen, läßt unser Schuldgefühl, nicht glücklich zu sein, die Jagd nach dem Glück um so fiebriger und verzweifelter werden, und die Beute ist um so schwerer zu fassen. Wir können Robert Burtons Meinung teilen, der schrieb, daß »es für jeden Sterblichen höchst unsinnig und albern ist, nach einem roten Faden des Glücks in seinem Leben zu suchen«, ohne aufzuhören, so unsinnig und albern – und so menschlich – wie eh und je zu sein und uns den Kopf über das Ziel zu zerbrechen, das wir uns wie von Plastikknochen frustrierte Hunde selbst gesteckt haben.

DIE SCHÖNE NEUE WELT VON GESTERN UND MORGEN. Die Vergangenheit erscheint stets irgendwie einfacher als die Gegenwart. Wir können den Blick zweihundert Jahre zurück richten und glauben, daß es damals ziemlich klar war, was Glück sei. Es wurde in der politischen, gesellschaftlichen und persönlichen Rechtsordnung der Vereinigten Staaten verankert. Die Neue Welt sollte eine glückliche Gesellschaft sein.

Es war eine revolutionäre Vorstellung, ein von Menschen gegebenes Versprechen an andere Menschen statt ein Geschenk des Himmels. Doch die amerikanische Unabhängigkeitserklärung stellte eine ganz andere Art von Glück in Aussicht als die alles beherrschende Vorstellung, die wir uns heute davon machen.

Als Thomas Jefferson die berühmte Wendung schrieb, in der das Recht auf Streben nach Glück garantiert wird, war er längst ein gewiefter Politiker: Er dachte dabei in erster Linie an das Recht der Bürger, nach wirtschaftlichem Eigennutz zu streben. Glück war die Freiheit, sich sein Leben nach eigenen Vorstellungen einzurichten. Doch die von Jefferson gemünzten Worte sollten den Weg ebnen für das, was der Geisteswissenschaftler Howard Mumford Jones einmal so bezeichnete: »Ein schreckliches Mißverständnis – eine Verwechslung von privatem und öffentlichem Wohl..., die dem amerikanischen Bürger das haarsträubende verfassungsmäßige Recht einräumt, sein Streben auf ein Phantom zu richten und in einem Wahn zu leben.«

Anfangs schien der Übergang von Selbständigkeit zu Überlegenheit unwahrscheinlich. Die Politik hatte die Rolle der Religion übernommen. Wo Glück einst dem jenseitigen Leben vorbehalten war, konnte es nun im diesseitigen erlangt werden, wenn auch auf andere Art. Vernunft sollte an die Stelle des Glaubens treten; Utilitarismus würde vollbringen, was Utopismus nicht geschafft hatte. Von jetzt ab würde das Glücklichsein zur natürlichen und vernunftgemäßen Ordnung gehören; das Streben danach war legitim. Folglich war Unglücklichsein nicht legitim. Es wurde zu etwas Irrationalem und Unnatürlichem.

Der Haken am Streben nach Glück war jedoch die damit verbundene Last, es auch zu finden. Funktionierte die neue Gesellschaft wie geplant, mußten ihre einzelnen Mitglieder glücklich sein. Aus dem Grundrecht auf Glück wurde so allmählich die Pflicht, glücklich zu sein – oder zumindest den Anschein davon zu erwecken. Doch selbst wenn alle Voraussetzungen für politisches Glück erfüllt waren, hieß das noch nicht unbedingt, daß sich die Menschen auch glücklich *fühlten*. Irgend etwas schien zu fehlen.

De Tocqueville ahnte das, als er Amerika bereiste. »Ich sah die freiesten und aufgeklärtesten Menschen unter den glücklichsten Umständen leben, die diese Welt bietet«, schrieb er, aber »ich hatte den Eindruck, als verdüstere ein Schatten ihre Mienen, und ich fand sie ernst und fast schwermütig, selbst bei ihren Vergnügungen.« Diese strenge Ernsthaftigkeit, mit der die Amerikaner ihr persönliches Wohl im Auge behielten, schien ihm das genaue Gegenteil von Glück zu sein.

Derart beharrlich erstrebt, wird Glück zu etwas ganz anderem: »Nichts zum Lachen« nannte es Dublins Erzbischof Whately einmal. Es fällt leicht, Verständnis für Mustafa Mannesmann in Aldous Huxleys Antiutopie *Schöne neue Welt* zu haben, wenn er traurig überlegt: »Wie glücklich könnte man doch sein, wenn man nicht ans Glücklichsein zu denken brauchte.« Dadurch, daß man es zu einer Pflicht gemacht hatte, war der Faktor der Spontaneität – einer seiner wesentlichsten Aspekte überhaupt – verlorengegangen.

Doch vom Standpunkt des zwanzigsten Jahrhunderts aus lassen wir all dies lieber unbeachtet. Der moderne Amerikaner besitzt keine Vorstellung mehr von politischem Glück. Einst gab es eine neue Gesellschaft, eine glückliche Gesellschaft, doch jetzt scheint sie einer anderen Welt anzugehören – einer, die vielleicht naiver und einfacher war. Die Amerikaner von heute betrachten ihre Gesellschaft und fragen voll Ernüchterung: »War das der Traum?« Sie sehnen sich nach vergangenen Zeiten, als alles unkomplizierter war oder im Rückblick zumindest so erscheint.

Eine konservative Grundhaltung steckt vielleicht in uns allen, nicht im politischen Sinne, sondern als Wunsch nach Bewahrung der Vergangenheit. Die moderne Welt verändert sich zu rasch, finden wir; auch der intelligente Zeitungsleser kann sich schwertun, stets auf dem laufenden zu sein, wer was in welchem Konflikt zu welcher Zeit ist. Das Tempo des Wandels und die sich daraus ergebende Verwirrung mag in Wirklichkeit nicht schlimmer sein als in anderen stürmischen Epochen auch, zum Beispiel im vierzehnten oder siebzehnten Jahrhundert; der Hauptunterschied liegt darin, daß wir uns dieser Sache bewußt sind. Im Zeitalter globalen Nachrichtenverkehrs erhalten wir viel mehr Informationen als wir bewältigen können. Die Gesellschaft, in der wir leben, scheint instabil zu sein; nicht anders verhält es sich mit dem Rest der Welt. Und über all dem schwebt die nukleare Bedrohung. Allein schon die Vorstellung, daß eine globale Selbstvernichtung möglich ist, läßt eine allgemeine Unsicherheit gegenüber der Zukunft aufkommen, nicht nur darüber, was die Zukunft wohl mit sich bringt, sondern sogar ob es überhaupt eine Zukunft geben wird.

Ist die Weltwirtschaftslage kritisch – wir wissen Bescheid. Ist das amerikanische Kreditwesen am Wackeln – wir wissen Bescheid. Verändern ganze Städte ihr Gesicht – wir wissen Bescheid. Doch trotz dieses Wissens fühlen wir uns hilflos. Obwohl sie sich unmittelbar auf unser Leben auswirken, scheinen Probleme wie diese zu gewaltig und vielschichtig zu sein, um in Angriff genommen zu werden.

Früher einmal war es anscheinend völlig klar, was die amerikanische Gesellschaft ausmachte. Aber viele Dinge, die man vor zwanzig Jahren noch als selbstverständlich ansah, sind dies heute nicht mehr. Die Vormachtstellung Amerikas bei Konsumgütern ist an Westdeutschland und Japan verlorengegangen, also genau an die Länder, die es im Zweiten Weltkrieg besiegt hat. In Mittelamerika, dem Nahen Osten und sogar in Europa wird die amerikanische Interessensphäre ernsthaft in Frage gestellt. Der Vietnamkrieg unterwarf das Bild der Vereinigten Staaten als Verteidigerin der weltweiten Freiheit einer tiefgreifenden Veränderung.

Im eigenen Land reißen sich die Amerikaner um europäische Autos, französisches Essen und japanische Stereoanlagen; sie pilgern in australische Filme und britische Theaterinszenierungen. Während sich der

Eindruck verstärkt, daß die Unternehmen des Big Business Raubbau an den Naturreichtümern des Landes treiben, während die Arbeitslosigkeit und Kriminalität im selben Verhältnis wie die Zahl der Einbruchsicherungen an Haustüren in Großstädten ansteigt, während sich das staatliche amerikanische Schulwesen als immer untauglicher erweist, wird die feste Überzeugung vom Wert, Amerikaner zu sein, allmählich ausgehöhlt. Die Werte, die man früher wie selbstverständlich für das Fundament der amerikanischen Gesellschaft hielt, werden heute fast alle in Zweifel gezogen.

Der gleichen Art von »Zukunftsschock« stehen wir auch in unserem Privatleben gegenüber. Solange vierzig Prozent der amerikanischen Ehen mit einer Scheidung enden, was die Einrichtung der Ehe selbst in Frage stellt, haben »alternative Lebensweisen« Konjunktur. Unverheiratete Paare sehen keinen Grund, sich trauen zu lassen; schwule Männer und Frauen machen ihr Recht auf Homosexualität geltend; mehr Menschen leben allein in Amerika als je zuvor. Immer schneller und leichter können wir bestimmen, wie wir unser Leben führen wollen – sofern man uns diese Entscheidung nicht schon abgenommen hat. Gerade die Kriterien, mit denen wir uns definieren – mit wem wir zusammenleben, wo wir leben, was wir arbeiten, wieviel wir verdienen, wen wir bewundern oder schätzen – sind so stark dem Wandel unterworfen, daß man den Eindruck gewinnen kann, wir litten unter einer ständigen Unschlüssigkeit, wer wir eigentlich sind.

Diese verwirrende Auswahl kann sowohl belebend als auch lähmend sein; sie nimmt den Einzelnen unmittelbar in die Verantwortung, und allein schon diese Erkenntnis kann deprimierend wirken. Eine erfolgreiche Geschäftsfrau, die erst in den Dreißigern in ihren Beruf eintrat, drückte das so aus: »Es kam der Tag, als mir klar wurde, daß es keinen Deus ex machina in meinem Leben gab. Entweder ich traf Entscheidungen und handelte, oder alles blieb beim alten. Es lag allein an mir, nicht am Schicksal, also würde ich die Dinge selbst in die Hand nehmen müssen. Wochenlang hatte ich Depressionen.«

Der Sittenkodex, der früher ihr Leben für sie geregelt hätte, existierte nicht mehr; sie war frei davon, hing jedoch in der Luft. Sollte Bewegung in ihr Leben kommen, würde sie selbst dafür sorgen und das Risiko eingehen müssen, in eine ungewisse Zukunft zu steuern.

Trotz dieser ganzen Ungewißheit halten Amerikaner immer noch sehr viel vom Streben nach Glück. Heute womöglich mehr als je zuvor. Das den Revolutionären vorschwebende gesellschaftliche Glück hat nie so ganz geklappt, wie sie es sich erhofften, und konnte außerdem nie jene hartnäckige Sehnsucht des Menschen stillen, seine persönlichen Verhältnisse zu überwinden und wunschlos, märchenhaft und wahnsinnig glücklich zu werden. Glück ist nach wie vor das amerikanische Ziel, nur hat man es ganz neu definiert.

DIE NEUE UTOPIE. Als widere die Unberechenbarkeit der Welt und die Trägheit der Gesellschaft sie an, haben die Amerikaner ihr Interesse verlagert. Sie zogen sich zurück in sich selbst.

Der amerikanische Traum ist zu etwas rein Persönlichem geworden. Der Wunsch nach dem perfekten Selbst hat den Wunsch nach der perfekten Gesellschaft ersetzt. Utopia wurde individualisiert; wo früher die schöne neue Welt erwünscht war, strebt man nun nach dem schönen neuen Selbst.

Die neue Utopie wurde weder von der Kirche, noch von der Politik entworfen (obgleich die Schwäche beider zu ihrem Entstehen beitrug), sondern von der Psychologie und Psychiatrie. Nicht durch Glauben oder politisches Handeln läßt sich das neue Glück finden, sondern nur im eigenen Sein. Wenigstens dort, so scheint es, ist Vollkommenheit vielleicht möglich. Wenigstens dort kann der Einzelne nach einer gewissen Form von Kontrolle trachten.

Im Grunde ist dies eine religiöse Vorstellung: Wenn sich kein Heil für die Gesellschaft finden läßt, können wir statt dessen nach unserem persönlichen Heil streben. Wir können versuchen, an uns zu ›arbeiten‹ – uns zu vervollkommnen, so daß wir in gewisser Hinsicht ›besser‹ als zuvor sind, glücklicher, unser Leben einem perfekten Ideal möglichst nahe kommt. Die neue Religion ist unser Selbst.

Zahllose Kirchen stehen im Dienst dieser neuen Religion, darunter über 140 verschiedene psychotherapeutische Denkschulen (und das sind nur die Hauptrichtungen). Jede hat ihre eigene Vorstellung, was uns glücklich macht. Während der letzten beiden Jahrzehnte traten eine Unmenge auf das Selbst bezogene Heilslehren auf, die alle das unfehlbare Rezept zum Glück in petto hatten. Der perfekte Orgasmus (das große »O«), Selbstverwirklichung (bedenklich oft mit Selbstsucht verwechselt), Steigerung und Erweiterung des Bewußtseins (platzen wir am Ende vielleicht wie zu prall gefüllte Luftballons?), »Ganzheitlichkeit« (als wären wir alle multiple Persönlichkeiten), der perfekte Körper (mit religiösem Eifer durch Diät oder Sport erstrebt), das sich selbstverwirklichende Ich... All das und noch viel mehr, wie es in der Werbung heißt.

Psychotherapie wurde zum Geschäft mit der schnellen Mark, das seine Nachfrage durch therapeutische Reklametricks anzukurbeln versteht. Versprechungen auf das, was wir sein könnten, führen zu großer Unzufriedenheit mit dem, was wir sind. Wir sind zu Konsumenten geworden, die sich alle zehn Finger nach neuen Therapien lecken und rasch einmal die neueste Vorstellung vom Selbst anprobieren, ob sie paßt, um dann an den nächsten Ständer zu einem noch moderneren Lebensentwurf zu gehen.

Schlichte Psychotherapie reicht nicht mehr. Viele Menschen sind inzwischen dem sogenannten Gesalzene-Erdnüsse-Effekt zum Opfer gefallen, demzufolge eine Therapie das Bedürfnis nach noch einer Therapie erzeugt. Eine Umfrage ergab, daß 64 Prozent aller in Therapie befindlichen Menschen zuvor schon bei jemand anderem eine Therapie gemacht haben (und ein Großteil der Befragten war erst in den Zwanzigern). Nicht wenige nehmen gleichzeitig an mehreren Therapieformen teil, anscheinend nach dem Grundsatz, viel hilft viel. Zwischen Einzel-, Gruppen und Zuwachs-Therapien wandern sie auf einer endlosen Suche nach dem Glück von einer »therapeutischen Erfahrung« zur anderen.

Der Glaube an die eigentliche Idee der Therapie erzeugt kurzfristig Zufriedenheit, ganz gleich, wie die Ergebnisse ausfallen. Langfristig wird die naheliegende Lösung immer noch eine Therapie sein. Sogar die Psychoanalyse, die Ahnfrau aller Gesprächstherapien, hat jede vernünftige Grenze überschritten. Die ursprünglich drei- bis fünfjährige Behandlungsdauer wurde unzumutbarerweise von manchen Psychoanalytikern auf zehn bis zwölf Jahre oder noch länger ausgedehnt, wodurch Analysanden zu dem zynischen Spitznamen »Lebenslängliche« kamen. Und dann gibt es noch solch tragikomische Fälle wie jene junge Frau, die sich seit drei Jahren analysieren ließ; nach so langer Zeit wollte sie von mir wissen, ob ihr Analytiker »der richtige« für sie sei...

Während abendländische Ableger östlicher Gurus kommen und gehen, hat sich inzwischen eine quasireligiöse, quasitherapeutische Modebewegung herauskristallisiert, die höchste Erleuchtung und die Illusion uralter Weisheit in Aussicht stellt – wohl als Abwechslung von der ständig angepriesenen »Neuheit« der Populärpsychologie. Eben diese schaltete schnell und macht Anleihen bei ihr, wobei sie Freude, Zufriedenheit und ein »Geheimverfahren« zur Lösung all unserer Probleme verspricht. Wissen wird zu Verbal-Novocain, Verständnis zu dogmatischem Glauben. Östliche Geheimlehren wie westliche Psychomoden sind sich darin ähnlich, erst Novizen und dann Bekehrte aus uns zu machen.

Ob auf mystisch-östlich oder wissenschaftlich-westlich gestylt, die neuen Gurus des Selbst weisen uns den Weg zur Vollkommenheit; bei ihrem Aufstieg zu den Gipfeln des Seins sehen die Neubekehrten mit kaum verhohlener Überheblichkeit auf uns herab, die wir uns mit den Problemen des Alltags herumschlagen müssen. »Weißt du, du hast da ein Problem«, diese Standardantwort wird jedem zuteil, der ihre höchste Erleuchtung in Zweifel zieht. Ein rhetorischer Totschläger, denn heutzutage will niemand mehr Probleme haben. Man hat uns bereits überzeugt, daß dies falsch sei.

Selbst Psychologen erliegen manchmal den Illusionen, zu deren Entstehen sie selbst beitrugen. Jerry Waters *, ein Professor der Psychologie an der amerikanischen Westküste, stand früher in vorderster Front der humanistischen Avantgardebewegung, die sich in der in den siebziger Jahren auftauchenden Flut von New-Age-Therapien totlief. Jetzt ist er in den Fünfzigern und hängt in der Luft. »Als Psychologe in meinem Alter und mit meiner Erfahrung«, sagt er, »sollte ich eigentlich alles auf der Reihe haben. Ich *weiß*, was es bedeutet, wenn man alles auf der Reihe hat. Ich *weiß*, wie es sein sollte, wenn man glücklich ist. Aber ich schaffe es einfach nicht. Das ist sehr frustrierend, frustrierend und deprimierend.« Es ist ihm nicht gelungen, der Vorstellung gerecht zu werden, die er – und seine Kollegen – sich von dem vollkommen selbstverwirklichten Individuum machten.

»Schon merkwürdig«, fährt er fort, »ein Freund von mir, der auch Psychologe ist, hat eine Reihe von ›Lebensregeln‹ aufgestellt. Die erste Regel lautet: Dein tragischer Schwachpunkt ist genau das, was du an den Mann bringen willst. Das stimmt. Ich kann mir sehr gut vorstellen, daß irgendwo Menschen von unverwüstlicher geistiger Gesundheit leben, die glücklich sind und sich selbst verwirklicht haben, Menschen, die nicht erst lange über etwas nachdenken, sondern einfach zur Tat schreiten, riesigen Erfolg haben und dabei sympathisch bleiben. Und dann gibt es noch Leute wie ich, die sich wie der kleine Kerl in dem Comic von Jules Feiffer vorkommen, der alles ausprobiert hat, sich aber nur im Rachen des Drachen wohl fühlt.«

Da er nicht dem Ideal zu entsprechen vermag, zu dessen Aufstellung er selbst beigetragen hat, höhlt Jerrys Scheitern seine Selbstachtung aus. Dennoch hält er nach wie vor an dem Ideal fest, wie die meisten von uns.

Jerry war einer der vielen Autoren, die ich während meines Studiums las, als ich eifrig eine Unmenge Definitionen geistiger Gesundheit sammelte. In der Regel fanden sich diese Definitionen in den interessanten

---

* Die Namen der Menschen, die in diesem Buch über ihre Depressionen sprechen, sind alle erfunden, um die Intimsphäre der Zitierten zu schützen.

Schlußkapiteln von Büchern über den Aufbau der Gesellschaft und das geistige Potential des Menschen. Vielleicht glaubte ich, durch die einfache Anhäufung dieser schwarz auf weiß vorliegenden Wissensfülle mir und der Welt beweisen zu können, daß Vollkommenheit möglich ist. Ich war damals jung und idealistisch, so daß ich nicht auf den Gedanken kam, daß jemand, der diesen tollen Definitionen geistiger Gesundheit wirklich gerecht werden wollte, buchstäblich unmenschlich wäre – entweder ein Übermensch oder ein außerhalb der menschlichen Rasse stehendes Wesen. Die Vorstellung, daß die menschliche Natur nicht minder eine Ansammlung von Fehlern wie von Tugenden sei, wäre mir ein Greuel gewesen. Ob ich in dieser Beziehung naiver als die meisten Studenten meiner Generation war, möchte ich bezweifeln. Die frühen Sechziger waren sowohl für die jüngere wie für die schon etwas betagtere Jugend Jahre der Utopie. Es fiel keinem von uns leicht, sich die Vorstellung eines Utopias aus dem Kopf zu schlagen.

Als ich am Anfang der Recherchen für dieses Buch auf jene Definitionen aus meiner Studentenzeit zurückgriff, erlebte ich folglich mein blaues Wunder. Ich entdeckte den Ursprung dessen, was später das »New Age« in der Psychologie und Psychotherapie wurde – die Wurzeln des Psychoblablas, welches Studium und Praxis der Psychologie auf den Konsum von Psychologie reduzierte, dem Tummelplatz von Glücksrittern wie Werner Erhard und L. Ron Hubbard. Die Schlüsselbegriffe der alten Texte – Menschlichkeit, Glaubwürdigkeit, Verantwortung, Selbstverwirklichung, Geistespotential – waren durch das, was nachkam, samt und sonders zu leeren Worthülsen geworden. Schuld daran hatten aber nicht ausschließlich die Werner Erhards dieser Welt.

Von Glaubwürdigkeit und Unglaubwürdigkeit zu reden, wie es so viele dieser Autoren vor zwanzig Jahren taten, ist eine Sache. Etwas ganz anderes ist es aber, wenn die dem zugrunde liegende Annahme lautet, daß »wir«, der Leser und der Autor, die Glaubwürdigen sind, während »sie«, die Massen irgendwo draußen in der großen weiten Welt, unglaubwürdig und schlimmer noch, letzten Endes auch nicht wirklich menschlich sind.

Das war der neue Weg zur Vollkommenheit: völlig glaubwürdig und völlig menschlich zu sein. Mich schockierte allein schon die Vorstellung, daß Menschlichkeit quantifizierbar sei. Aber genau dies steht im Werk eines der größten humanitären Psychologen überhaupt, Abraham Maslow, der zu den Menschen zählt, die mein Denken als Psychologin entscheidend prägten.

Maslow entwickelte einen Test zur Selbstverwirklichung, nach dem man Menschlichkeit auf einer Skala messen kann. »Völlige Menschlichkeit« wird in quantitative Begriffe übertragen, die sich auf einer Liste von Eigenschaften abhaken lassen; je mehr man davon hat, desto menschlicher ist man – und je weniger, desto weniger menschlich. Diese Prüfliste hatte einen unvermeidlichen Beigeschmack des Elitären – die überhebliche Selbstgefälligkeit derjenigen, die ein gutes Ergebnis erzielten und nun behaupten konnten: »Ich bin menschlicher als du...«

Zu Maslows Verteidigung muß man sagen, daß er sich der Gefahren seiner Arbeit durchaus bewußt war. »Man erkennt, wie groß die Versuchung ist, die eigenen Werte zu übertragen«, schrieb er, »und ›das Ideal geistiger Gesundheit‹ zu einer Selbstbeschreibung oder vielleicht auch einer Beschreibung dessen zu machen, wie man selbst gerne sein möchte oder wie die Menschen nach eigener Ansicht sein *sollten*. Dagegen muß man ständig ankämpfen; bei derartigen Arbeiten objektiv zu sein ist zwar möglich, aber alles andere als einfach. Ganz sicher wird man dennoch nie sein können.«

Nein, ganz sicher kann man bei solchen Definitionen nie sein. Und nein, es ist nicht möglich, objektiv zu sein. Wir sprechen über den menschlichen Verstand; wir als Menschen machen mit unserem Verstand Aussagen über den Verstand des Menschen. Seit Anbeginn ihrer langen Geschichte ist diese Tatsache der Fluch der Philosophie (und der Triumph der Literatur). Wir sind gefesselt an unsere Subjektivität und durch unsere Ideale.

Wenn wir uns dies wenigstens bewußt machen, können wir einigen der gröberen Fallstricke beim Streben nach Glück vielleicht ausweichen. Viele verantwortungsbewußte und einsichtige Psychologen und Psychiater beherzigen dies tatsächlich, aber leider sind sie – zumindest in der Aufmerksamkeit der Öffentlichkeit – in der Minderheit gegenüber denjenigen, die zu wissen vorgeben, was richtig für uns ist, und versprechen, daß »wir nie wieder Depressionen haben müssen«, um einen davon im Wortlaut zu zitieren, ja uns selbst den »Schlüssel zum ewigen Glück« in Aussicht stellen.

»Fühl dich gut«: Die Welt des Dr. David Burn. Der Gastredner des Abends, ein elegant gekleideter Mann mit dem Lächeln eines Schauspielers, trat auf das Podium des Collegeauditoriums. Bedächtig ließ er seine Stimme den »Kummeronkel«-Tonfall annehmen und teilte uns mit, daß er uns in einen ganz neuen Ansatz »einweihen« wolle, der unser Leben von Grund auf verändern würde. Daß er – gegen entsprechendes Entgelt – bereits abertausend andere in dieses Wissen »eingeweiht« hatte, fügte er nicht hinzu. Wie sein Geheimnis auch aussehen mochte – und ein solches Geheimnis, das sich rasch und wirkungsvoll mitteilen läßt, scheint es in diesen Dingen immer zu geben –, seine Annahme, nun wieder ein leichtgläubiges Publikum gefunden zu haben, war in sich schon eine Unverschämtheit. Es fiel mir schwer, die Einweihung nicht mit dem Ruf zu unterbrechen: »Warum *sagen* Sie es uns nicht einfach?«

Aber es einfach zu sagen hätte nicht den Beiklang des tiefgründelnd Edelmütigen und Liebevollen gehabt, den er zu erzeugen suchte. Das schlichte Sagen hätte uns ihm nicht verpflichtet, als er uns drängte, »mit dem Strom zu schwimmen«. Mit was für einem Strom? »Dem Strom des Lebens«, erklärte er mit im Licht der Selbstzufriedenheit strahlenden Augen.

Mit dem Strom der Gewalt? ließe sich daraufhin fragen. Mit dem Strom der Armut? Dem Strom der Krankheit und Enttäuschung, der zerstörten Hoffnungen und Ideale, der Einsamkeit und Hoffnungslosigkeit, der Trennungen und des Todes und der anderen drastischen Veränderungen, aus denen sich das Mosaik unseres Lebens zusammensetzt?

Manchmal hat es den Anschein, als erwarte man dies tatsächlich von uns. Dem neuen Ideal zufolge sollen wir so vertieft in unser seelisch-geistiges Wohlbefinden sein, daß wir die Tatsache ignorieren, nicht allein auf der Welt zu leben.

Ich wollte, ich würde übertreiben. Aber hören wir uns zum Beispiel einmal an, was uns Dr. David Burns in seinem Buch *Fühl Dich gut*, einem der bekannteren Bücher auf diesem Markt, darüber zu sagen hat, wie wir uns fühlen sollten, wenn jemand gestorben ist, den wir liebten:

»Berechtigterweise denkt man: ›Ich habe ihn (oder sie) verloren, und die Kameradschaftlichkeit und Liebe, die zwischen uns bestand, wird mir fehlen.‹ Die durch diesen Gedanken hervorgerufenen Gefühle sind liebevoll, realistisch und erstrebenswert. Diese Empfindungen lassen uns menschlicher werden und verleihen dem Leben einen tieferen Sinn. So gesehen, *gewinnt* man durch den Verlust.«

Nachdem ich dies gelesen hatte, war mein erster Gedanke: »Gott sei Dank liebt mich nicht David Burns.« Was ist mit der Trauer? Was mit Tränen und Vorwürfen an die Welt oder Gott wegen der Ungerechtigkeit? Was mit der Leere und Hoffnungslosigkeit und dem schrecklichen Bewußtsein der Zerbrechlichkeit des Lebens angesichts des Todes? Mit anderen Worten, was ist mit dem weniger Erstrebenswerten?

Der neue Drang, alles zu »positivieren«, läßt sogar den Tod und die

Trauer zu einer Sache des Gewinns werden. Wenn die Gefühle, die man beim Tod von Menschen empfindet, die einem nahestanden, so erstrebenswert sind, soll man sich dann ihren Tod wünschen, um erstrebenswerte Gefühle zu empfinden? Zugegeben, dieser Vorschlag ist absurd, aber er scheint die logische Konsequenz eines solchen Ansatzes zu sein.

David Burns idealisierter Trauernder ist ein Narzißt, der zu tiefen Gefühlen gar nicht fähig ist oder Empfindungen erst in »erstrebenswerte« Bahnen umlenken muß, ehe er sie wahrnimmt. Ein solcher Mensch wäre wie Doktor Pangloß in Voltaires *Candide*, der dachte: »Alles steht zum besten in dieser besten aller möglichen Welten.« Doch Voltaires Ironie ging unter. Was einst satirisch gemeint war, wird heute für bare Münze genommen und als neuer Inbegriff geistiger Gesundheit angepriesen.

Das Ziel in Burns Welt ist, sich wohl zu fühlen. Sich schlecht fühlen ist lediglich ein Problem, das wie jedes andere Problem gelöst werden kann. Es darf folglich nicht verwundern, wenn Burns sich die Handelssprache zu eigen macht, um für sein System zu werben. Sein Buch habe das Ziel, schreibt er, »den Menschen zu helfen, wirksame Strategien zur baldmöglichsten Umsetzung ihrer Probleme zu entwickeln.« Er verspricht das Verschwinden aller Depressionssymptome »binnen nur zwölf Wochen« – wobei er die Tatsache ignoriert, daß bei den meisten von uns binnen dieser Zeit die Depression ohnehin abklingt, ganz gleich, was wir zur Linderung des Schmerzes auch tun oder nicht tun.

Mir persönlich ist die Vorstellung, »meine Probleme umzusetzen« als wären sie Warenposten auf einem Bestellschein, ziemlich zuwider. Dr. Burns würde mich zweifellos »okkultistisch und anti-intuitiv« nennen (eine merkwürdige Kombination), weil dies seiner Ansicht nach ein Großteil der herkömmlichen Psychotherapie ist. Doch falls Okkultismus bei dieser Sache tatsächlich eine Rolle spielt, so muß sich diesen Schuh genaugenommen Burns selber anziehen. Er verspricht, das genaue Befolgen seiner Anweisungen führe uns »auf den Weg zu Glück und seelischer Erleuchtung« – was sich mehr nach einem östlichen Guru als nach einem Psychiater anhört. An Stelle von Wissenschaft oder gar Verständnis hat uns Burns lediglich einen auf modisch gestylten und bedeutungslosen Pseudo-Transzendentalismus anzubieten.

Der Sinn des Ganzen, sagt er, liege im Propagieren seiner »stimmungssteigernden Methoden«, die auf der Vorstellung beruhen, daß wir uns nur deshalb schlecht fühlen, weil wir die Dinge falsch sehen, wir uns also gut fühlen werden, wenn man uns dazu bringt, die Dinge »richtig« zu sehen. Sich wohl zu fühlen heißt nicht nur, guter Laune zu sein, sondern auch richtig zu sehen und zu denken. Wer richtig sieht und denkt, hat recht. Aber wer soll dann festlegen, was zu sehen und zu empfinden richtig ist und was falsch? Burns nimmt an, das zu wissen, aber darin gleicht er Mustafa Mannesmann, dem Aufsichtsrat von Aldous Huxleys *Schöne neue Welt*. Damit kommen wir einem Schwarzweißdenken gefährlich nahe, das dazu führen würde, nicht nur die Welt, sondern auch uns selbst in den Kategorien von Gut und Böse zu beurteilen, wodurch nur ganz bestimmte Gedanken und Gefühle berechtigt wären, die anderen hingegen unberechtigt und falsch.

Diese schöne neue Welt bedient sich technischer Ausdrücke. Wie Dr. Burns neigen wir zu der Vorstellung, daß sich unser Verstand wie ein Computer programmieren läßt: gibt man oben nur die richtige Menge positiver Signale ein, kommt unten das Wunschergebnis heraus. Die immer technokratischer werdende Gesellschaft der achtziger Jahre verlangt Ergebnisse statt Erwägungen, und Taten statt Selbstbeobachtung. Besonderen Wert legt sie auf das Aufschlüsseln von Problemen in ihre wesentlichen Faktoren, als ließen sich Depressionen auf einem Schaubild darstellen, in ein Ablaufdiagramm eintragen und so leicht analysieren wie Verkaufszahlen. Die Therapie wird eher zu einer geschäftlichen Sitzung als zu einem Ort der Selbsterfahrung, und in dieses Bild paßt, daß Therapeuten nun schon »Lebenspläne« für ihre Patienten entwerfen wollen.

Wenn das Ziel die Befreiung von der Depression ist, dann sind Depressionen nur noch ein Problem wie jedes andere, das man aufschlüsseln und lösen kann. Man braucht nur sein Ziel zu nennen, die Fachleute werden dann schon einen Weg finden, es zu erreichen. Die meisten unserer Emotionen – sogar unsere Vergnügungen – wurden somit »zielorientiert«.

Haben wir uns früher an unseren Vergnügen um ihrer selbst willen erfreut, scheinen sie nun auf einen höheren Zweck ausgerichtet zu sein. Wir laufen, um etwas für unser Herz zu tun, wir tanzen, um abzuspecken, wir lernen, um Prüfungen zu bestehen, wir lesen, um beim kulturellen Small talk mitreden zu können. Die Sex-ist-gut-für-dich-Bewegung lehrte uns, daß sich Sex auch in einem Lebensbereich finden ließ, der mit einer Beziehung, Zuneigung, Liebe und Achtung nicht mehr viel zu tun hat. Jedes Vergnügen wird aus einer gewissen Distanz empfunden – sozusagen als eine Art Nebeneffekt.

Wenn sogar das Vergnügen zu einer Frage des Gewinns wird, kann die Depression natürlich nur verkehrt sein. Sie enthält keine Elemente, auf die man sich etwas zugute halten könnte. Sie wird zu einer demütigenden Zeitverschwendung, und allein schon der Umstand, daß wir sie durchlaufen, nagt an unserer Selbstachtung.

Dies veranlaßte die Schriftstellerin Joyce Carol Oates, einen außergewöhnlichen Essay in Erwiderung auf diejenigen zu schreiben, die ihrem Werk vorwarfen, zu sehr traurige Themen in den Mittelpunkt zu stellen. Verärgert fragte sie:»Wie sollen wir mit der harten und bitteren Wahrheit zurechtkommen, daß jemandes Legitimität danach beurteilt wird, ob er einen ›glücklichen‹ oder ›unglücklichen‹ Eindruck macht?...›Glücklichsein‹ wird zur kulturellen Norm erhoben, so daß jede auch noch so berechtigte Abweichung davon nicht nur Mitleid, sondern auch Tadel auf sich zieht.«

Die Suche nach Vollkommenheit macht uns unduldsam gegenüber Unvollkommenheit, die Suche nach dem Glücklichsein gegenüber dem Unglücklichsein, sogar bei uns selbst. Allein schon das Streben danach, dem wir uns mit so großem Ernst widmen, hat eine verderbliche Auswirkung auf das Bild, das wir uns von den anderen und uns selbst machen. Wir wissen, daß es falsch ist – wie anders erklärt sich die ständige Faszination, welche die obszönen Details der Sorgen und Nöte der Reichen und Berühmten auf uns ausüben, also der Leute, von denen man annimmt, daß sie die besten Aussichten haben, glücklich zu sein. Dennoch weigern wir uns hartnäckig, unser Wissen auf unsere Gefühle zu beziehen, denn dies würde den Verlust des Glaubens an das Ideal bedeuten. Weil wir vor den Folgen dieses Glaubensverlustes Angst haben, konzentrieren wir uns ganz darauf, uns gut zu fühlen, wodurch wir uns Schuldgefühle einhandeln, sobald wir uns schlecht fühlen.

DER GEFÜHLSKOMPLEX DER DEPRESSION. Unglücklichsein straft das gesellschaftlich anerkannte Ideal vom Glücklichsein Lügen. Allein schon dessen Eingeständnis scheint eine Gefahr für das Wesen des Ideals vom »guten Leben« darzustellen – dem gesellschaftlichen Grundkonsens, daß Glück möglich ist und wir alles daransetzen sollten, es zu erreichen. Unglücklichsein wird verborgen oder gar verdrängt, zum Teil, weil andere fürchten, es könnte ansteckend sein, und sich von Unglücklichen fernhalten, aber auch, weil es gesellschaftlich unerwünscht ist. »Indem er es vorzieht, lieber nichts damit zu tun zu haben, deckt der unter Depressionen leidende Mensch unsere gesellschaftlichen Rituale vollständig auf«, schrieb der Sozialwissenschaftler Ernst Becker. »Sie interessieren ihn nicht, ihre Triebfedern erscheinen ihm bedeutungslos, ihre Genüsse lassen ihn völlig kalt... Uns hingegen macht es nervös, daß jemand gleichgültig gegen alles sein kann, was uns lieb und wert ist.«

Das Eingeständnis, unglücklich zu sein, kommt mittlerweile einer asozialen Handlung gleich.

Auf einer Party hielt eine gepflegte Frau in den Vierzigern krampfhaft ihr Glas mit Whiskey fest, als sie von meinem Interesse an Depressionen erfuhr, und sagte dann, ohne daß ich sie gefragt hatte: »Also ich habe nie Depressionen, keine wirklich schlimmen zumindest. Bis auf einmal... Das war, als mein Bruder Selbstmord beging. Damals war ich monatelang depressiv. Aber...« Sie hielt inne, runzelte die Stirn, trank rasch ihr Glas aus und blickte dann mit flehentlicher Miene zu mir auf: »Aber in Anbetracht der Umstände ist das doch verständlich, oder?«

Jener letzte Satz raubte mir fast den Atem. Die gesellschaftliche Unduldsamkeit gegen Depressionen hatte sie zu einer fast kindlichen Bitte um Verständnis getrieben, eine Bitte, die in Wirklichkeit ausdrücken sollte: »Sag mir, daß es richtig war, sag mir, daß ich nicht vor Trauer verrückt war, sag mir, daß ich nicht krank war, als ich Depressionen hatte, weil mein Bruder so deprimiert war, daß er sich umbrachte...«

Wir haben keinen Freiraum mehr, um auf Tragisches zu reagieren. Reagieren wir dennoch, trotz der dagegen stehenden gesellschaftlichen Konventionen, quälen uns Schuldgefühle wie die Freundin, die mich eines Tages »nur so zum Plaudern« anrief. Sie klang abgespannt und müde, wenn sie auch von ihrer Arbeit als Cutterin und von einem Mann schwatzte, den sie kennengelernt hatte und der sich für sie zu interessieren schien. Schließlich fragte ich, was ihr denn eigentlich Kopfzerbrechen bereite. Ihre Mutter war vor drei Tagen im Koma ins Krankenhaus eingeliefert worden, und die Ärzte hatten keine Ahnung, was ihr fehlte. »Aber davon willst du bestimmt nichts hören«, sagte sie. »Furchtbar deprimierend, das alles. Ich habe kein Recht, jemand anderen damit zu belasten.«

An ihrem Arbeitsplatz hatte sie niemandem von dieser plötzlichen Krise in ihrem Leben erzählt. »Was hätte das für einen Zweck?« sagte sie. »Sie möchten viel lieber nichts davon wissen. Am besten läßt man sich also nichts anmerken. Mit dir sollte ich eigentlich auch nicht darüber reden, aber ich kann einfach nicht anders...«

Ein paar Monate später mußte ich wieder an sie denken, als ich an einer Tagung über Depressionen teilnahm, die sowohl für die breite Öffentlichkeit als auch für ein Fachpublikum ausgerichtet war. Ich saß in einer Arbeitsgruppe, in der auch zwei junge Frauen waren, die während des vergangenen halben Jahres ihre Männer verloren hatten. Beide waren noch verhältnismäßig jung – eine Ende dreißig, die andere Mitte vierzig. Und beide waren aus dem gleichen Grund gekommen: sie wollten wissen, ob sie sich wegen ihrer Depressionen in Behandlung begeben sollten.

»Alle meine Freunde liegen mir ständig in den Ohren, wieder auszugehen und einen anderen Mann kennenzulernen«, sagte die eine. »Aber
ich kann mich einfach nicht dazu aufraffen. Deshalb schlugen sie eine
Therapie vor.« Die andere hatte denselben Rat erhalten. »Ich kann auf
einer Party beim besten Willen nicht fröhlich und unbeschwert sein«,
erklärte sie, »und wenn man das nicht ist, kommt man sich wie das fünfte
Rad am Wagen vor. Daher gehe ich nicht mehr aus, und nun machen sich
meine Freunde alle Sorgen über mich.«

Auch wenn sich jemand wirklich damit abfinden kann, deprimiert zu
sein – und diese trauernden Frauen konnten das –, fühlen sich die
Freunde und die Familie bedroht. »Begib dich in Behandlung, *mach* was
dagegen«, sagen sie, als verschwände mit dem Gefühl auch das Ereignis,
das es aufkommen ließ.

Aber ganz so einfach ist es natürlich nicht. Wenn jemand anderes
deprimiert ist, drückt das auch unsere Stimmung. All die Dinge, an die
wir sonst lieber nicht denken – Trennung, Tod, Einsamkeit, Unglück –
stürmen nun auf uns ein und rufen uns in Erinnerung, wann wir auch so
empfunden haben oder wie leicht es geschehen könnte, daß wir wieder so
empfinden. So fixiert darauf, uns gut zu fühlen, wie wir einmal sind,
erscheint uns das eigene Vermögen, uns schlecht zu fühlen, wie ein Verstoß gegen unseren Glauben.

Jeder, der unter Depressionen leidet, hat deswegen ein schlechtes Gewissen. Die Depression wird zu einem ganzen Gefühlskomplex – nicht
nur die eigentliche Depression wird empfunden, sondern verschiedene
Schichten von Schuld, Scham und auch Angst.

Uns deprimiert die Depression.

Häufig rührt die Qual der Depression mehr von dieser Überlagerung
als von der ursprünglichen Depression her. Wenn man uns gestatten
würde – wenn wir uns gestatten würden –, Depressionen zu haben, fiele
es uns möglicherweise viel leichter, sie zu ertragen. Doch das können wir
nicht tun. Es entsteht ein Teufelskreis der Selbstentfremdung, in dem
wir nicht nur davor Angst haben, andere könnten uns für depressiv halten, sondern auch uns selbst so zu sehen. Das gesellschaftliche Tabu der
Depression wird verinnerlicht. Das Gefühl des »Sollens« tritt in den
Vordergrund, denn die Depression ist nie reine Privatsache; die Gesellschaft sieht alles.

Die Scham, die wir empfinden, setzt einen außenstehenden Beobachter voraus – einen anderen, in dessen Augen wir uns ertappt und schul-
dig fühlen. Sobald die Überlagerung der Depression ins Spiel kommt,
werden wir selbst zu jenem außenstehenden Beobachter. Wir können

nichts tun, ohne daß ein Teil von uns daneben steht und es verdammt. Wir empfinden, verdammen uns gleichzeitig aber wegen dieser Empfindung. Es ist beinahe so, als hätten wir zwei Selbsts: das Selbst, das die Depression erlebt, und das Selbst, das dieses Erlebnis beurteilt. Häufig scheint es leichter, das letztere zu besänftigen als das erstere zu ertragen. Durch das Verdrängen des Erlebnisses der Depression wahren wir den Schein, auch gegenüber uns selbst.

Doch durch die Verleugnung der Depression verleugnen wir uns selbst; wir verleugnen unsere eigene Erfahrung, unsere eigenen Gefühle. Weil wir deprimiert sind, so nehmen wir an, sind wir krank. Aber diese Annahme trägt lediglich zu der Depression bei und schafft eine zusätzliche Schicht der Qual und Selbstvorwürfe. So sollten wir nicht empfinden, geht uns durch den Kopf, als glaubten wir tatsächlich, zu Maschinen werden zu können, deren Programmierung nur die »richtigen«, gesellschaftlich anerkannten Emotionen kennt.

DIE FLUCHT IN DEN NARZISSMUS. Unzufrieden mit der Kompliziertheit des Lebens im zwanzigsten Jahrhundert, erwarten wir von der Technik, daß sie das Leben vereinfacht. Der Drang, uns in den Kategorien von »Richtig« und »Falsch«, »Funktionsfähig« und »Gestört« zu betrachten, ist verständlich: Wenn schon die Welt nicht mehr einfach ist, können wir wenigstens versuchen, uns selbst zu vereinfachen.

Der Gesellschaftsanalytiker Theodore Roszak führte in diesem Zusammenhang an: »Die tragischen Elemente des Lebens werden zu zeitweiligen Unannehmlichkeiten; aus dem Dilemma wird ein Problem. Und wie alle Probleme, die im öffentlichen Bereich auftauchen, wird auch bei diesem davon ausgegangen, daß es...irgendwo und irgendwie eine Lösung hat. Eine Methode, eine Arznei, ein Allheilmittel, das schnelle Erleichterung schafft.«

Doch könnten wir unsere Seelen tatsächlich so wie unsere Geschäftsangelegenheiten behandeln, wären wir klassifizierbar wie Bäume und Pflanzen, und könnten unsere Stimmungen wählen wie Eiscreme verschiedener Geschmacksrichtungen, dann liefen wir Gefahr, am Ende nur noch zwei oder drei Geschmacksrichtungen an Stelle der erstaunlichen Vielfalt zu besitzen, die wir im Moment haben. Wir hätten schließlich eine Welt, in der das einzige Gefühl ein laues, völlig gefühlloses Kunstprodukt wäre.

Die Wunschvorstellung, nie wieder Depressionen zu haben, die viele populäre Bücher über Depressionen so verlockend (und so grausam) als

Köder benützen, erscheint auf den ersten Blick als segensreiche Befreiung. Doch nach genauerem Nachdenken kommt man zu dem Schluß, daß sie eher einer Befreiung vom Leben selbst gleichkommt. Das wäre eine andere Welt, eine andere Seinsordnung, bedrückend kühl, der irgend etwas fehlen würde.

Schizophrene kennen diese Welt. In sie haben sie sich zurückgezogen, fort von dem gesamten Bereich zwischenmenschlicher Kontakte und Beziehungen – in extremen Fällen haben sie sogar die Fähigkeit verloren, physisch wie psychisch Schmerz zu empfinden. Dieser Zustand zeigt eine schwere emotionale Störung an. Dennoch unterscheidet er sich wenig von dem gegenwärtigen Idealzustand, keine »negativen« Gefühle zu haben. In dieser Verfassung wechselten wir vermutlich völlig mühelos von einer Beziehung, einer Stelle, einem Ort, einer Altersstufe zur andern, ohne uns Zeit zu nehmen, um das Zurückgelassene zu trauern oder die Leere zu empfinden, die der Verlust des Gewesenen in uns hinterläßt. Gelassen würden wir die Veränderungen hinnehmen, als bestünden wir aus einer gallertartigen Masse, die sich beliebig herumschubsen läßt.

Der Psychiater Robert Jay Lifton nannte dieses Ideal »den proteischen Menschen«, nach der griechischen Sagengestalt Proteus, dem Meergreis, der die Zukunft vorhersagen konnte. Um die Mittagszeit strömten die Menschen zu ihm, wenn er aus dem Meer auftauchte und auf den Klippen saß, um sich zu sonnen. Sie gaben sich alle Mühe, ihn zu fangen und zu zwingen, die Zukunft vorherzusagen. Kaum hatte ihn aber jemand gepackt, verwandelte er sich, nahm eine andere Gestalt an und entwand sich dem Griff. Da er unaufhörlich die Gestalt wechselte, sagte er nie die Zukunft vorher.

Dies, meint Lifton, ist das neue Ideal – die ständig anpassungsfähige Persönlichkeit, die sich nie fest an jemanden oder etwas bindet und immer restlos wandelbar bleibt. Zwar mag sie den Anforderungen des modernen Lebens besonders gut entsprechen, aber diese »psychologische Gestaltwandlung« schafft eine Leere im Herzen – oder gar in der Seele –, die durch ein vages Gefühl der Abgestumpftheit und das Fehlen eines umfassenden Lebenssinnes gekennzeichnet wird. Der proteische Mensch ist wie der Schizophrene gegen die Erfahrung von Schmerz gefeit. Auch in seinem oft sehr geringen Selbstwertgefühl gleicht er dem Schizophrenen.

Es gibt tatsächlich einige wenige Menschen, die noch nie Depressionen hatten, die meisten, die dies behaupten, machen jedoch entweder sich oder anderen etwas vor – oder leiden unter einer schweren Persönlichkeitsstörung. Niemals deprimiert zu sein, ist im allgemeinen sowohl anormal als auch ungesund.

Gewiß gibt es Menschen, die alles perfekt zu meistern scheinen. Sie scheinen wirklich das unmögliche Ideal erreicht zu haben. Aber dennoch... keimt in uns der Verdacht, daß irgend etwas nicht stimmt. Könnte es sein, daß alles zu glatt, zu perfekt geht? Könnte vielleicht etwas fehlen? Könnte das, was uns als Makellosigkeit erscheint, in Wirklichkeit Narzißmus sein?

In dem ganzen Gerede der letzten Jahre über Narzißmus und narzißtische Persönlichkeiten ging die ursprüngliche Bedeutung von Narzißmus unter. Die »Ich«-Generation, die von Christopher Lasch erforschte »Kultur des Narzißmus«, die auf das eigene Selbst gerichtete Innenschau einiger New-Age-Therapien – nichts davon hat im Grunde genommen etwas mit der in der Psychiatrie als Narzißmus bezeichneten Persönlichkeitsstörung zu tun. Es ist nicht »Selbstliebe«, wie allgemein nach der griechischen Sage von Narcissus angenommen wird, der sich in sein Spiegelbild verliebte, als er in einen Teich blickte, sondern die unbedingte und völlige Selbstbezogenheit, bis hin zu dem Punkt, wo nichts und niemand anderes mehr eine Rolle spielt.

Der wahre Narzißt scheint häufig jenen Idealzustand vollkommener Ausgeglichenheit gefunden zu haben. Sein Leben mag alle gesellschaftlichen Kriterien des Glücks aufweisen, bis hin zu Erfolg, Macht und Prestige. Sowohl diese Person als auch ihre Mitmenschen werden von ihrer Vortrefflichkeit oder gar Überlegenheit überzeugt sein. Vor allem in der Geschäftswelt zählen derlei Überzeugungen eine ganze Menge, so daß ein echter Narzißt ungeheuer erfolgreich sein kann. An sich ist er darum zu beneiden, doch muß er einen hohen Preis dafür bezahlen: die völlige Unfähigkeit zu echter Trauer oder Depression. Unter der Tünche des Erfolgs verbirgt sich eine gähnende Leere der Gefühle – in der es nicht nur keine Depression, sondern auch kein Glück gibt.

Narzißten verhalten sich oft besonders hart gegenüber ihrer Umwelt. Nur sie selbst – ihr Körper, ihre Bedürfnisse, Gedanken und alles, was mit ihnen zusammenhängt – werden als völlig real empfunden; alles andere wird lediglich verstandesmäßig wahrgenommen, ohne Gefühl. Dieser Mangel an Tiefe und Verständnis bedeutet, daß der Narzißt keinen Sinn für persönliche oder gesellschaftliche Verantwortung hat und somit seine Mitmenschen ohne Schuldgefühle ausbeuten und manipulieren kann.

Doch gerade dieser Narzißmus wird von einigen bekannten Autoren als gesundes Ideal befürwortet. Nehmen wir zum Beispiel den Psychiater Ari Kiev, dessen Buch *The Courage to Live* die Depression in den Kategorien des »Gewinnens« und »Verlierens« betrachtet. Depressionen haben heißt, so argumentiert er, ein Verlierer zu sein. Und da in einer Welt, in der zumindest der Anschein des Erfolges so hoch im Kurs steht, niemand ein Verlierer sein will, verspricht er seinen Lesern, daß sie »ihr Leben und ihre Reaktionen völlig in den Griff bekommen« – wobei die überwiegende Mehrheit seiner Kollegen sich darüber einig ist, daß ein Mensch, der in diesem Sinne »alles im Griff hat«, das genaue Gegenteil jeder vernünftigen Vorstellung einer gesunden Persönlichkeit wäre.

Kievs Auffassungen erfreuen sich dennoch großer Beliebtheit, denn wer will in einer Gesellschaft, die sich auf den schönen Schein stützt – in den Vereinigten Staaten vor allem auf den Anschein von Selbstvertrauen –, schon als Schwächling, Kranker oder Verlierer dastehen? Für Krisen im Selbstvertrauen wie Depressionen fehlt uns Zeit und Geduld. Wir werden nach unserem Auftreten beurteilt. Machen wir einen selbstbewußten Eindruck, dann *sind* wir in den Augen der anderen selbstbewußt (das geht soweit, daß man intelligenten, berufstätigen Frauen weismachen kann, die »Erfolgs-Garderobe« mache sie erfolgreich). Und wenn andere Menschen sehen, daß wir in uns selbst vertrauen, dann halten sie das für einen guten Grund, ebenfalls Vertrauen in uns zu setzen. Machen wir jedoch einen deprimierten Eindruck, erleiden wir Schiffbruch: wir verlieren nicht nur das eigene Vertrauen in uns, sondern auch das damit zusammenhängende Vertrauen anderer.

Besonders Politiker sind sich dessen bewußt. Ihre Karrieren hängen von dem Anschein des Selbstvertrauens ab, folglich also von dem Vertrauen derer, die sie wählen. Abraham Lincoln zum Beispiel hätte es in der heutigen Welt als Politiker nie zu etwas gebracht. Man hätte ihn ebenso gewiß und wirksam gebrandmarkt wie Thomas Eagleton, der Kandidat für die Vizepräsidentschaft 1972, als er enthüllte, daß er wegen Depressionen in Behandlung war.

Der Psychiater Ronald Fieve, dessen Buch *Moodswing* sich geschickt unsere Angst vor manisch-depressiven Psychosen zunutze macht, hätte starke Geschütze gegen Lincoln aufgefahren, wenn er dazu in der Lage gewesen wäre. In der idealen Welt von Fieves befinden wir uns alle in einem Zustand der Ausgeglichenheit, ohne daß unser Stimmungsbarometer nach oben oder unten ausschlägt und uns aus der Fassung bringt. Falls solche Dinge unerklärlicherweise dennoch vorkommen, muß man die sich daraus ergebenden Gefühle mit Stumpf und Stiel ausmerzen. Fieve hätte gegen Lincolns akute Depression im Januar 1841 folgendes unternommen:

»Sein Unvermögen, an den gesetzgebenden Versammlungen teilzunehmen, und die Angst seiner Kollegen, er könnte Selbstmord begehen, würde in heutiger Zeit die meisten Psychiater veranlassen, ihn ins Krankenhaus einzuweisen und in stationäre Behandlung zu nehmen. Ich würde auf einer stationären Aufnahme bestehen, eine Beobachtung wegen Suizidgefahr anordnen und Antidepressiva und später die Verabreichung von Lithium als das Mittel der Wahl bei derartigen Leiden verschreiben.« Und warum das alles? Wegen einer schlimmen Depression, die summa summarum gerade eine Woche anhielt.

Lincoln hatte Glück, daß Fieve 1841 noch nicht zugange war. Sein Einschreiten als Psychiater hätte uns einen genialen und menschenfreundlichen Politiker genommen, und dies wäre für uns alle – einschließlich Fieve – ein Verlust. Doch trotz Lincolns Beispiel und trotz der tragischen Verschwendung und Ablehnung von Menschen wie Eagleton beharren wir auch weiterhin darauf, daß Politiker das unmögliche Ideal emotionaler Ausgeglichenheit erfüllen oder zumindest diesen Eindruck erwecken. Anscheinend erwarten wir, daß sie Roboter sind, die niemals ein wirklich tiefes Gefühl empfinden.

Die Tatsache, daß wir solche Menschen für öffentliche Ämter geeignet halten, ist an sich schon beunruhigend. Noch beunruhigender ist der Umstand, daß wir dadurch dafür sorgen, entweder nur unehrliche Menschen zu wählen, die nicht zugeben, schon unter Depressionen gelitten zu haben, oder Feiglinge, die dies nicht wagen, oder Menschen, die ihre Gefühle in einem Ausmaß verdrängen, das jeder Psychiater mit Ausnahme Fieves als beunruhigende Störung des Gefühlshaushaltes diagnostizieren müßte.

Doch die Erwartungen an unsere politischen Führer spiegeln lediglich die Erwartungen an uns selbst wider. Die von uns gewählten Politiker bringen die Werte zum Ausdruck, die der Mehrheit der Wählerschaft etwas bedeuten. Nicht aus Unwissenheit nehmen wir die Illusion ihrer emotionalen Unfehlbarkeit hin, sondern aus dem Wunsch heraus, unsere Zweifel an dem Ideal zu unterdrücken.

UNSER ANSPRUCH AUF DAS RECHT AUF DEPRESSION. Vor zweihundert Jahren wurde die Forderung des Rechts auf Glück als revolutionäre Tat betrachtet; im zwanzigsten Jahrhundert mag die Forderung des Rechts auf Unglück nicht minder revolutionär sein. Wir müssen die Depression aus der Gewalt der populärwissenschaftlichen Psychologie befreien, in der sich glücklich und sich gut fühlen nach wie vor als die einzig berechtigten menschlichen Empfindungen gelten. Genau dies tut Held Wilder in Aldous Huxleys Roman *Schöne neue Welt*. Die Bewohner dieser Welt treiben in einem durch Soma, »der Glücksdroge«, entstandenem Meer seichter Zufriedenheit. Doch Wilder, der in der Wildnis jenseits des Einflußbereiches dieser Zivilisation von Geburt an ohne Drogen aufwuchs, weigert sich, Soma zu nehmen. »Ich brauche keine Bequemlichkeiten«, sagt er. »Ich will Gott, ich will Poesie, ich will wirkliche Gefahren und Freiheit und Tugend. Ich will Sünde.«

Worauf Mustafa Mannesmann, der Aufsichtsrat dieser schönen neuen Welt, seufzend erwidert: »Sie fordern das Recht auf Unglück.«

Huxley erkannte, daß ganz gleich, welche Idealvorstellung wir uns vom Glück machen, es immer eine Frage der Werte sein wird. Glück an sich bietet noch keine Gewähr dafür, daß es gesund oder erstrebenswert ist. Ein Psychopath mit einem Messer in der Hand kann durchaus sehr glücklich sein, wofür die Irren in Anthony Burgess' *Uhrwerk Orange* das beste Beispiel sind. Ein Baby strahlt vor Glück, während es die Hand nach den hübschen hellen Farben des Feuers im offenen Kamin ausstreckt. Ein Heroinsüchtiger ist glücklich, wenn die Droge in seine Venen gelangt. Terroristen, Ölmagnaten und sogar Piloten von Atombombern können alle ganz von der Freude durchdrungen sein, die von ihrem Eigendünkel und ihren Handlungen herrührt – was Nietzsches Vorstellung vom Glück als wirksamsten Gefühl der Macht gefährlich nahekommt.

Vollkommene Ausgeglichenheit wird immer eine verlockende Illusion bleiben. Ganz von Sicherheit, Zufriedenheit und der absoluten Überzeugung von der eigenen Richtigkeit durchdrungen zu sein erscheint so lange beneidenswert, bis wir einen genaueren Blick darauf werfen. Dann erkennen wir, daß niemand so kühl und unmenschlich ist wie jemand, der überzeugt davon ist, »die Lösung gefunden zu haben«. Denken Sie an die Anhänger eines Baghwan, eines Charles Manson oder eines Terroristen; rufen Sie sich ihren glasigen Blick vor Augen, das unverwandte Lächeln und die unbekümmerte Verblendung, als hätte man ihr persönliches Wesen ausgesaugt, so wie man durch ein kleines Loch oben in der Schale ein Ei aussaugen kann. Psychisch wirken sie tot, da ihr Verstand ganz dem dogmatischen Glauben gehört. Dennoch sind sie ohne Zweifel glücklich und zufrieden. Selbstzufrieden. Alles Menschliche und Verletzliche in ihnen ist verschwunden. Sie sind in der Lage, sich sowohl gegenüber ihrer Familie und ihren Freunden als auch gegenüber Fremden recht unmenschlich zu verhalten.

Ganz gleich, wie sehr wir auf unser persönliches Wohl bedacht sind, wir dürfen nicht zulassen, daß man die ursprüngliche Vorstellung des gesellschaftlichen Glücks – des reibungslosen Funktionierens der Gesellschaft – von der privater und persönlicher Harmonie trennt. Gefallen am eigenen Selbst kann nicht der einzige Wert sein, an dem wir unser Leben ausrichten.

Zu einem verantwortungsbewußten Wertesystem gehört die Depression. Sie ist ein Teil des Entscheidungsprozesses, nach welchen Kriterien wir unser Leben führen und bis zu welchem Grad wir von der ganzen Palette menschlichen Gefühls Gebrauch machen wollen.

Das weitverbreitete Ideal, »auf immer von der Depression befreit zu sein«, ist ein faustischer Kontrakt, durch den wir Gefühl gegen Selbstentfremdung eintauschen. Wenn wir ein sinnvolles Leben führen wollen, wenn wir lieben und einen Platz im Leben haben wollen, wenn wir den Eindruck der Beständigkeit und das Gefühl haben wollen, daß sich das Leben lohnt, dann müssen wir auch bereit sein, die Depression zu ertragen, die sich einstellt, wenn das Leben unsere Wünsche nicht in Erfüllung gehen läßt.

Mit Ausnahme der besonders schweren Fälle ist es weder konstruktiv noch hilfreich, die Depression als Krankheit, Versagen oder Störung zu betrachten. Tatsächlich kann eine solche Sichtweise sogar höchst destruktiv sein. Da es sich um ein allgemeines Phänomen handelt, sollten wir sie statt dessen als normale Reaktion betrachten und dann die Frage stellen, welche Funktion sie in unserem Leben hat. Wenn wir sie nicht als Problem, sondern als Prozeß auffassen, dann glaube ich, daß wir diese Funktion erkennen, mit unseren Gefühlen zurechtkommen und sie als Bedingung des Daseins als fühlender und denkender Mensch sehen können – als ebenso wesentlicher Bestandteil der menschlichen Erfahrung wie das Glücklichsein.

3.
Der Drang zur Verdrängung

Psychopathologie ist eine ansteckende Sache. Ich kann mich noch gut an meine Einführung in sie erinnern, als ich in England Psychologie studierte. Der Professor war einer der berühmtesten Verbrechenspsychopathologen Englands, und da seine Vorlesungen stets auf zwei Uhr nachmittags angesetzt waren, kam er direkt aus dem Pub zur Universität, in den er sich nach seinen morgendlichen Gutachten vor Gericht begab. Er hatte dann immer noch den Nadelstreifenanzug mit Weste an, den er vor Gericht trug, und seinen ausladenden Bauch zierte eine goldene Uhrkette. Seine Nase war immer von Whiskey gerötet, den er zum Mittagessen trank und der zweifellos mit dazu beitrug, ihn die bei Gericht angebrachte Vorsicht vergessen zu lassen und seine Zunge zu lösen.

Die Art, wie er Geschichten erzählte, war nicht minder ausladend wie sein Bauch; er pflegte uns mit ausführlichen Schilderungen der Fälle zu ergötzen, mit denen er zu tun gehabt hatte, wobei er Schizophrenie, manisch-depressive Psychosen, psychopathische Persönlichkeitsstörungen und ähnliches so anschaulich erläuterte, daß wir den Vortragssaal alle mit der festen Überzeugung verließen, unter dem zu leiden, was wir an diesem Tag gerade durchgenommen hatten. Im Verlauf der Vortragsreihe wurden wir erst schizophren, dann manisch-depressiv, dann psychopathisch. Während der zwei Jahre dauernden Vortragsreihe stellte die ganze Klasse fest, daß wir an jeder Geisteskrankheit auf Gottes Erde litten – und noch an ein paar mehr, die sich unsere fieberhafte Einbildungskraft von allein ausgedacht hatte.

Es dauerte eine Zeitlang, bis wir erkannten, daß ein gewisses Maß an Verrücktheit in uns allen steckt und jeder glaubt, die eine oder andere Einzelheit eines ausführlich beschriebenen psychischen Syndroms treffe auf ihn zu, wobei er von dieser Einzelheit auf das ganze Syndrom schließt.

In gleicher Weise kann sich jeder von uns bis zu einem gewissen Grad mit den in über schwere Depression handelnden Büchern angeführten Fallbeispielen identifizieren. Schließlich bekommen auch wir Depressionen; wir wissen, was das heißt. Doch die Gefahr liegt darin, daß dies die einzigen der breiten Öffentlichkeit zugänglichen Beschreibungen der Depression sind. In Ermangelung einer einheitlichen Auffassung über die normale Depression neigen wir jedoch zu der Annahme, auch wir seien schwer depressiv. Wir lesen von Fällen, verinnerlichen die psychiatrischen Kategorien und machen Fälle aus uns selbst. Unsere Angst vor der Depression verstärkt sich und läßt uns in Panik geraten – einem weiteren Faktor der Überlagerung der Depression.

Die Depression pathologisch – also als Krankheit – zu betrachten, ist ein geschickter Kniff, ihr den Stachel zu nehmen. Wenn sie eine Krankheit ist, dann ist sie insofern nicht relevant, als daß sie nicht damit zu tun hat, wer wir sind oder wie wir leben. Sie wird mehr zu einer Sache des Glaubens als der Funktion.

Das medizinische Denkmodell der Depression betrachtet sie wie viele andere Krankheiten auch als Ding an sich. Aus der Depression wird ein Bakterium gemacht: ein selbständiger Erreger, der den Menschen heimsucht oder ihn »befällt« statt ein integraler Bestandteil des *Seins* eines Menschen zu sein. In diesem Fall ist sie wie jede andere Krankheit auch etwas Fremdes, Unbekanntes und daher bedrohlich. Obwohl die Grundvorstellung der Depression als Krankheit auf Grundlage der schweren Depression entwickelt wurde, hat die Psychiatrie diesen Begriff dahin erweitert, daß er jedes Depressionserlebnis einschließt, wie leicht und kurzzeitig es im Vergleich auch sein mag.

Eine bedeutende Rolle bei diesem Problem spielt der Umstand, daß Psychiater zuallererst Mediziner sind. Die Voraussetzungen für eine Laufbahn als Psychiater – eine vierjährige Facharztausbildung nach der Approbation – beeinflussen die Denkweise der meisten Psychiater. Durch ihre Ausbildung darauf geeicht, einen medizinischen Standpunkt gegenüber Gebrechen des Körpers einzunehmen, übertragen sie den gleichen Standpunkt auch auf Störungen des Geistes. Für den Geist muß in gleicher Weise wie für den Körper eine Diagnose gestellt werden, um ihn dann zu behandeln und zu heilen.

Die Kritiker dieser zu stark vereinfachenden Übertragung der Einstellung gelten als die »Radikalen« ihres Standes, da sie die Grundvoraussetzungen der Psychiatrie in Zweifel ziehen. Zu den bekanntesten dieser Kritiker zählt Thomas Szasz, der Verfasser des mittlerweile berühmten Buches *Der Mythos der Psychiatrie*. Er schlug vor, »die jetzt noch als Geisteskrankheiten bezeichneten Phänomene aus der Kategorie der Krankheiten zu entfernen und sie als Äußerungen der Auseinandersetzung des Menschen mit dem Problem der richtigen Lebensweise zu betrachten«. Szasz argumentierte, der Begriff der Geisteskrankheit diene »in erster Linie zur Verschleierung der Binsenwahrheit, daß für die meisten Menschen das Leben ein fortwährender Kampf ist, und zwar nicht ums biologische Dasein, sondern um ›einen Platz an der Sonne‹, um

›inneren Frieden‹ oder einen anderen Sinn oder Wert. Psychiatrische Kategorien wie geistige Gesundheit oder Krankheit, Zurechnungsfähigkeit und Unzurechnungsfähigkeit seien bloß Ausdruck eines Schubladendenkens. Sie trügen wenig zu unserem Verständnis des Menschen bei und dienten lediglich dazu, die damit Bezeichneten als Geisteskranke abzustempeln.

Jemanden einen »Depressiven« zu nennen ist ein Beispiel hierfür; dadurch wird diesem Menschen ein Etikett verliehen. Er wird nicht zu jemandem, der depressiv ist, sondern zur Verkörperung des Etiketts: er bekommt einen festen Platz im Leben zugewiesen. Depressiver ist man mehr oder minder in gleicher Weise wie man Vater, Arzt oder Republikaner ist. Doch im Gegensatz zu letzteren Bezeichnungen geht von der Etikettierung als Depressiver starker seelischer Druck aus, sie läßt dem Betroffenen sowohl nach eigener als auch nach Ansicht seiner Mitmenschen keinen Ausweg. Die Welt braucht das Etikett, nicht der an Depressionen leidende Mensch.

Das Etikett feit die Etikettierenden gegen die Depression. In Wirklichkeit ist die Depression tatsächlich ansteckend, wenn auch nicht in gleicher Weise wie körperliche Krankheiten. Es gibt natürlich keinen Bazillus oder Virus, der sie überträgt. Die Ansteckung erfolgt vielmehr, weil wir alle die Anlage zur Depression in uns tragen. Die Depression anderer kann daher leicht unsere eigene zum Ausbruch bringen, bedrohlich wirkt sie deshalb, weil sie uns den Spiegel vorhält. Um zu verhindern, daß wir einen Blick in diesen Spiegel werfen, etikettieren wir andere Menschen als Depressive, wodurch wir für uns den falschen Status des Nichtdepressiven und daher »Gesunden« anmaßen.

Die an Depressionen Leidenden werden durch diese Einstellung lediglich noch in dem Glauben bestärkt, mit ihnen sei etwas nicht in Ordnung, sie seien »nicht ganz bei Verstand«. Offenbar hat sie irgend etwas von außen Kommendes »befallen«, eine Art Invasion, die sich ihrer Kontrolle entzieht.

Verführerisch wie die Vorstellung der Depression als Krankheit nun einmal auf uns wirkt – denn Krankheiten sind im allgemeinen heilbar, was bedeuten würde, daß wir nie mehr unter Depressionen leiden müßten –, wollen wir nicht wahrhaben, daß es vielleicht überhaupt keine Krankheit gibt.

Die Psychiatrie spielt inzwischen eine so große Rolle in unserem Leben, daß wir sie auch zur Erklärung normaler Erlebnisse heranziehen. Doch dies ist ein Widerspruch in sich. Die Psychiatrie befaßt sich mit dem Pathologischen, dem Anormalen. Das Feld des normalen menschlichen Verhaltens und Empfindens ist der Psychologie vorbehalten, doch da die Depression als psychisches Krankheitsbild eingestuft wurde, schenkten die Psychologen diesem Gebiet verhältnismäßig wenig Beachtung. Ohne auf ihre eigene Erfahrung zu achten, haben die meisten die psychiatrische Definition übernommen, nach der jede Art von Depression eine geistige Störung darstellt. Gerade in dieser Beziehung ist die Psychologie ihrer Aufgabe nicht gerecht geworden. Sie hat uns keinen Begriff der Normalität als allgemeinem Geisteszustand an die Hand gegeben, so daß wir gezwungen waren, die Depression allein aus psychiatrischer Sicht zu sehen, wodurch ein Problem aufgeworfen wurde, das es so vielleicht gar nicht gibt.

»DAS ZEITALTER DER DEPRESSION«. Allein schon über die Menge der ihrem Fachbereich überstellten Menschen erstaunt, sind einige Psychiater nun dazu übergegangen, die gesamte Gesellschaft für ihr Fach in Beschlag zu nehmen. Dies traf besonders Ende der sechziger und Anfang der siebziger Jahre zu, als sich die von Erich Fromm postulierte »Krankhaftigkeit des Normalen« in den Psychologieseminaren an den Universitäten großer Beliebtheit erfreute. Es war groß in Mode zu behaupten, die Gesellschaft selbst sei krank, und wer in ihr überleben wolle, müsse daher ebenfalls krank sein. Mit einem Mal waren wir samt und sonders neurotisch.

Das Dumme an diesem Gedanken ist nur, daß er weder sonderlich originell noch sonderlich hilfreich war. Da bisher außer in den großen utopischen Romanen noch niemand eine Gesellschaft schuf, die nicht krank war, besitzen wir nach wie vor keine rechte Vorstellung davon, wie denn eine »gesunde« Gesellschaft aussehen müßte. Manche Theoretiker verklären nach Art von Rousseau vergangene Zeiten und Gesellschaften, wobei sie die Kriege, Epidemien und auf Unterdrückung ausgerichteten Gesellschaftssysteme, die für die meisten Bürger das Leben ebenso hart wie kurz machten, bequemerweise unter den Tisch fallen lassen. Ihrer Meinung nach gibt es heute mehr Depressionen, weil mehr gesellschaftlicher Druck ausgeübt wird. Die historischen Zeugnisse widerlegen dies jedoch eindeutig: von der Zeit König Salomons an stößt man in allen schriftlichen Quellen der Menschheitsgeschichte auf Beschreibungen der Depression.

Der im England des siebzehnten Jahrhunderts lebende Geistliche Robert Burton, der Jahre darauf verwandte, das Material für den erstaunlichen und häufig ergötzlichen Wälzer *Die Anatomie der Melancholie* zusammenzutragen, gibt seitenlange Zitate griechischer und römischer Klassiker an, in denen sie über die weite Verbreitung der Depression Klage führen. Julius Caesar Claudinus bezeichnete sie als »so häufig in dieser verrückten Zeit, daß kaum einer von Tausend frei von ihr ist.« In Burtons Zeit »bezeichnen wir denjenigen als melancholisch, der grämlich, verdrießlich, schwer von Begriff, übellaunig, einzelgängerisch, leicht erregbar oder verstimmt ist. Kein Sterblicher ist aber frei von diesen melancholischen Anlagen... Niemand besitzt ein Gemüt von solcher Ausgeglichenheit, daß er nicht ab und an den Schmerz der Melancholie mehr oder minder stark zu spüren bekommt.« (Im folgenden wollte Burton seinen Lesern vermutlich Ratschläge durch eine Aufzählung der Speisen erteilen, die man meiden solle, da sie die Melancholie begünstigten. Auf dieser Liste standen Rindfleisch, Geflügel, Wildbret, Milchprodukte, Fisch, die meisten Früchte- und Gemüsesorten, Getreide, geistige Getränke und Bier. Dem naiven Leser mag nachgesehen werden, wenn er dachte, die einzige Möglichkeit zur Vermeidung der Melancholie sei zu verhungern.)

In welcher Zeit sie auch lebten, die Menschen hielten ihre Gesellschaft immer für verrückt und am Rande des Zusammenbruchs stehend. Die Geschichte kennt eine Vielzahl falscher Propheten, die den Anbruch des Jüngsten Tags verkündeten und sich genau diese Angst und Unsicherheit zunutze machten. Gesellschaftliche und wirtschaftliche Faktoren können Depressionen natürlich verschlimmern; niemand von uns lebt völlig isoliert. Aber zu behaupten, daß eine Gesellschaft krank sei, weil ihre Mitglieder an Depressionen leiden, ist lediglich eine andere Variante, die Depression für irrelevant zu erklären, indem man sie noch weiter aus dem Bereich der Bedeutung und der Erfahrung verbannt. Die Depression bleibt nach wie vor eine Schuldfrage, ob man diese Schuld nun dem Einzelnen oder der Gesellschaft anlastet.

Heutzutage gibt es natürlich auch Statistiken, um die These von der »kranken Gesellschaft« zu untermauern. In Wirklichkeit beweisen sie nur wenig, da uns kein statistisches Vergleichsmaterial aus früheren Zeiten vorliegt. Der Zahlenfimmel ist ein Phänomen der jüngsten Vergangenheit. Außerdem bewegen sich diejenigen, die ihre Ansicht über das sich verschlechternde psychologische Klima der modernen westlichen Gesellschaft an Hand von Statistiken beweisen wollen, auf sehr dünnem Eis. Die Statistiken einer Gesellschaft sagen stets mehr über den Wunsch und die Fähigkeit der Gesellschaft aus, statistische Berechnungen anzustellen, als über den eigentlichen Gegenstand der Statistik. Katholische Länder weisen zum Beispiel eine erstaunlich niedrige Selbstmordrate auf, und Depressionen sind in vielen Ländern des Nahen Ostens praktisch unbekannt – keineswegs, weil es dort keine gibt, sondern weil kein Interesse vorhanden ist, die Quote der Depression zu erfassen oder, was den Selbstmord betrifft, ein starkes Interesse, die Quote *nicht* zu erfassen. Sogar aus den mit allen statistischen Wassern gewaschenen Vereinigten Staaten werden widersprüchliche Zahlen gemeldet, so daß die gegenwärtige Sprachregelung für schwere Depressionen »sieben bis fünfzehn Prozent der Bevölkerung« angibt – in diesem Bereich liegen die meisten Ergebnisse der verschiedenen Untersuchungen.

In Wirklichkeit rührt die weitverbreitete Meinung, daß wir »im Zeitalter der Depression« leben, weder von der Statistik noch von Gesellschaftstheoretikern her, sondern von den Pharmakonzernen, denen viel daran liegt, ihre neuesten Antidepressiva zu propagieren. Sie stießen auf offene Ohren; seitdem die Menschen Depressionen haben – was nichts anderes heißt, als seitdem es Menschen gibt –, suchten sie nach einer Möglichkeit, die Relevanz ihrer Gefühle zu verleugnen, indem sie einen medizinischen Maßstab an sie anlegten.

Hippokrates, der Ahnherr der Heilkunde, war einer der ersten, die dies taten, er führte die Depression auf ein Übermaß schwarzer Galle im Körper zurück. (»Melancholia« ist das griechische Wort für Schwarzgalligkeit.) Die Theorie von der Schwarzgalligkeit, die zur Lehre von den vier Hauptsäften des Körpers gehörte, von denen man annahm, daß sie alle Gefühle und Stimmungen des Menschen regelten, stellte über Jahrhunderte hinweg die Haupterklärung für Depressionen dar. Sie war der Vorläufer aller modernen chemischen Erklärungen der Depression; beide führen Gefühle auf physische Tatbestände zurück.

Die Schwarzgalligkeit bekam jedoch Konkurrenz, hauptsächlich in Gestalt von Dämonen. Byzantinische Einsiedler in abgelegenen Wüstenklausen kämpften mit diesen Dämonen und wurden häufig von ihnen übermannt. Sie sprachen von dem gefürchteten »Mittagsdämon«, der den Mönch in Versuchung führte, »Haß auf seine Klause, das Leben und die Arbeit seiner Hände zu entwickeln und zu glauben, er habe die Liebe seiner Brüder verloren und es gebe niemand mehr, bei dem er Trost finden könne.« Unter dem Einfluß dieses Dämons hörten sie auf zu beten, irrten tieftraurig umher und warfen sich in den Nächten in schlafloser Erschöpfung hin und her. Dies klingt ganz nach einer Depression, für sie war es aber ein Dämon, eine von außen kommende Macht, die sie übermannte und deren Gewalt sie hilflos ausgeliefert waren.

Das durch die Weigerung der Mönche, sich ihrer Depression zu stellen, entstandene Feindbild machte jede Aussicht, sie zu überwinden, fast zunichte. Viele wurden buchstäblich wahnsinnig in der Wüste. Aber natürlich trieben sie in diesem Fall die Dämonen in den Wahnsinn, nicht etwa diejenigen, die sich an eine allzu wörtliche Vorstellung von Gut und Böse, Recht und Unrecht klammerten.

Kurzum, die Dämonen waren äußerst praktisch. Die schwarze Galle und die moderne Biochemie nicht minder. Alle ersparen uns die Mühe, den Tatsachen unseres Lebens ins Auge zu sehen.

Die Ironie liegt darin, daß gerade der Ausdruck »Depression« geprägt wurde, um der Lebenserfahrung Rechnung zu tragen. Bis zum Anfang dieses Jahrhunderts galt die Melancholie unwidersprochen als Krankheit. Erst 1904 machte Dr. Adolf Meyer geltend, daß der Ausdruck »Melancholie« einem diffusen Leiden, für dessen Krankhaftigkeit kein sicherer Beweis vorhanden war, den Stempel der Gewißheit aufdrückte. Er schlug die Einführung des Begriffs »Depression« vor, um die Melancholie oder schwere Depression von dem gewöhnlicheren Stimmungstief abzugrenzen, das fast jeder gelegentlich mitmacht. Erlebnisse spielten dabei eine ebenso große Rolle wie organische Störungen, behauptete er, und in den meisten Fällen sei das Leiden eher auf Ereignisse im Leben als auf physische Gebrechen zurückzuführen.

Achtzig Jahre später hat sich das Blatt gewendet. Heute halten wir die Melancholie für eine nahezu angenehme geistige und körperliche Mattigkeit. Zweifellos unter dem Einfluß der Romantiker denken wir dabei an große und ziemlich hagere Dichterjünglinge, die mit schmachtendem Blick Liebe oder Inspiration herbeisehnen, besser noch beides. Die Depression aber, das zur Bezeichnung der normalen Erfahrung im Gegensatz zur pathologischen Melancholie geprägte Wort, wurde zur neuen Krankheit.

Die Gesundheitsneurose. Jeder hat Angst vor Geisteskrankheiten. Krankheiten des Körpers wirken harmlos im Vergleich. Wir wissen, was man gegen sie tun kann, oder zumindest glauben wir es. Doch Geisteskrankheiten bleiben ein Rätsel für uns, stehen außerhalb unseres Vorstellungsvermögens. Aber dennoch erklären wir uns für geisteskrank, indem wir der Depression pathologischen Rang zubilligen. Jedesmal, wenn wir sie durchlaufen, taucht mit einem Mal ernste Besorgnis in uns auf, in den Augen unserer Umwelt als »krank« zu erscheinen. »Mit mir muß irgend etwas nicht in Ordnung sein«, denken wir dann. »Ich brauche Hilfe.«

Freunde können uns in Zeiten wie diesen sehr viel helfen. Doch verführt von dem durch Psychiatrie und Pharmaunternehmen proklamierten Zeitalter der Depression, haben wir den Glauben an Freunde und uns selbst verloren. Wenn unsere Probleme so schlimm sind, geht uns durch den Kopf, brauchen wir die Hilfe von Fachleuten – Hilfe von der Art, die uns oft nur in der Annahme bestärkt, daß wir krank seien.

Thomas Szasz wies zornig darauf hin, daß »die Nachfrage nach ›Hilfe‹... inzwischen durch eine Verhaltenswissenschaft gestillt wird, die bereit und willens ist, den Menschen aus der moralischen Pflicht zu entlassen, indem sie ihn als Kranken behandelt.« Das ganze Leben läßt sich als psychologisches Problem auffassen; die Psychiatrie hat die Kontrolle über das menschliche Dasein übernommen, so daß nun alle Probleme, die kleinen und die großen Schwierigkeiten des Lebens, zur »Lösung« anstehen. Wir sind zu Konsumenten der Psychiatrie geworden, und dies geht so weit, schreibt Szasz, daß »eine große Zahl von Menschen – zuweilen scheinen es fast alle zu sein – der eigenen Sprache verlustig ging, in der sie ihrer Notlage hätten Ausdruck verleihen können, ohne sich der psychiatrischen Sichtweise bedienen zu müssen, die den Menschen als Individuum entwürdigt.«

Wir sind Opfer einer »Gesundheitsneurose«, wie es der Psychologe Heinz Hartmann nannte. Wir haben inzwischen ein Stadium erreicht, wo die Angst vor Krankheit, genährt durch die neue angewandte Wissenschaft der Psychiatrie, uns zu Gesundheitsneurotikern werden läßt.

Die unter der Gesundheitsneurose leidenden Menschen können sich nicht damit abfinden, nicht mit Haut und Haar völlig gesund zu sein. Doch ihr Gesundheitsbegriff ist außerordentlich eng gefaßt. Sie verstehen darunter »sich gut fühlen«, »gewinnen«, »seine Probleme lösen«, und zwar mit einem Minimum an Zeit, Aufwand und Mühe. Für sie bedeutet Gesundheit »seine Gefühle völlig im Griff zu haben« – eine narzißtische Auffassung, die dem Leid oder der Depression keinen Platz zugesteht.

Die neuen Lieferanten geistiger Gesundheit haben sogar den langen und vielschichtigen Prozeß der Selbsterfahrung mittels Therapie zu einem Ruckzuck-Bewußtsein verwandelt, als könne Verständnis – mit einem ›Zack!‹ wie im Comic – über Nacht entwickelt werden. Sie haben uns einen Bären aufgebunden, »den Mythos vom Paradies durch Selbsterkenntnis«, wie es Ernest Becker ausdrückte.

»Die empirischen Tatsachen dieser Welt werden nicht verschwinden, weil man seinen Ödipuskomplex analysiert hat«, schrieb Becker, »oder weil man zärtlich lieben kann, wie heute so viele glauben.« Wenn sich die Psychologie als umfassende Erklärung für menschliches Unglück präsentiert, wird sie zum bloßen Schwindel, bei dem ein unmögliches Ideal als erreichbares Ziel dargestellt wird. Die Folge ist »therapeutischer Größenwahn« – die falsche Erwartung, durch Psychotherapie nicht nur Heilung, sondern Vollkommenheit zu erzielen. Geistige Gesundheit dieser Art, so Becker, sei »nicht typisch, sondern idealtypisch. Sie übersteigt die Fähigkeiten des Menschen bei weitem, muß mühsam erstrebt und erkämpft werden und läßt den Menschen über sich hinauswachsen.« Anders ausgedrückt handelt es sich um eine religiöse Vorstellung – ein überweltliches Ziel, das nur Heilige und solche erreichen können, die so verrückt sind, sich geistig für völlig gesund zu halten.

Diese Besessenheit von einer unerreichbaren Gesundheit löste in psychiatrischen Kreisen weit mehr Besorgnis aus, als uns die Populärwissenschaft glauben machen will. Der Psychiater Adrian van Kamm vertrat sogar die Ansicht, Hauptziel einer guten Psychotherapie müsse es sein, den Patienten »zu befreien von dem Einfluß popularisierter psychologischer Theorien, der Tyrannei des ängstlichen Schielens nach dem Bild, das sich die Öffentlichkeit von einem macht, und dem Irrglauben an die Möglichkeit einer ›szientistischen‹ Manipulation des menschlichen Daseins in Richtung einer ans Wundersame grenzenden Wiederherstellung der Ganzheit.« Und Nicholas Cummings stellte in seiner Antrittsrede als Präsident der American Psychological Association fest: »Die Geistige-Gesundheit-Bewegung spielte durch ihr Versprechen einer Freiheit von Angst, das nicht haltbar ist, möglicherweise eine entscheidende Rolle bei der Herausbildung der weitverbreiteten Meinung, es sei *richtig*, sich gut zu fühlen, und trug auf diese Weise zu dem sprunghaft angestiegenen Alkoholkonsum und dem fast schon selbstverständlichen Verschreiben von Beruhigungsmitteln durch Ärzte bei« – und inzwischen auch zu dem von Antidepressiva.

Schon viel früher in diesem Jahrhundert sah Freud den Beginn der Gesundheitsneurose und versuchte, gegen sie anzugehen. Sache der Psychiatrie sei nicht die Heilung, erklärte er, sondern das Verstehen und Erforschen der menschlichen Erfahrungswelt. Er vertrat eine sehr weit gefaßte Definition von Gesundheit, der zufolge ein Mensch dann gesund ist, wenn er lieben und arbeiten kann, aber diese Auffassung zeichnet sich nach wie vor durch ihre Humanität und Vorurteilslosigkeit aus.

Seither haben viele seiner späteren Kritiker und Interpreten Freud vorgeworfen, den ganzen Unsinn mit der geistigen Gesundheit ausgelöst zu haben. Das ist jedoch so nicht richtig. Gesundheit sei ein rein praktischer Begriff, erklärte er einem seiner Schüler, der keine echte wissenschaftliche Bedeutung habe. Damit werde lediglich ausgesagt, daß der

Betreffende gut zurechtkomme, nicht daß er besonders verdienstvoll sei. Es gäbe ›gesunde‹ Menschen, die keinen Pfifferling wert seien, andererseits aber auch ›kranke‹, neurotische Menschen, die sehr verdienstvolle Persönlichkeiten seien.

Eine entscheidende Rolle bei diesem Problem kommt der Verwechslung von Gesundheit, Idealisierung und Normalität zu. Er schrieb, mit dem Ich verhalte es sich wie mit der Normalität allgemein: beide seien idealisierte Fiktionen. Doch das Normale ist nicht das Idealisierte; das Normale ist schlicht das Vorhandene.

Normal ist, was dem Durchschnitt entspricht. Normalität ist ein statischer Begriff und sagt lediglich darüber etwas aus, was der Durchschnittsmensch – der Mensch mit den 2,2 Kindern, einem Einkommen von 18 532,16 Dollar und einer Lebenserwartung von 75,3 Jahren – denkt, empfindet oder tut. Bedingt wird er somit durch das, was vorhanden ist, und nicht durch irgend jemandes Ansicht darüber, was vorhanden sein *sollte*. Einen absoluten Maßstab der Normalität gibt es nicht. Und es kann per definitionem auch keinen geben. Warum halten wir also störrisch daran fest, daß das Ideal normal sei, wo doch zwischen der Normalität und diesem Ideal eine unübersehbare Kluft besteht?

Bei den Vorstellungen vom Wünschswerten, Gesunden und Normalen herrscht eine bis hart an Sinnlosigkeit grenzende Begriffsverwirrung. Wir möchten normal sein oder zumindest nicht zu sehr von der Norm abweichen, weil dies sozial unangenehm und ›unerwünscht‹ ist. Wünschenswert ist Normalität, und da Gesundheit ebenfalls wünschenswert ist, bedeutet Normalität auch Gesundheit.

Doch das Vorhandensein der Depression schließt das Ideal aus dieser Gleichung aus. Depressionen sind gewiß nicht wünschenswert, doch da sie fast jeder durchläuft, sind sie ebenso gewiß normal. Aber sind sie folglich auch gesund?

Allein schon der Gedanke an eine gesunde Depression klingt wie eine Rückkehr zu den Zeiten, wo eine Medizin schlecht schmecken mußte, wenn sie gut für einen sein sollte. Das Problem ist, daß wir Gesundheit viel zu eng definieren. Sich gut fühlen, das haben wir gesehen, ist noch keine Garantie für Gesundheit. Dabei spielen noch viele andere Faktoren eine Rolle.

Physische Gesundheit ist das normale, selbsttätige und unabhängige Funktionieren des menschlichen Körpers. Trifft dies auf uns zu, sind wir körperlich »kerngesund«. Geistig kerngesund zu sein, läßt sich nach demselben Kriterium festlegen. So wie ein kerngesunder Körper in der Lage ist, Schmerz zu empfinden, so ist ein kerngesunder Geist in der

Lage, eine Depression zu durchlaufen. Die Fähigkeit zur Depression gehört dazu, wenn man geistig kerngesund sein will. Es besteht kein Grund, sie als neurotisch oder ungesund zu bezeichnen.

Die Psychoanalytikerin Marianne Horney Eckardt wies darauf hin, daß wir das Wort neurotisch auf die ganze kunterbunte und abwechslungsreiche Fülle unseres Daseins angewandt haben, wodurch wir diese unnötig beschneiden. »Unsere implizierten Normen stellen unwillkürlich auch immer Werturteile dar. Der Beigeschmack der protestantischen Auffassung von Sünde schlägt allzu häufig bei unserer Auffassung vom Neurotischen durch. Unsere Normen führen zu Konformismus. Ihnen mangelt es an Phantasie, was die vielfältigen Möglichkeiten anbelangt, dem Leben Stil, Einheitlichkeit und Integrität zu verleihen, wenn diese auch unserer Auffassung von Normalität widersprechen mögen.«

Wenn man fast alles mit dem Etikett ›neurotisch‹ versieht, wie es die Vertreter der Meinung tun, wir alle seien neurotisch und somit sei die Neurose die Norm, landet man schließlich bei einer Definition der Gesundheit, die übermäßig begrenzt und nichtssagend ist. Wir brauchen das Salz und die Würze des Lebens, von der Jesus in der Bergpredigt sprach. Das ist keine Neurose, das ist das Leben. Wirklich neurotisch ist, wer das verleugnet und an einem Gesundheitsideal festhält, das so fern liegt, daß wir uns beim Versuch, es zu erreichen, nur unglücklich machen können. Wie Heinz Hartmann erkannte, als er die Gesundheitsneurose analysierte, lautet die bittere Wahrheit vielmehr: »Der gesunde Mensch muß fähig zum Leid und fähig zur Depression sein.« Ohne diese Fähigkeit werden wir in der Tat neurotisch.

DER DRANG ZUR VERDRÄNGUNG. Indem wir die Depression als neurotisch abstempeln, verweisen wir sie aus dem Bereich der gültigen Erfahrung, als könnten wir sie dadurch ganz aus dem Bereich der Erfahrung verbannen. Die Erfahrung setzt sich natürlich durch: wir haben trotzdem Depressionen. Aber in diesem Fall erwarten wir, krank zu sein und irgendeinen Defekt zu haben, obwohl eine Krankheit oder ein Defekt oft nur dann vorläge, wenn wir *keine* Depressionen hätten.

Wir verlieren die Geduld mit unserer Depression und vermeiden sie nach Möglichkeit.

John Matthews zum Beispiel hatte in den letzten Jahren ziemlich oft Depressionen und haßt sich dafür. Er ist Anfang vierzig und steht ziemlich weit oben im Management eines Großunternehmens. Seine Zukunftsaussichten sind gut, sein Jahreseinkommen ist bereits sechsstellig, aber je näher er an die Spitze vorrückt, desto klarer kommt ihm zu Bewußtsein, auf welch wackligem Stuhl er eigentlich sitzt. Wie so viele Spitzenmanager laviert er ständig hin und her, um nicht abgesägt zu werden. Seine zwei Jahre zurückliegende Scheidung und die Schuldgefühle, als Vater seiner beiden Kinder nicht gut genug zu sein, tragen zur Aufstauung von Streß bei. Doch die Anforderungen, die seine Arbeit an ihn stellten, lassen für Depressionen keinen Platz. »Ich sollte stark genug sein, damit fertigzuwerden«, sagt er, »sollte stark genug sein, es schon gar nicht soweit kommen zu lassen. Das heißt, ich sollte mein Leben besser im Griff haben. Wenn ich Depressionen habe, glaube ich, daß ich es nicht mehr im Griff habe, nicht mal mehr meine Gefühle, und dann fühlte ich mich schwach und gedemütigt.«

In Johns Unduldsamkeit gegenüber der Depression – in seiner Intoleranz ihr gegenüber – kommt das Gewicht zum Ausdruck, das wir gegenwärtig auf das Beherrschen unserer Gefühle legen. Er scheint zu erwarten, bis zu einem gewissen Maß unmenschlich sein zu können: *nicht* als voll empfindungsfähiger Mensch zu reagieren, *nicht* über Erfahrungen zu reflektieren, nicht in sinnvoller und provozierender Weise über sein Leben nachzudenken. »Alle anderen kommen anscheinend ganz gut zu Rande«, sagt er. Diesen Eindruck macht auch er, zumindest bei oberflächlicher Bekanntschaft oder Betrachtung. Aber das ist nicht genug. In Wirklichkeit will John »nie wieder Depressionen haben. Ich habe sie satt. Ich möchte ihnen entfliehen.«

Er möchte der Erfahrung entfliehen. Und das könnte ihm gelingen, gewiß, aber um einen hohen Preis. Der Preis ist die Verdrängung.

Die Angst vor Depressionen und der Haß auf das eigene Ich, weil man Depressionen hat, treibt viele normale Gefühle ins Verborgene. Wir lernen sehr schnell, uns Depressionen nach Möglichkeit nicht anmerken zu lassen; von da an ist es nur noch ein kleiner Schritt zum Verbergen der Depression sogar vor uns selbst. Ehe wir sie empfinden, verdrängen wir sie lieber. Von der Gesellschaft, in der wir leben, werden wir dazu ermuntert.

Wenn die Depression als Krankheit und Schwäche gebrandmarkt wird, entsteht eine ausweglose Situation. Bekennen wir uns zur Depression, werden wir von unserer Umwelt gebrandmarkt; empfinden wir sie, bekennen uns aber nicht zu ihr, dann brandmarken wir uns selbst, weil wir die gesellschaftliche Norm verinnerlicht haben. Viele Menschen stellen dann fest, daß sie nur noch die Wahl haben, sich in wirklich krankhaftes Verhalten zu flüchten: keinerlei Gefühle zu empfinden, wo nur tiefe Gefühle angebracht sind. Sie wollen nicht zulassen, daß sie Depressionen haben.

Bis zu einem gewissen Grade spielen wir alle Rollen und tragen Masken, allein schon deshalb, um uns den Weg durchs Leben zu erleichtern. Es liegt auf der Hand, daß es nicht jeden etwas angeht, wie wir uns fühlen. *Uns* aber geht es etwas an, und wenn unsere Angst vor der Auseinandersetzung mit unseren Angelegenheiten so groß ist, werden die Rollen und Masken, die wir für andere zur Schau stellen, zum einzigen, was noch von uns bleibt. Wir tragen sie auch für uns selbst. Entsetzt über den bodenlosen Abgrund der Sinnlosigkeit und Depression, falls uns die Maske einmal verrutscht, bemühen wir uns verzweifelt, sie am richtigen Platz zu halten.

Die Psychiater sprechen inzwischen von einem ganzen Syndrom, das sie als »verdeckte«, »versteckte« oder gar »lächelnde« Depression bezeichnen. Verdeckt kann die Depression ihrer Ansicht nach durch psychosomatische Krankheiten, Alkoholismus oder Drogenabhängigkeit werden – durch jeden Zustand also, wo seelischer Schmerz nicht ins Bewußtsein treten kann und daher nach einem physischen Ventil sucht. Verdrängung ist für den Körper nicht minder gefährlich wie für die Psyche. In der verzweifelten Bemühung, die Gefühle in den Griff zu bekommen, äußert sich der elementare Mangel an Kontrolle über die schleichende Selbstzerstörung.

Bis zu einem gewissen Grad führt die verdeckte Depression zum Erfolg; die Betroffenen werden sich ihrer Depression nicht bewußt. In Extremfällen bewirkt sie jedoch das genaue Gegenteil, da Alkoholismus und Drogenabhängigkeit gesellschaftlich unerwünscht sind. Aber viele Menschen bewegen sich mit ihrer verdeckten Depression genau auf der Grenze des gesellschaftlich Annehmbaren. Ein Mann, der an einem Magengeschwür leidet, gilt zum Beispiel als enorm fleißig. Jemand, der daheim zu viel trinkt, hat einfach viel Streß im Büro und muß mal abschalten. Die Verwendung von Kokain und Speed zur Leistungssteigerung ist inzwischen schon bedingt akzeptabel, und es findet sich kaum ein Büro, in dem nicht in irgendeiner Schublade des Schreibtisches Valium liegt.

»Klar, hin und wieder nehm ich schon was«, sagt eine Sachbearbeiterin für Kundenwerbung in einer großen Werbeagentur. »Das macht doch jeder, wie soll man denn sonst zurechtkommen? Hier bleibt einem keine Zeit für Launen oder persönliche Probleme. Man kann einem Kunden doch nicht sagen: ›Tut mir leid, ich konnte den Bericht heute nicht mehr fertigmachen, weil es mir heute bloß so lala geht.‹« Sie zuckt mit den Achseln und läßt das Thema so schnell wie möglich fallen. »Aber wenn man wirklich viel um die Ohren hat, bleibt für Depressionen ohnehin keine Zeit.« Zumindest keine Zeit, sie wahrzunehmen. Wir können uns immer so sehr in Arbeit vergraben, daß für uns selbst keine Zeit mehr bleibt.

Barbara Pirellis Leben spielt sich fern von der Werbebranche ab, doch im Grunde setzt sie die gleiche Methode ein, um sich ihren Depressionen nicht stellen zu müssen. Während sie mit mir sprach, wirbelte sie in der winzigen Küche ihrer kleinen Wohnung in einem schindelgedeckten Vorstadthaus herum, um belegte Brote für ihre freitagabendliche Pokerrunde zu machen; ihren Mann, einen Polier, verfrachtet sie während dieser Zeit außer Haus, »um mit den Jungs einen zur Brust zu nehmen. Der Freitagabend gehört den Mädels.«

Die Jungs und Mädels sind mittlerweile alle Ende fünfzig, und so wie die meisten ihrer Freundinnen, die sie alle schon ein Leben lang kennt, ist Barbara nie arbeiten gegangen. Doch sie verbringt ihre hektischen Tage meist außerhalb der eigenen vier Wände: sie hilft unentgeltlich bei den Pfadfinderinnen, in örtlichen Krankenhäusern und Wohlfahrtsverbänden; daneben engagiert sie sich im Wander-, Rollschuhlauf- und Campingverein. »Ich hab immer ein volles Programm«, erklärt sie mit einem bekräftigenden Nicken. »Wenn ich abends in die Federn krieche, schlafe ich wie ein Stein, weil ich den ganzen Tag so viel zu tun hatte. Vielleicht richte ich es absichtlich so ein, immer was um die Ohren zu haben, aber ich tue nie etwas langsamer, um das herauszufinden.«

Inzwischen bin ich einige Stunden bei ihr zu Hause, doch sie hat immer noch nicht Platz genommen. Als ich sie darauf aufmerksam mache, stellt sie Kaffee auf, setzt sich dann kurz an den Tisch und verhakt nervös die Finger. Was würde geschehen, wenn sie etwas kürzer träte?

Sie zuckt mit den Achseln. »Dann kämen mir Gedanken, nicht? Gedanken, die man sich besser nicht macht. Sorgen und so... Gedanken an andere Dinge.« Doch vor diesen »anderen Dingen« schreckt sie zurück. »Wenn mich irgendwas quält, krempel ich mir die Ärmel hoch und putze die Treppe herunter oder mach sonstwas. Für schlimme Gedanken habe ich keine Zeit.«

Meistens klappt das auch. Aber dann kam die Zeit, als sie sich ein Bein brach und sich eine Weile nicht bewegen konnte. »Ich machte gar nichts, saß bloß in der Wohnung herum und tat mir mit einem Mal richtig leid, fragte mich, wie es meinen Kindern ging, ob sie draußen in der Welt glücklich waren und so weiter. Ich dachte an Len und machte mir Sorgen,

daß er einen Arbeitsunfall haben könnte. Ich dachte an mich und...«
Aber darüber möchte sie nicht sprechen, selbst jetzt nicht, Jahre später.

Von ihrer Tochter erfuhr ich schließlich, wie niedergeschlagen ihre
Mutter damals war, wie sich die Dinge in ihr aufgestaut hatten, so daß
sie, als sie plötzlich bewegungsunfähig war, mit explosiver Wucht an die
Oberfläche kamen; sowohl Barbara als auch ihre Familie waren erschrocken, wie die Mutter sie anschrie, brüllte, Geschirr zerschlug und
dann in Schweigen verfiel. Als das Bein endlich heilte, stürzte sie sich
hektischer denn je in Arbeit. »Wer rastet, rostet«, wiederholt sie, während sie wieder zu ihren belegten Broten zurückgeht und sie entrindet.
»Und dann kann alles mögliche geschehen.«

Die Angst vor der Depression kann dazu führen, daß wir wie Barbara
einen Großteil unseres Lebens damit verbringen, vor ihr wegzulaufen.
Das ist nichts Neues; Shakespeare verglich verborgenen Kummer mit
einem verrußten Ofen, in dem das Herz zu Asche wird. Dieses Weglaufen ist jedoch gefährlich. Wenn die Verdrängung unser Leben kurzfristig
vielleicht auch angenehmer und leichter macht, müssen wir langfristig
einen zu hohen Preis dafür bezahlen. Depressionen erscheinen im Vergleich sowohl vernünftiger als auch gesünder. Diese Schlußfolgerung ist
jedoch vor allem für Männer praktisch unannehmbar.

DIE VERWEIBLICHUNG DER DEPRESSION. »Ein weinender
Mann hat etwas an sich«, schreibt der Psychologe Herb Goldberg, »das
anstößig ist, andere veranlaßt, sich abzuwenden und ›etwas zu unternehmen‹, damit er so schnell wie möglich aufhört. Tränen bei einer Frau
sprechen hingegen ein Beschützergefühl in uns an. Bei einem Mann
verbreiten Tränen zumindest Unbehagen, manchmal sogar leichte Abscheu vor seiner Unfähigkeit, ›die Fassung zu bewahren‹. Unter Männlichkeit wird immer noch Haltung und Gelassenheit angesichts erschüt-
terndem Unglück verstanden.«

Depressionen, ob nun mit oder ohne Tränen, gelten als sehr femininer
Zustand.

Die jüngste Flut von Büchern über Frauen und Depressionen hat
dieser Ansicht bloß noch Vorschub geleistet, da alle von der Tatsache
ausgehen, daß sich Frauen zwei- bis dreimal so oft wie Männer wegen
Depressionen in Behandlung begeben. Einige Feministinnen haben diese
Ergebnisse angezweifelt und behauptet, Psychiater steckten Frauen in die
Depressiven-Schublade, weil sie in ihren Augen labil seien. Folglich unterstellen auch jene Feministinnen, daß wer Depressionen hat, labil ist.

Aber die Behauptung, Frauen hätten tatsächlich öfter Depressionen als Männer, kam auch mir komisch vor. Ich fragte mich immer, wie es dann mit den Männern stand. Waren Männer wirklich »gesünder« als Frauen, was diese Ergebnisse auszusagen schienen? Oder waren Frauen einfach ehrlicher über ihre Depressionen?

Als ich mit den Vorarbeiten für dieses Buch begann, wurden mir über diese Frage rasch die Augen geöffnet – und zwar von Männern. Viele schienen geradezu beleidigt zu sein, daß jemand die Meinung vertreten konnte, sie bekämen nicht auch Depressionen. Sie zeigten noch mehr Erleichterung als die Frauen, mit denen ich sprach, mit jemandem über ihre Depressionen reden zu können, der sie offensichtlich nicht für krankhaft oder unnatürlich hielt. Die meisten beeilten sich, mir zu versichern, daß sie große Erfahrung auf diesem Gebiet besäßen, wobei sich ihre Wortwahl auffällig ähnelte:

»Lieber Himmel, Sie könnten allein über mich ein ganzes Buch schreiben«, war eine Standardantwort (andere waren bescheidener und nahmen nur ein Kapitel für sich in Anspruch.) »Über dieses Thema kann ich Ihnen alles sagen, was Sie wissen müssen«, lautete eine andere. Doch die allerhäufigste – die so oft kam, daß ich mir kaum ein Lächeln verkneifen konnte, wenn ich sie hörte – war: »Ach ja, da sprechen Sie mit einem Fachmann.«

Derartige Ansprüche auf Fachwissen aus erster Hand erhoben in der Regel ausschließlich Männer. Frauen reagierten selten so; sie neigten eher dazu, ein wenig traurig zu lächeln, zu nicken und ängstlich zu fragen: »Möchten Sie mich interviewen?«

Hinter den Ansprüchen der Männer verbarg sich meiner Meinung nach die Aussage: »Wir sind auch bloß Menschen; auch wir leiden unter Depressionen. Wenn Sie nur wüßten wie oft.« Und tatsächlich kann ich mit ihnen fühlen, denn wenn man wie Maggie Scarf in ihrem Buch *Unfinished Business* die Behauptung aufstellt, daß Frauen deshalb öfter deprimiert als Männer sind, weil sie ein besonderes Bedürfnis nach Zärtlichkeit haben, muß man sich einfach fragen, was diese Vorstellungen für Männer beinhalten. Brauchen auch sie Zärtlichkeit? Haben sie ihre Gefühle so sehr im Griff, wie es das Klischee haben will?

Der momentane Run auf die Erforschung der weiblichen Depression ermöglicht keine Antworten auf solche Fragen. Er ignoriert nicht nur die allgemeine Verbreitung dieser Erfahrung, sondern verweiblicht sie noch weiter, wodurch er es den Männern noch schwerer macht, sich zu ihr zu bekennen. Genaugenommen ist die Verweiblichung der Depressionen sowohl für Frauen als auch für Männer beleidigend – für Frauen, weil sie ein Bild von ihnen zeichnet, das sie als irgendwie »kränker« und emotional labiler als Männer ausweist, und für Männer, weil sie von ihr entmenschlicht und ihre Gefühle zugunsten einer fragwürdigen Statistik ignoriert werden.

In Wirklichkeit lassen sich von den Statistiken über Frauen und Depressionen weniger Fakten über die Depression als soziale und kulturelle Tendenzen ablesen, mit denen die Wahrheit verborgen wird, da sie Männer aus Angst, als weibisch zu erscheinen, zur Verdrängung zwingen.

Die vielleicht spektakulärste und erhellendste Forschungsarbeit auf dem Gebiet geistiger Gesundheit und soziosexuellen Rollenverhaltens ist die von Inge Boverman und ihren Kollegen vom Worcester State Hospital in Massachusetts. Ihr erklärtes Ziel war es herauszufinden, was nach allgemeiner Meinung geistige Gesundheit ausmacht. Eine Testgruppe wurde gebeten, wünschenswerte Persönlichkeitsmerkmale für »einen reifen, gesunden, sozial integrierten erwachsenen Menschen« auszuwählen. Die zweite Gruppe bat man, das gleiche zu tun, nur ersetzte man das Wort »Mensch« durch »Mann«. Eine dritte Gruppe schließlich sollte Merkmale einer »reifen, gesunden, sozial integrierten erwachsenen Frau« angeben. Die Ergebnisse fielen erstaunlich deutlich aus.

Es wurde offensichtlich, daß die Vorstellungen der Menschen von einem geistig gesunden Mann sich in der Tat sehr stark von ihrer Vorstellung einer geistig gesunden Frau unterschieden. Mehr noch, ihr Bild des geistig gesunden Mannes kam dem des geistig gesunden *Erwachsenen* sehr nahe. Die Merkmale der geistigen Gesundheit von Männern waren praktisch dieselben wie die der geistigen Gesundheit von Erwachsenen – wohingegen die Merkmale geistiger Gesundheit von Frauen sich von beiden deutlich unterschieden. Ein gesunder Mann war ein gesunder Erwachsener, eine gesunde Frau aber... etwas anderes.

Die zwangsläufige Schlußfolgerung klingt leider nur allzu bekannt: Wir legen nicht nur verschiedene kulturelle, soziale und persönliche Maßstäbe an die geistige Gesundheit von Männern und Frauen an, sondern wir halten die männliche Norm auch für gesünder als die weibliche.

Ein weiterer Umstand ist vielleicht noch beunruhigender: Die in dieser Umfrage zur Definition geistiger Gesundheit aufgeforderten Menschen stellten keinen Querschnitt der breiten Öffentlichkeit dar; es waren Psychologen, Psychiater und Sozialarbeiter, die alle klinische Erfahrung besaßen und zum Großteil promoviert hatten. Es handelte sich um genau die Menschen, denen in Kliniken die Entscheidung obliegt, ob jemand gesund oder krank, depressiv oder nicht depressiv ist. Wenn ihre

Maßstäbe von persönlichen Vorlieben, vorgefaßten Meinungen und Klischeevorstellungen dermaßen entstellt waren, dann mußte jede auf ihren Einschätzungen und Bewertungen beruhende Zahl derselben Entstellung unterliegen.

Da auch Kliniker Menschen sind, sollte es nicht weiter überraschen, daß sie die Vorurteile der übrigen Bevölkerung teilen. Sie diagnostizieren Depressionen tatsächlich häufiger bei Frauen als bei Männern, weil Depressionen und Weiblichkeit in ihren Augen beides Schwächen sind. In ihnen kommt der gesellschaftliche Konsens zum Ausdruck, daß bei Frauen Depressionen akzeptabler sind. Aus diesem Grund fällt es Frauen nicht nur leichter, ihre Depressionen gegenüber Forschern einzugestehen, sondern auch, sich ihretwegen in Behandlung zu begeben.

Damit handeln die Frauen völlig richtig. Sie werden nach anderen, viel weniger strengen Maßstäben als Männer mit Depressionen beurteilt.

Während der siebziger Jahre arbeitete die Psychologin Constance Hammen von der Universität of California in Los Angeles zusammen mit einer Reihe von Kollegen an der Untersuchung von Depressionen unter Collegestudenten und stellte dabei fest: »Das Äußern depressiver Reaktionen kann starke und eindeutig negative Konsequenzen für männliche Studenten haben.«

Depressive Studenten werden von ihren Kommilitonen für anormaler als zum Beispiel depressive Studentinnen gehalten. Als Freunde, Partner und Mitarbeiter stoßen sie häufiger auf Ablehnung. Ihr Image ist negativer als das depressiver Frauen. Doch man hält sie auch für femininer als andere Männer. Männer können Depressionen bei anderen Männern tolerieren, und Frauen bei anderen Frauen, aber beide sind weit weniger tolerant gegen Depressionen beim anderen Geschlecht. Zudem beurteilen Frauen depressive Männer weit härter als umgekehrt, so daß ein Mann, der Depressionen hat, dadurch auch seinen »Sex-Appeal« verliert.

Hammen und ihr Team kamen zu dem Ergebnis, daß Männer und Frauen in gleichem Maße unter Depressionen leiden, sich jedoch sehr darin unterscheiden, wie sie dies zum Ausdruck bringen. Frauen neigen eher dazu, sie offen zu äußern, indem sie weinen, mit anderen darüber sprechen und sich selbst Vorwürfe machen, weil sie deprimiert sind. Männer versuchen, sie zu verdrängen; viele kapseln sich ab, werden verschlossen und ungesprächig, als könne Schweigen den Schmerz lindern.

Die geschlechtsspezifische Klischeevorstellung von der Depression schadet somit nicht nur Männern, sondern auch Frauen. Sie bestärkt die Klischeevorstellung von der Frau als schwaches, irrationales Wesen, das unfähig ist, sich zu beherrschen. Gleichzeitig schränkt sie aber auch Männer ein, indem sie ihnen ein normales Ventil für ihre Gefühle vorenthält. Weil sie durch die Depression in ihrer sexuellen Identität bedroht werden, fürchten sich Männer mehr vor ihr als Frauen; dazu gezwungen, dem männlichen Imperativ zu entsprechen, verschließen sich viele vor der eigenen Erfahrung. Andere stehen vor der Wahl, entweder unmenschlich oder unmännlich zu handeln, und sehen einfach keinen Ausweg.

DAS DILEMMA DES MANNES. »Es ist schlimm, wenn man Depressionen hat, denn das bedeutet, daß man ein Versager ist. Man ist dann irgendwie kein ganzer Mann mehr. Rational ist das nicht, das weiß man auch, aber trotzdem ist es so.«

Jack McBride ist Chefredakteur einer großen Wochenzeitschrift und scheint ein beneidenswertes Leben zu führen: Seine zweite Ehe verläuft glücklich, sein Arbeitsplatz ist so sicher wie ein Arbeitsplatz heutzutage nur sein kann, er wohnt in einer reizvollen Gegend und kommt mit seiner ersten Frau und den Kindern gut aus. Aber dennoch leidet er gelegentlich unter Depressionen, und wenn dies der Fall ist, hält er sich trotz allem für einen Versager.

Er hebt vier Gelegenheiten hervor, als die Depression wirklich schlimm war, die Zeiten, als er »ernsthaft an Selbstmord dachte«: als er bei einer Beförderung übergangen wurde, als er eine wichtige Story verpatzte, als seine erste Ehe zerbrach und als ihm klar wurde, daß er nie den Posten bekommen würde, den er bei der Zeitschrift am meisten begehrte. »Immer wenn ich erkannte, daß ich etwas, das ich tun wollte, nicht würde tun können, ohne daß ich etwas dagegen unternehmen konnte; immer wenn ich machtlos war.«

Depressionen werden von Männern häufig als Angriff auf ihre Macht erlebt, sowohl im wörtlichen als auch im Sinne von Potenz. Da man sie für unmännlich hält, kommen dabei auch andere Ansichten über Männlichkeit ins Spiel und verschlimmern die Depression noch. Dies hat zweifellos auch Ernest Hemingway erfahren, der sich als Inbegriff der Männlichkeit verstand und dennoch mit dem zu kämpfen hatte, was er seine »versifften Tage« nannte. Als amerikanischer Held von eigenen Gnaden manövrierte sich Hemingway in eine Zwangslage, wo der Widerspruch zwischen der klischeehaften Männlichkeit und seinen Depressionen unauflösbar wurde und als einziger Ausweg scheinbar nur noch Selbstmord blieb – selbstverständlich mit einer Schrotflinte.

Zum Glück sind die meisten Männer weniger bedacht auf ihre Männlichkeit als Hemingway, oder weniger besorgt um sie. Außer, wenn sie Depressionen haben.

»Ich sehe keinen Ausweg, wenn ich deprimiert bin«, sagt Jack McBride. »Ich müßte etwas dagegen *tun* können, aber ich kann nicht. Dadurch fühle ich mich äußerst entmutigt – ich müßte mich ins Leben stürzen und alles mögliche unternehmen, aber ich *kann* nichts unternehmen. Am schlimmsten ist aber, daß ich so tun muß, als stünde alles zum besten, weil ich sonst das Gesicht verliere. Ich darf niemanden *merken* lassen, daß ich deprimiert bin, denn das würde alles schlimmer machen. Man würde nur noch mehr über mich herfallen, wie Wölfe, die sich auf ein krankes Tier im Rudel stürzen.«

In der Welt des männlichen Imperativs ist der Verlust der Fassung tabu und daher strafbar. Dieses Tabu des Äußerns von Depressionen zwingt vielen Männern ein schizoides Verhalten auf: Obwohl sie auf eine bestimmte Weise empfinden, sind sie gezwungen, anders zu handeln. So wie sich Schizophrene in sich selbst zurückziehen, fort von einer scheinbar unkontrollierbaren Welt, ziehen sich auch viele Männer zurück, wenn sie Depressionen haben, außerstande, der eigenen Vorstellung von Männlichkeit gerecht zu werden, aber ebensowenig in der Lage, im Augenblick etwas dagegen zu tun. Sie befinden sich in einem Dilemma zwischen Wunsch und Wirklichkeit.

Die meisten Frauen würden nun fragen, weshalb Männer nicht das tun, was Frauen in solchen Fällen tun – sich einen Freund oder eine Freundin suchen, mit dem oder der man reden kann. Das können jedoch nur die wenigsten Männer. Der männliche Imperativ legt großen Wert darauf, daß man alles ganz allein macht; nach Hilfe zu suchen, selbst bei Freunden, gilt als Zeichen von Schwäche. Was für Frauen ein natürliches Ventil zu sein scheint, gibt es für die meisten Männer schlicht nicht. Untereinander reden sie über Geschäfte, Fußball, Politik – über alles bis auf das, was ihnen wirklich Kummer bereitet.

Da ich an die Unbefangenheit gewöhnt bin, mit der Frauen untereinander über ihre Gefühle sprechen, versetzt es mich noch immer in Erstaunen, wie wenig sich Männer anvertrauen. Selbst die Inanspruchnahme fachlichen Beistands in Form einer Therapie wird als »weibische« Handlungsweise erachtet, weil dadurch die Illusion zunichte gemacht wird, man habe alles im Griff. Herb Goldberg formulierte das so: »Bittet der Mann um Hilfe, zieht er seine Männlichkeit in Zweifel; versucht er aber, allein über die Runden zu kommen, bricht er unter der Last zusammen.«

Die Folgen sind erschreckend. Verdrängung kann zum allmählichen oder plötzlichen Tod führen. Während zum Beispiel doppelt so viele Frauen wie Männer wegen Depressionen in stationäre Behandlung kommen, werden viereinhalbmal so viele Männer wie Frauen wegen Alkoholismus – einer klassischen Form von verdeckter Depression – behandelt. Und während die Zahl der Suizidversuche bei Frauen viermal höher als bei Männern ist (wobei ein Suizidversuch inzwischen als eine Art Hilferuf aufgefaßt wird), liegt die tatsächliche Selbstmordrate bei Männern dreimal höher als bei Frauen. Statt als bewußtes Gefühl artikuliert zu werden, tritt die Depression entweder in Gestalt allmählicher Selbstzerstörung an die Oberfläche oder offenbart sich schlagartig und gewaltsam wie im Suizid.

Durch die Verleugnung und Verdrängung der Depression fügen wir uns Schaden zu. Belastet mit Klischeevorstellungen und unerreichbaren Idealen, leugnen wir die Gültigkeit unserer Gefühle; tatsächlich verleugnen wir, was wir fühlen.

4.
In der Depression

»Von dieser melancholischen
Veranlagung ist kein Sterblicher frei, kein
Stoiker, kein noch so Weiser, noch so
Glücklicher, noch so Langmütiger, Edler
oder Vortrefflicher.«

Robert Burton, 1628

Die grundlegenden Gefühle der Depression sind uns allen wohlbekannt: das Gefühl, das Leben sei sinnlos; das Gefühl, erschöpft zu sein und keine Kraft mehr zu haben; das Gefühl, das Leben sei ein einziger langer Kampf, dessen seltene Glücksmomente einfach nicht genügen.

In Zeiten wie diesen fühlen wir uns äußerst apathisch. Die einfachsten Verrichtungen fallen uns mit einem Mal schwer. Selbst Rasieren oder Zähneputzen wird zur Fron. Unsere Körper fühlen sich plump und träge an, als ob ihre Lebenskraft aufgezehrt wäre.

»Ich bin völlig leergepumpt, wenn ich deprimiert bin«, sagt eine Lehrerin an einem College im Mittelwesten der USA. »Alle anderen scheinen so viel Kraft zu haben, bloß ich nicht. Ich möchte dann nur noch schlafen. Ich höre es an meiner Stimme, erkenne es an der Art, wie ich stehe oder gehe – Sie wissen schon, wenn man an einem Schaufenster vorübergeht und denkt: ›Wer ist nur dieser deprimiert wirkende Mensch?‹ Dann aber wird einem klar, daß man es selber ist. Ich habe den Eindruck, als würde ich die ganze Zeit eine bleischwere Last mit mir herumschleppen, ohne sie irgendwo ablegen zu können.«

Ein an der Westküste lebender Elektrotechniker fühlt sich »am Ende, wenn ich Depressionen habe. Es ist eine bedrückende Art von Gefühl. Ich komme mir in die Enge getrieben vor. Nicht weil ich nicht weiß, was ich tun soll, sondern weil ich einfach nicht die Kraft aufbringen kann, mich aufzuraffen, die Depression zu überwinden und die Schritte zu unternehmen, von denen ich weiß, daß sie getan werden müssen. Aber schon das Ankämpfen gegen dieses Gefühl ist anstrengend.«

Sein Eindruck, in die Enge getrieben zu sein, wird von einem Geschäftsmann bestätigt, der sich eingeschlossen fühlt »wie in einer dunklen Kiste, einer kleinen dunklen Kiste, in der gerade genug Platz ist, um mit den Armen zu wedeln, sonst aber für nichts.« Mit den Armen wedeln will er, weil »so wie ich die Depression erlebt habe, verspüre ich den Zwang, etwas zu tun, fühle mich aber nicht *fähig* dazu. Ich komme mir ›ohnmächtig‹ vor, habe sehr wenig Kraft und auch ein schlechtes Gewissen, weil ich nichts unternehme.«

Viele Menschen fühlen sich in Zeiten wie diesen klein, häßlich und ›down‹: »wie wenn die Luft raus wäre«, »schlaff wie ein nasser Sack« oder »wie wenn ich am Boden läge und nicht aufstehen könnte.« Wir fühlen uns ein für allemal niedergeschlagen. Alles drückt uns nieder und lähmt den Körper so wie den Geist. Es ist, als hätte ein seelischer Nadelstich die Luft aus dem Ballon des Wohlbefindens gelassen und das kleine Häuflein Selbstgefühl wäre im Straßengraben gelandet. »Ich werde innerlich nach unten gezogen und spüre das auch körperlich, wie wenn mich die Lebenskraft verlassen hätte«, drückte es eine der von mir Befragten aus. »Ich fühle mich dann irgendwie unförmig, amorph.«

Während derartiger Phasen sind unsere Begierden erloschen. Essen verliert an Geschmack, Sex seinen Reiz. Die elementaren Gelüste des Lebens schwächen sich zur Wunschlosigkeit ab. Wir befriedigen sie mechanisch, wenn überhaupt.

Eines der vitalsten Gefühle der Lebendigkeit ist zum Beispiel weniger die Befriedigung des Hungers, als vielmehr das eigentliche Hungrigsein, vor allem dann, wenn man die Gewißheit hat, daß dieser Hunger bald gestillt wird. Veranschaulichen läßt sich dies mit dem Augenblick, wenn man nach einer langen Wanderung im Wald nach Hause kommt und einem Essensduft in die Nase steigt. Kaum ist es fertig, schlingt man es gierig hinunter und glaubt, noch nie im Leben etwas Besseres gegessen zu haben. Danach stellt sich das Gefühl der Sättigung ein, aber für einen Augenblick auch die eigenartige Sehnsucht nach dem inzwischen gestillten Hunger, der reinen Freude, am Leben und hungrig zu sein und gleich essen zu können. So geht es uns oft – daß wir uns im Zustand absehbarer Befriedigung besser und munterer fühlen als im eigentlichen Zustand der Befriedigung, daß wir bewußter und empfänglicher sind für die Einzelheiten unserer Umwelt.

Während der Depression verflacht dieser Bedürfniszyklus – von absehbarer Befriedigung zur wohltuenden Erfüllung – jedoch, und alle menschlichen Verlangen werden wie unter dem Druck einer riesigen Presse zu einem monotonen Einerlei. Von der Befriedigung abgeschnitten, fühlen wir uns auch von den eigentlichen Bedürfnissen entfernt.

Es ist, als schmecke alles gleich, und dieser eine Geschmack ist kaum wahrnehmbar.

Bald scheint die Depression unser Denken völlig zu beherrschen. Wir sehen alles wie durch einen Grauschleier. Im Mittelpunkt unserer Aufmerksamkeit stehen schlechte Nachrichten – Morde und Katastrophen, Kriege und Armut, Not und Elend –, und bald sind wir überzeugt, daß es auf der Welt nichts anderes mehr gebe.

In dieser Phase fühlen sich manche Menschen äußerst bedroht, als schnüre ihnen die Depression die Luft ab. Eine Krankenschwester stellt sich vor,»sehr klein zu sein und eine riesige Welle zu sehen, die wie eine Flutwelle auf mich zukommt und mich ertränken wird, so daß ich fortgerissen und getötet werde.« Andere sprechen von der Depression als einem Strudel, der sie in die Tiefe zieht, von der Anstrengung, sich über Wasser zu halten, davon, daß sie ins Schwimmen kommen, kein Land mehr sehen oder um Atem ringen müssen. Alle verleihen ihrer Angst vor der Tiefe Ausdruck und betonen die Hilflosigkeit des Gefühls, nicht in seinem Element zu sein und gegen etwas ankämpfen zu müssen, das einen zu erdrücken droht.

Wie kurz oder lange die Depression auch anhält – sei es Stunden, Tage oder sogar Wochen –, wir sind bald überzeugt, daß wir sie niemals überwinden werden. Vielleicht jagen wir uns sogar mit dem Gedanken an die Möglichkeit des Suizids ein wenig Angst ein. Dennoch geht sie früher oder später vorüber, und wir kehren wieder zu dem zurück, was wir den Alltag nennen.

Manche Menschen haben sich schon so daran gewöhnt, daß es für sie zu einer Art seltsamem Freund wurde, eine düstere und vertraute Erscheinung, die stets auf der Lauer liegt. Andere erleben sie wesentlich seltener – einzelne Phasen, die sich als ungewöhnlich ins Gedächtnis einprägen. Wie William James erkannte, bedarf es lediglich »einer geringfügigen Abkühlung der animalischen Erregbarkeit und Instinkte, einer kleinen nervösen Schwächung und Verminderung der Schmerzschwelle«, um »den Wurm im Kern aller unserer üblichen Vergnügungen sichtbar zu machen und uns in melancholische Metaphysiker zu verwandeln.«

Selbst Fachleute bilden darin keine Ausnahme. Freuds Biograph Ernest Jones schrieb, daß Freud oft deprimiert war und er bei solchen Gelegenheiten »weder schreiben noch sich gedanklich konzentrieren konnte (außer während der beruflichen Arbeit). Seine Mußestunden verbrachte er in äußerster Langeweile, beschäftigte sich mit diesem und jenem, schnitt Bücher auf, betrachtete Stadtpläne vom alten Pompeji, spielte

Patience oder Schach, ohne jedoch lange bei irgend etwas bleiben zu können – ein Zustand rastloser Gelähmtheit. Zuweilen durchlief er Phasen stark eingeschränkten Bewußtseins: schwer zu beschreibende Zustände, während derer sich sein Geist trübte und er nahezu dahindämmerte.« Die Zeit schleicht. Es gibt einfach zuviel davon. Die Zukunft breitet sich in aufreizender Länge aus, birgt kein Versprechen und keine neue Aussicht in sich. Wo sich der glückliche Mensch häufig in seliger Unkenntnis über die Zeit befindet und manchmal sogar kindliches Erstaunen darüber verspürt, daß etwas Schönes so bald schon vorbei sein kann, haben wir in der Depression ein allzu ausgeprägtes Bewußtsein von Sterblichkeit und Endlichkeit. Die Zeit scheint leer zu sein – wie unser Selbst.

DAS LEERE SELBST. »Das Fehlen einer Perspektive ist gerade so, wie wenn man der Sprache beraubt würde«, sagt der Existenzphilosoph Sören Kierkegaard, »denn ein Mensch ohne Perspektive ist gleichsam dem, der nicht Atem holen kann.« Wenn die Zukunft keine neuen Perspektiven bietet, tritt eine Lähmung des Verstandes ein.

Geht mit dem Glücklichsein ein dermaßen blindes Vertrauen in die Zukunft einher, daß man kaum darüber nachzudenken braucht, ist mit der Depression ein blindes Mißtrauen zu ihr verbunden. Sie kann nur noch mehr vom gleichen für uns bereithalten, denken wir, sei es die quälende Hilflosigkeit der Verzweiflung oder zermürbende Monotonie, wie sie der griechische »Poet von Alexandria« Kavafis in Worte faßte:

> Ein Monat vergeht und führt in einen anderen.
> Die kommenden Ereignisse sind leicht vorhersagbar;
> es werden die langweiligen von gestern sein.
> Und der Morgen verdämmert einem Morgen ungleich.

Aber weil wir kein Vertrauen in die Zukunft besitzen, fehlt uns nicht unbedingt auch das Vertrauen in unsere Überlebensfähigkeit. Das Problem bei der Alltags-Depression ist weniger das physische Überleben als der Wert und Sinn dieses Weiterlebens. Die Frage dreht sich nicht ums Sein oder Nichtsein, sondern darum, *wie* man sein soll. Diese Frage bezieht sich aber zwangsläufig auf die Zukunft. Sie erfordert die Übertragung gegenwärtiger Verhältnisse und Absichten auf die Zukunft. Sie erfordert Zielstrebigkeit.

In jüngster Zeit wurde jede Betrachtung des Menschen als zukunftsorientiertes Lebewesen durch den Einfluß der tonangebenden »Jetzt-undsofort«-Philosophie entwertet, die den Zeitfaktor des Glücklichseins einfach ignoriert, indem sie alles in die Gegenwart versetzt. Aber Sinn und Selbstachtung hängen nicht nur davon ab, was wir im Moment gerade tun, sondern auch von dem, was wir bisher getan haben und unserer Vorstellung nach in Zukunft noch tun werden.

Wenn wir eine Depression durchlaufen, ist diese Projektion auf die Zukunft nicht mehr möglich. In gewissem Sinne geraten wir in der Depression mit unserem Leben zeitweilig in eine Sackgasse. Hinter dem Gefühl, das Leben halte nichts mehr für einen bereit und das Dasein sei sinnlos, verbirgt sich im Grunde ein Gefühl der Vollendung.

»Wenn ich deprimiert bin, habe ich einfach keine Lust, morgens aufzustehen«, sagt ein junger Angestellter. »Ich gehe ins Bad, betrachte mein Spiegelbild und frage mich, welchen Sinn es eigentlich hat, mich zu rasieren, ja ob überhaupt irgendwas Sinn hat. Alles kommt mir routinemäßig und bedeutungslos vor.« Wir haben keinen Elan, keine Zukunftsperspektive, uns fehlt das Gefühl, Fortschritte zu machen; dies spiegelt sich in der Todesmetaphorik wider. Während man sich munterer denn je fühlt, wenn man glücklich ist, haben wir in der Depression das Gefühl »tot und begraben«, »todunglücklich«, »am Ende« oder »erledigt« zu sein. Es gibt nichts mehr, so scheint es, das man sich wünschen könnte, und Rollo May zufolge »bedeutet Wunschlosigkeit, tot zu sein oder zumindest in einem Totenreich zu leben.«

Paradox daran ist, daß wir dieses Absterben und Abstumpfen genau empfinden. Wir fühlen heftigen Schmerz, der das genaue Gegenteil der völligen Empfindungslosigkeit im Tod ist. Die Fragen nach dem Warum und Weshalb sind typisch menschlich – sogar ausschließlich menschlich. Ohne eine Antwort auf sie erscheint das Leben in der Gegenwart sinnlos und leer. Nicht nur die Welt ist leer, auch wir selbst sind es.

Dies ist eines der elementarsten Gefühle der Depression: hohl, nichts da, alles völlig belanglos. Es ist geradeso, wie wenn ein großes Loch in der Persönlichkeit aufklaffe – ein schwarzes Loch wie im Weltall, das sich auszudehnen scheint, bis es alles in seiner Umgebung verschlungen, alles Feste in nichts, unser Leben in völlige Leere verwandelt hat. Eine Frau, die gerade eine Reihe tragischer Todesfälle in ihrer Familie zu beklagen hatte, drückte dies so aus: »Ich kann es gar nicht fassen, wie stark ich nichts empfinde.«

Natürlich ist dies ein Widerspruch in sich. Von Leere übermannt werden heißt im Grunde doch, daß einen gar nichts übermannt. Allein schon die Vorstellung davon erscheint einem Menschen, der noch nie unter Depressionen litt, völlig widersinnig.

R. D. Laing beschrieb dies folgendermaßen: »Das Nichts als Erfahrung entsteht durch das Fehlen einer Person oder einer Sache. Keine Freunde, keine Verwandten, keine Vergnügungen, kein Lebenssinn, keine Ideen, keine Fröhlichkeit, kein Geld. Leere. Man stelle sich irgend etwas vor und male sich sein Fehlen aus.« Aber es geht noch darüber hinaus. Es betrifft nicht nur das Fehlen jener Person, Sache oder Eigenschaft; es betrifft ihr Fehlen *im eigenen Ich* – das Fehlen jenes Stückes des Selbst, das mit dem Verlorenen in Verbindung stand. Es gibt nicht nur keine Freunde, keinen Sinn oder kein Vergnügen, sondern auch jener Teil des Ichs ist verlorengegangen, mit dem man Freunde, Sinn oder Vergnügen findet. Es hat den Anschein, als wäre man zu derlei Dingen nie wieder imstande – als wäre die Leere ein negativer Dauerzustand statt einer bloßen Phase. In Zeiten wie diesen gerät man in ein Vakuum, in dem außer dem Vakuum selbst nichts mehr selbstverständlich ist.

Dieses Vakuum zu ertragen, fällt um so schwerer, weil allgemein »Erfüllung«, das Vollsein mit etwas, in so hohem Kurs steht. Wenn Erfüllung gut ist, kann Leere natürlich nur schlecht sein. Schlimmer noch, man verwechselt sie mit Verarmung. Begriffe aus der Finanzwelt werden auf die Gefühlswelt übertragen.

Für die meisten Menschen gehört wirtschaftliche Sicherheit zur Grundlage des Glücks. Doch für zu viele ist sie auch zur Hauptsache des Glücks geworden, als könne finanzieller Reichtum auch emotionalen Reichtum garantieren. (Eine Frage, zu der auch P. G. Wodehouse seine gewohnt schrullige Meinung äußerte. In dem Roman *Quick Service* antwortet der Held auf den Ratschlag seiner Geliebten hin, Reichtum allein mache nicht glücklich, mit den Worten: »Stimmt, aber andererseits macht Glück allein auch nicht reich; das darf man nicht vergessen.«)

Wirtschaftliche Sicherheit wird zu einem solch treffenden Symbol für psychische Sicherheit, daß der eigentliche Symbolcharakter bald vergessen ist und das eine zum anderen wird. Beeindruckt von der Macht des Geldes, einem zumindest das äußerliche Drum und Dran von Glück und Sicherheit einzubringen, verwenden wir Begriffe aus der Handelssprache, wenn wir von unseren Gefühlen reden.

»Logisch, wenn ich niedergeschlagen und unsicher bin, fühle ich mich wirklich ärmer, als ob es nun weniger von mir gäbe«, sagt Bea Castelli, eine Verwaltungsangestellte, die viel Zeit auf »die Arbeit an mir« in verschiedenen Therapien wandte. »Ich denke dann: ›Ich Arme, arme Bea‹, als wäre ich tatsächlich zu bedauern, und beginne mich mit allen armen Leuten in meiner Umgebung zu identifizieren, vor allem mit Stadtstreicherinnen. Ich sehe sie und denke: ›Das könnte ich sein, so wirst du enden, wenn du so weitermachst.‹ Wenn ich mich aber wirklich gut fühle, bemerke ich die Stadtstreicherinnen nicht mal. Ich bin dann ganz von mir eingenommen, mein Leben erscheint mir von A bis Z ausgefüllt, und es ist geradeso, wie wenn meine gute Laune ansteckend wäre, als hätte ich eine Menge von mir für andere übrig, wenn Sie wissen, was ich meine.«

Gelegenheiten, wo man auch nicht das geringste von sich für andere übrig hat, sind Phasen körperlicher Erschöpfung, sei es wegen Überarbeitung, schlechten Gesundheitszustandes oder weil man das Bett oder die Wohnung hüten muß. Der physische Kräfteverlust spiegelt sich dann häufig in der spürbaren Aufzehrung psychischer Energien wider. So wie die Depression in uns physische Erschöpfung erzeugt, kann auch physische Erschöpfung eine Depression hervorrufen. Die Sache mit der Energie ist mehr als nur ein Symbol oder eine Metapher; sie gehört zu dem ausgeklügelten und komplexen Wechselspiel zwischen Körper und Geist.

Nehmen wir als Beispiel das Wort »satt«, das wir oft als Synonym für müde im Sinne von überdrüssig verwenden. Wir können die Arbeit satt haben, Partys satt haben, einen Menschen oder sogar das Leben satt haben. Nichts erscheint uns reizvoll; alles zehrt an unseren Kräften. Wir fühlen uns gelangweilt, und die Langeweile an sich ist schon ermüdend.

Langeweile spielt vielleicht eine wesentlich größere Rolle bei der Depression als die meisten von uns wahrhaben wollen. Sie hat vieles mit der Depression gemein: die Müdigkeit, das Gefühl des Dahinschleichens der Zeit, die Unfähigkeit zu handeln, die Interesselosigkeit und den Eindruck der Leere. Allerdings zeichnet sich Langeweile durch eine nervöse Gereiztheit aus, die der Depression fehlt. Sie kennt nicht jenes für die Depression so typische Gefühl der Erniedrigung und eingestandener Hilflosigkeit. Es kann jedoch sein, daß sich ein Mensch nicht mehr als das Element der Langeweile von seiner Depression zu fühlen erlaubt. Gelangweilt sein erscheint weniger schlimm als deprimiert sein. Der Psychiater Willard Gaylin stellte fest, Langeweile könne »als Rechtfertigung für die Leere in unserem Inneren« angeführt werden. »Möglicherweise weichen wir durch die umgangssprachliche Verwendung eines so gewöhnlichen Wortes wie ›satt‹ der eigentlichen Bedeutung des Gefühls aus.«

Wenn uns langweilig ist, sind wir passiv, aber erregt, unruhig und gereizt. In der Depression ist die Passivität eher introspektiv; statt das Leeregefühl wie bei der Langeweile unter nervöser Unruhe zu verbergen, gestatten wir uns, es wahrzunehmen. Vielen ist in diesem Fall Langeweile lieber, denn wir empfinden, was T. S. Eliot »einen Verlust des eigenen Ichs« nannte. Wie der geheimnisvolle Gast in Eliots Komödie *Die Cocktail Party* zu Edward sagt, nachdem Edward von seiner Gattin aus heiterem Himmel verlassen wurde: »Die meiste Zeit nehmen wir uns selbst als selbstverständlich, so gut wir können, und leben von dem bißchen Kenntnis von uns selbst, wie wir waren. Wer sind Sie jetzt? Sie wissen nicht mehr darüber als ich, eher weniger. Sie sind nichts als eine Reihe abgenutzter Reaktionen.«

Ein hartes Urteil, aber peinlich treffend. Wenn man eine Depression durchläuft, fühlt man sich nicht nur dessen beraubt, was einem lieb war, sondern auch des eigenen gewohnten Selbst. Die Fäden, die man krampfhaft in der Hand hält, sind gerissen. Nichts kann mehr für selbstverständlich gehalten werden.

Dieses Gefühl überkommt uns von Zeit zu Zeit, und dennoch fragen wir uns: »Ist das normal?«

DAS DILEMMA MIT DER DEFINITION. So sehr wir uns auch einen Zugang zur Depression wünschen, der uns ihr sofortiges Verständnis ermöglicht, entzieht sie sich hartnäckig jeder unkomplizierten Definition. Man kann nicht sagen »Depression ist...«, als müsse man den restlichen Satz einfach in zwölf Worten oder weniger beenden, wenn man den im Kasten auf der Rückseite der Corn-flakes-Packung abgebildeten Preis gewinnen will.

Die Depression umfaßt einen vielschichtigen Bereich der menschlichen Erfahrung, und vereinfachende Aussagen über sie sind schlicht irreführend. Ungeachtet der zahlreichen in diesem Bereich angesiedelten Forschungsprojekte, können sich selbst Psychiater nicht darauf einigen, was die Depression eigentlich ist. Man bezeichnete sie als Stimmung oder Krankheit, als »Grundzustand« oder Charakterzug, als Symptom oder Syndrom... Trotz ihrer Allgegenwart, oder vielleicht gerade deshalb, definiert sie jeder Autor anders.

Mal liegt die Betonung auf Pessimismus, mal auf Ermüdung. Die einen Fachleute stellen das Gefühl der Sinnlosigkeit in den Vordergrund, die anderen den Eindruck der Hilflosigkeit oder Hoffnungslosigkeit. Und wenn sie dies auch kaum einräumen, neigen die meisten Psychiater dazu, bei ihrer Definition der Depression von ihrer persönlichen Erfahrung auszugehen. Der Psychoanalytiker Myer Mendelson kleidete diesen Sachverhalt in taktvolle Worte, als er im Vorwort einer Anthologie mit Abhandlungen zu diesem Thema schrieb: »Mittlerweile ist es offenkundig, daß der Begriff ›Depression‹ ein wesentlich größeres Feld abdeckt als ursprünglich angenommen, und von verschiedenen Autoren werden sowohl über die Komponenten der ›Depression‹ als auch über ihre Funktion verschiedene Ansichten vertreten.«

Einige versuchten, diese Klippe zu umfahren, indem sie ihre Definitionen dermaßen verallgemeinerten und in einem Fachchinesisch formulierten, daß ein Verständnis praktisch unmöglich wurde. Das liest sich dann so: »Das Phänomen der Depression muß als multivalentes Raum-Zeit-Ereignisbild betrachtet werden, das in genetischen, biochemischen und interpersonalen Systemen in Erscheinung treten kann.« Im Bemühen, es jedem recht zu machen, landete dieser spezielle Autor an dem Punkt, wo seine Definition schließlich gar nichts mehr aussagte.

Eine Verschärfung des Problems tritt dadurch ein, daß nahezu alle Autoren sich immer noch fast ausschließlich mit der schweren Depression befassen: Depression als Psychose, ihre Behandlung im klinischen Bereich und die Anwendung antidepressiver Medikamente. Tatsächlich findet der Begriff der normalen oder Alltags-Depression vor Mitte der dreißiger Jahre in wissenschaftlichen Abhandlungen kaum Erwähnung. Aber selbst die wenigen Ausnahmen nannten sie »leichte« oder »neurotische« Depression – Bezeichnungen, die ihre Zugehörigkeit zur Domäne der Psychiatrie sicherstellten und somit das Normale als anormal definierten. Noch mehr Verwirrung stiftete der Umstand, daß die leichte oder normale Depression als sehr qualvoll empfunden werden kann – manchmal wesentlich qualvoller als die schwere Depression, die häufig durch das abstumpfende Unvermögen gekennzeichnet ist, auch nur das Geringste zu empfinden.

In jüngster Zeit fand ein neuer Begriff Eingang in unsere Sprache: klinische Depression. Doch wenn dieser Begriff auch so klingt, als wäre er hieb- und stichfest definiert, bezeichnet »klinische Depression« lediglich die Depression, von der ein Angehöriger der Heilberufe Kenntnis erhielt, ob dieser nun Psychiater oder Psychotherapeut, Psychoanalytiker oder normaler Arzt ist. Er bedeutet nichts anderes als die Tatsache, daß sich jemand in fachliche Behandlung begab, und dies allein ist noch kein Hinweis auf den Schweregrad der Depression.

Ebenso wie sich die Menschen in ihrer Widerstandsfähigkeit gegen physischen Schmerz unterscheiden, was von den Umständen und der Persönlichkeit abhängt, unterscheiden sie sich auch in ihrer Widerstandsfähigkeit gegen psychischen Schmerz. Ferner gibt es einleuchtende soziologische Gründe, weshalb zum Beispiel Menschen mit höherer Schulbildung sich eher in ärztliche Behandlung begeben, oder weshalb Frauen dies häufiger tun als Männer. Die Zahlen über die klinische Depression sind somit relativ wenig aussagekräftig, was die tatsächliche Verbreitung der Depression anbelangt.

Dies alles hat eine merkwürdige Unstimmigkeit zur Folge. Jeder weiß, was wir mit dem Wort »Depression« meinen, denn jeder kennt sie aus eigener Erfahrung. Doch die bisherigen Bemühungen, sie zu definieren, richteten sich fast ausschließlich auf einen kleinen Bevölkerungsteil, nämlich auf diejenigen, die eindeutig unter schwerer Depression leiden. Aber selbst im Hinblick auf diesen kleinen Bevölkerungsteil herrscht unter den Fachleuten Uneinigkeit darüber, was man unter der Depression eigentlich zu verstehen hat. Außerdem scheinen die zur Auswahl stehenden Definitionen mindestens ebensosehr von der Persönlichkeit des Definierenden und seiner Einstellung zur Psychiatrie abzuhängen wie vom eigentlichen Wesen der Depression.

Ein wenig abhelfen ließe sich dieser Unstimmigkeit, wenn wir uns zunächst einmal von der Vorstellung lösen könnten, die Depression sei ein abstrakter, vom übrigen Leben abgehobener Zustand. Es gibt keine klarumrissene Grenze, jenseits der man depressiv ist und diesseits der man nicht depressiv ist. Die Depression ist kein Bereich für sich. Tatsächlich betrachten viele Therapeuten sie inzwischen als ein Kontinuum – eine breite Skala menschlicher Empfindungen, deren zwei Endpunkte man frei formuliert als »allerschwerste Depression« und »völlige Depressionslosigkeit« bezeichnen könnte, wohingegen sich der größte Teil ihres Anzeigefeldes auf den Bereich des Normalen erstreckt. Irgendwo geht dieses Kontinuum vom Normalen ins Anormale über.

Aber wo genau? Dies ist eine Ermessensfrage, die allein für Forschungs- und Diagnosezwecke von Bedeutung ist. Die britischen Psychiater George Brown und Tirril Harris haben festgestellt, daß die »Grenzwerte«, die zur Entscheidung der Frage erforderlich sind, wer depressiv ist und wer nicht, aus keinem anderen Grund existieren als zur Schaffung eines festumrissenen Arbeitsfeldes für Wissenschaftler und Ärzte.

Alle solche Abgrenzungen sind notwendigerweise behelfsmäßig. Zu unterscheiden, wann eine äußerst gedrückte Stimmung in schwere Depression umschlägt, ist vielleicht ebenso unmöglich, schrieben Brown und Harris, »wie das haargenaue Erfassen des Moments, wo sich Wasser in Eis verwandelt.« Am ehesten läßt sich noch sagen, daß irgendwo in diesem Kontinuum – nicht an einem einzelnen Punkt, sondern in einem verschwommenen Bereich, der ungefähr im letzten Fünftel der Skala anzusiedeln ist – das Normale ins Krankhafte übergeht.

Es bringt uns keinen Schritt weiter und bewirkt vielleicht sogar das Gegenteil, wenn wir unseren genauen Standort zu einer bestimmten Zeit in diesem Kontinuum zu ermitteln versuchen, weil wir herausfinden wollen, ob unsere Depression »leichter« oder »schwerer« wurde oder wie sehr wir eigentlich unter Depression leiden. Das Bedürfnis, uns nach einem abstrakten und willkürlichen Maßstab einzustufen und zu beurteilen, macht die Depression oft nur schwerer zu ertragen. In Wirklichkeit verändert jeder von uns laufend seinen Standort in diesem Kontinuum. Solange wir uns jedoch in dem ungeheuer großen Bereich des Normalen bewegen, lautet die einzig nützliche Frage nicht, wie sehr wir unter Depressionen leiden, sondern wie gut wir mit ihnen zurechtkommen – wie gut wir imstande sind, sie zu ertragen, um nach ihrer Überwindung wenigstens ein klein bißchen weiser und stärker zu sein als vorher.

Wenn wir die Menschen, die schon einmal schwer depressiv waren, ein wenig besser kennen würden, müßten wir vielleicht nicht ganz so streng mit uns ins Gericht gehen. Sie zählen zu denjenigen, bei denen die Depression nicht von allein oder erst nach vielen Monaten abklingt, während der sie sich so breit macht und so unbarmherzig durchschlägt, daß der Alltagstrott eine Unterbrechung erfährt.

Carla Katznelson kämpfte mehrere Jahre gegen schwere Depressionen an und scheint nun Licht am Ende des Tunnels zu sehen. Sie kehrte wieder in ihren Beruf als Immobilienmaklerin zurück, ist erfolgreich, wohlhabend und nicht mehr schwer depressiv, wenn auch nicht unbedingt glücklich. Wie sie selbst eingesteht, spielte die Sehnsucht nach Glück eine große Rolle bei ihrer Depression. »Ich lag ständig im Streit mit mir. Ich kann mich noch erinnern, was mir meine Mutter ständig vorpredigte: ›Lächle, und die ganze Welt lächelt mit dir, weine, und du weinst allein‹. Lauter solche Sachen, Sie wissen schon, Zeug wie: ›Du wirst niemals Freunde finden, wenn du unglücklich bist‹. Und nachdem sie mir damit jahrelang in den Ohren gelegen war, hatte ich Angst, es mir anmerken zu lassen, wenn ich niedergeschlagen war. Daher versuchte ich, dieses Gefühl mit Stumpf und Stiel auszumerzen. Ich dachte, wenn ich ungeachtet meiner Gefühle so tun würde, als wäre ich glücklich, könnte ich das vielleicht nicht nur den anderen vormachen, sondern auch mir selbst. Doch als ich mich bemühte, das Gefühl zu unterdrücken, setzte die wirklich schwere Depression erst richtig ein. Das war der Moment, wo ich ins Schwimmen kam und mich nicht mehr zurechtfand. Ich war am Ende, tappte völlig im Dunkeln. Heute hingegen...« Sie denkt einen Augenblick nach, streicht über das Samtkissen auf dem Sofa und hält starr den Blick darauf gerichtet, als könnte es ihr einen Hinweis darauf geben, was sie sagen soll.».. heute bin ich manchmal deprimiert, aber es geht nicht so tief ins Innerste, und ich kann fühlen, was mit mir los ist. Es ist ganz anders. Ich fasse es als Zeichen auf, einfach alles ein wenig leichter zu nehmen und mich nicht immer so unter Druck zu setzen. Die gräßliche Angst von früher empfinde ich heute nicht mehr, und jene schreckliche Gefühllosigkeit auch nicht.«

Ed Larson ist dieser Zustand ebenfalls nicht fremd. Er verlor eine gute Stelle in der Werbebranche während seiner zwei Jahre dauernden Auseinandersetzung mit der schweren Depression nach seiner Scheidung, und er benötigte weitere zwei Jahre, um in seinem Beruf wieder Fuß zu fassen. Heute blickt er mit einer gewissen Scheu auf das zurück, was ihm damals widerfuhr. »Natürlich habe ich auch jetzt noch Depressionen«, sagt er, »aber das ist ein himmelweiter Unterschied zu früher. Ich glaube, man kann das erst richtig beurteilen, wenn man es am eigenen Leib erfahren hat. Ganz gleich, wie stark ich heute unter Depressionen leide, ich weiß genau, daß ich niemals wieder so schwer depressiv sein werde wie damals. Ich könnte es nicht ertragen, aber ich weiß heute auch, was ich tun muß, damit es gar nicht erst soweit kommt. Wie gesagt, ich habe noch immer manchmal Depressionen, aber zu früher ist das ein Unterschied wie Tag und Nacht. Die schwere Depression war die Nacht, und was ich jetzt empfinde, ist der Tag: ein bewölkter Tag, und gelegentlich ist das Wetter ziemlich mies, zugegeben, aber trotz allem eben Tag.«

Wie lange der Tag und die Nacht währt, wird oft als einfaches Unterscheidungsmerkmal für normale und schwere Depressionen herangezogen. Damit macht man es sich aber in der Tat zu einfach und entfernt sich zu weit von der Wirklichkeit und Komplexität des menschlichen Daseins. Zwei wichtige Diagnosemaßstäbe stimmen in der Angabe einer Frist von Wochen überein, allerdings tun sie dies von einem jeweils ganz anderen Blickwinkel aus: Wo der eine das mindestens zwei Wochen anhaltende Auftreten einer bestimmten Reihe von Symptomen als »schwerwiegende Depressionsphase« bezeichnet, definiert der andere das Auftreten der gleichen Symptome *bis zu* zwei Wochen als »geringfügige Depression«. Damit bleiben vermutlich viele Menschen Schlag Mitternacht des vierzehnten Tages in schrecklicher Ungewißheit und fragen sich bange, ob sie nun »schwerwiegend« oder »geringfügig« depressiv sind.

Es ist müßig, eine Frist von zwei Wochen, zwei Monaten oder sonst einem Zeitraum festzusetzen, wenn man die derzeitigen Lebensumstände des Betroffenen außer acht läßt. Wie bei den Grenzwerten der Kontinuums der Depression handelt es sich auch hierbei um eine willkürliche Entscheidung. Wie aber sollen wir dann zwischen Alltags-Depressionen und schweren Depressionen unterscheiden?

DAS UNMESSBARE MESSEN. Vielleicht schenken die Medien der Verbreitung der schweren Depression deshalb soviel Aufmerksamkeit, weil uns Extremfälle als interessante Zerrbilder des eigenen Lebens besonders anziehen. Häufig wird immer nur die höchste Zahl genannt, weil sie einen größeren »Nachrichtenwert« besitzt, so daß ein Bericht vielleicht mit der Feststellung beginnt, daß zehn bis zwanzig Millionen Amerikaner unter schwerer Depression leiden, um im weiteren Verlauf dann stets nur von zwanzig Millionen zu sprechen, wodurch die vorangehende Zahl automatisch verdoppelt wird, und dies allein deshalb, weil die Meldung durch eine höhere Zahl wichtiger erscheint, in gleicher Weise wie in den Lokalnachrichten ein Doppelmord mehr Beachtung findet als ein »einfacher«.

Dennoch kann man mit den Reportern mitfühlen, die vielleicht fragen: »Wie hoch ist denn nun eigentlich die Zahl der unter schwerer Depression Leidenden?« Tatsächlich ist es gut möglich, daß gar keine präzisen Angaben darüber vorhanden sind, da klinische Depression durch den Umstand der Behandlung und nicht durch den Schweregrad definiert wird.

Das amerikanische National Institute of Mental Health – in Fachkreisen unter der Abkürzung NIMH als maßgebend für Fragen geistiger Gesundheit angesehen – stellt in einem Bericht die Schätzung auf, daß in den USA pro Jahr acht Millionen Menschen wegen Depressionen behandelt werden, davon eine Viertelmillion in Krankenhäusern. In einem anderen Bericht setzt das NIMH die Zahl der unter klinischen Depressionen Leidenden jedoch mit 15 % der Bevölkerung fest – was mehr als dreißig Millionen Menschen wären. »Du lieber Himmel«, sagte ein Freund, dem ich von diesen Angaben erzählte, »wenn es nicht einmal die Fachleute genau wissen, wer denn dann?«

Das NIMH ist eine riesige, sich unkontrolliert ausbreitende Einrichtung, in der so viele Forschungsprojekte mit so unterschiedlichen Zielen laufen, daß widersprüchliche Angaben eher die Regel als die Ausnahme sind. Die Schwierigkeit besteht darin, daß die Definition, wann genau jemand Depressionen hat, zwangsläufig nicht von objektiven Tatsachen abhängt, sondern eine Ermessensfrage ist. Auf die Forscher wird allerdings starker Druck ausgeübt, ihre Ergebnisse wie objektive Tatsachen aussehen zu lassen.

Eines Tages forderte zum Beispiel der amerikanische Kongreß eindeutige Beweise für die Wirksamkeit der Psychotherapie bei der Behandlung von Depressionen, wovon er seine Zustimmung zur Kostenübernahme der Behandlung durch das staatliche Programm zur Gesundheitsfürsorge abhängig machte. Unter diesen Umständen war eine präzise Definition der Depression unabdingbar. Der Kongreß wollte nichts davon wissen, ob es sich bei der Depression um ein komplexes Phänomen handelt oder wie groß die Bandbreite der verschiedenen psychotherapeutischen Schulen ist, von denen viele mehr von der Persönlichkeit und dem Können des Therapeuten abhängen als von ihrem eigentlichen Ansatz (wodurch eine Situation entsteht, die Dr. Morris Parloff, der Leiter des Forschungsbereiches im NIMH, als »Jeder-gegen-jeden«-Einstellung bei seinen Kollegen bezeichnet, wobei alle zu zeigen bestrebt sind, wie sehr ihre Art der Therapie den anderen überlegen ist, was schließlich zur Folge hat, daß die Komplexität der menschlichen Gefühls- und Erfahrungswelt auf das Niveau von Waschmittelreklame reduziert wird).

Mit Schwarzweißdenken kommt man der Depression nicht bei, es dreht sich nicht nur darum zu sagen: »Ja, ich habe Depressionen« oder »Nein, ich habe keine Depressionen«. Doch Wissenschaftler, die Forschungsmittel oder Beweise für die Wirksamkeit einer Therapie benötigen, brauchen eindeutige Kategorien, wenn sie mit ihren Argumenten Gehör finden wollen. Aus diesem Grund, so erklärte mir ein erfahrener Wissenschaftler, schenkt er den Zahlen über die Depression einfach keinen Glauben. »Wenn ein Institut Zahlen in Umlauf setzt«, sagt er, »kommt es immer darauf an, was damit bezweckt wird. Geht es um Forschungsmittel, ist es logisch, daß die Zahlen höher ausfallen. Je besser man das Vorhandensein eines Problems belegen kann, desto mehr Mittel erhält man zu seiner Lösung.«

Rollo May schrieb einmal mit spitzer Feder, in unserer Kultur herrsche der befremdliche Glaube vor, »daß eine Sache oder eine Erfahrung erst dann wirklich wahr ist, wenn man sie mathematisch ausdrücken kann, und alles, was sich auf Zahlen reduzieren läßt, muß irgendwie auch wahr sein. Dies bedeutet jedoch etwas Abstraktes, und vom Abstrakten zum Abstrusen ist es nur ein kleiner Schritt.« In der Eile, statistische Beweise für die Häufigkeit der Depression zu finden, hat man auch sie zum Abstraktum gemacht.

Wenn »klinische Depression« nicht nur die schwere Depression einschließt, bei der große Selbstmordgefahr besteht, sondern auch akute Fälle von Alltags-Depressionen, wo der Betroffene Hilfe suchte, um den Schmerz zu lindern, dann hat man den Begriff der Depression über jedes vernünftige Maß hinaus abstrahiert.

Die meisten Theorien über Depressionen spalten sie jedoch auf die eine oder andere Weise auf und treffen eine Unterscheidung zwischen der schweren Depression und der Depression, mit der die meisten von uns vertraut sind. Diese Aufspaltungen nehmen normalerweise die Gestalt praktischer Begriffspaare an. Die erste Hälfte des Paares wird in der Regel mittels Psychotherapie leicht behandelt und vergeht von allein, auch ohne medizinisches Einschreiten, wohingegen die zweite Hälfte einen wesentlich schwierigeren Fall bezeichnet, der oft ein biochemisches Einwirken mittels Medikamenten erforderlich macht und monatelang anhalten kann.

Einige dieser Begriffspaare lauten leicht / schwer, neurotisch / psychotisch, reaktiv / endogen, situationsbedingt / charakterbedingt, geringfügig / schwerwiegend, anaklitisch / introspektiv, Symptome / Syndrom. Viele davon klingen durchaus wissenschaftlich korrekt, aber sie bedeuten recht wenig. Der Wissenschaftler Gerald Klerman forstete zum Beispiel den umfangreichen Kriterienkatalog zur Unterscheidung zwischen neurotischer und psychotischer Depression systematisch durch und kam am Ende zu dem Ergebnis, daß der Begriff »neurotische Depression« wenig Bedeutung hat – die verschiedenen Definitionen decken sich nur in sehr wenigen Punkten. Jeder versteht etwas anderes darunter, wodurch wir mit einer Situation wie bei *Alice im Wunderland* konfrontiert werden. (»Du solltest auch sagen, was du meinst«, rät der Schnapphase Alice, worauf diese rasch erwidert: »Das tue ich ja. Wenigstens – wenigstens meine ich, was ich sage – und das kommt ja wohl aufs gleiche heraus.«)

Das unglücklichste dieser Begriffspaare ist vielleicht »monopolar / bipolar«. Im Klartext müßte es eigentlich depressiv / manisch-depressiv heißen. Bloß heißt es gerade das eben nicht: eine der seltsamsten Statistiken der Psychiatrie zeigt, daß 68 bis 85 Prozent aller Manisch-Depressiven noch nie eine manische Phase durchliefen.

Als ich diese Zahlen zum erstenmal las, dachte ich an einen Druckfehler – vielleicht hatte der Redakteur oder Korrektor nicht aufgepaßt. Ich ging zur Quelle zurück und las nach, doch ich mußte feststellen, daß es sich keineswegs um einen Fehler handelte. Aufgrund der unvorhersagbaren Wege der psychiatrischen Diagnoseeinteilung gibt es tatsächlich so etwas wie die monopolare manisch-depressive Psychose.

Der gesunde Menschenverstand sagt uns aber, daß dies ein Widerspruch in sich ist. Bipolar bedeutet, daß man zwischen zwei Polen (Manie und Depression) hin- und herschwankt, monopolar hingegen, daß man stets an nur einem Pol ist. Somit kann also jemand offenbar an einer manisch-depressiven Psychose ohne manisches Element leiden; da nach allem, was man hört, die manische Phase enorm viel Spaß macht, solange sie anhält, klingt das ganz nach einem besonders ungerechten Los, auferlegt von rachsüchtigen griechischen Göttern.

Das Interesse der Psychiatrie bei der bipolaren manisch-depressiven Psychose richtet sich vornehmlich auf den Pol der Depression, so daß sie in der Regel erst dann erkannt wird, sobald die schwere Depression einsetzt. Tatsächlich wird die manische Phase oft für außergewöhnliche Leutseligkeit oder Lebhaftigkeit gehalten und erregt nur in Extremfällen Besorgnis, wenn der Betroffene zum Beispiel solch »asoziale« Handlungen begeht, wie sein ganzes Geld wegzuschenken. Ein Experte äußerte sich dazu folgendermaßen: »Die Grenze zwischen dem erfolgreichen und dem unter Hypomanie leidenden Patienten verläuft so fließend, daß eine Diagnose nur im Rückblick möglich ist – je nach dem, ob das Verhalten des Betreffenden zum Erfolg oder zum Mißerfolg führte.« Bedeutet dies also, daß man nur dann manisch-depressiv ist, wenn man versagt, oder daß es so etwas wie eine »wünschenswerte« manisch-depressive Psychose gibt, die keiner Behandlung bedarf?

Ein weiteres Begriffspaar, das sich bei genauerer Betrachtung als problematisch erwies, ist das Paar »Symptome/Syndrom«. Ab wann ergeben verschiedene Symptome ein Depressionssyndrom? Eine Arbeitsgruppe von NIMH unter Leitung von Jeffrey Boyd und Myrna Weissman von der Forschungsstelle für Depressionen der medizinischen Fakultät an der Universität Yale verglich Self-Ratingskalen zur Depression (bei denen sich die Testpersonen auf einem Fragebogen selbst einschätzen) mit den zwei wichtigsten Ratingskalen zur Bestimmung der Verbreitung von Depressionen in der Gesamtbevölkerung (bei denen Wissenschaftler die Fragen stellen und die Antworten eintragen). Sie stellten eine nur geringe Gemeinsamkeit zwischen den beiden Arten von Skalen fest. Jemand der sich selbst als stark depressiv eingestuft hatte, konnte nach der Ratingskala keine Spur von depressiv sein. Tatsächlich schätzten sich auf der Self-Ratingskala neun bis zwanzig Prozent so hoch ein, daß sie als klinisch depressiv bezeichnet werden konnten, wohingegen nach der anderen Skala lediglich sechs Prozent in die Gruppe mit »depressiven Störungen« fielen. Dies bedeutet, daß bis zu zwei Drittel derjenigen, die sich für schwer depressiv hielten, wahrscheinlich nur eine akute Alltags-Depression durchliefen. Mehrere Symptome machen offensichtlich noch kein Syndrom aus. Die Wissenschaftler kamen zu dem schlichten Ergebnis, »daß die Mehrheit der Bevölkerung ständig ein oder zwei Symptome von Depression aufweist.« Deshalb sind wir aber noch lange nicht depressiv.

WAS IST NORMAL? Im Bemühen, den Morast sich widersprechender Pseudodefinitionen trockenzulegen, betonte Myrna Weissman, der Leiter der Forschungsstelle für Depressionen an der Yale Universität, daß »es keine scharfe Trennlinie zwischen dem Normalen und dem Krankhaften gibt, im allgemeinen sich jedoch sagen läßt, daß die Depression dann krankhaft ist, wenn sie die Stimmung anhaltend und nachhaltig beeinflußt, den Lebensumständen unangemessen ist und den normalen Tagesablauf stört.« Das ist eine gute Definition für die Praxis. Sie beruht aber nicht auf der Statistik, sondern einzig und allein auf persönlichem Ermessen.

Wie lange muß eine Depression dauern, bis wir sie anhaltend und nachhaltig nennen können? Was bezeichnen wir als den Lebensumständen unangemessen? Wie beurteilen wir das?

In *Whose Life Is It Anyway?*, dem Theaterstück und Film über einen an allen vier Gliedmaßen gelähmten ehemaligen Bildhauer, der die gesetzliche Genehmigung zur Abschaltung der lebenserhaltenden Systeme beantragt, damit er seinem Leben ein Ende setzen kann, wird die Entscheidung vor Gericht getroffen. Vor die Aussicht gestellt, sein Leben lang nur die Gesichts- und Nackenmuskeln bewegen zu können, durchlief der Bildhauer zweifellos eine Depression. Aber wenn dies bedeutete, daß er nicht imstande war, eine vernünftige Entscheidung zu treffen, mußten die lebenserhaltenden Systeme trotz seines Einspruchs weiterarbeiten.

»Wie unterscheiden Sie die klinische Depression, die das logische und sachliche Entscheidungsvermögen beeinträchtigen kann, von dem völlig gesunden Empfinden einer Depression infolge äußerer Umstände?« fragt der Rechtsanwalt des Bildhauers einen der Psychiater, der die Meinung vertritt, es handele sich um einen Fall von schwerer Depression und die Genehmigung zum Abschalten der lebenserhaltenden Systeme dürfe nicht erteilt werden.

»Durch Erfahrung«, antwortet der Psychiater. Doch ein anderer in den Zeugenstand berufener Psychiater sagt aus, daß *seiner* Erfahrung nach der Bildhauer »in völlig vernünftiger Weise auf eine sehr schlimme Situation reagiert.«

Schließlich befragt der Richter den Bildhauer persönlich. »Leiden Sie Ihrer Meinung nach unter einer Depression?«

»Ich bin von Kopf bis Fuß gelähmt«, erwidert der Bildhauer. »Ich müßte doch wohl geisteskrank sein, wenn ich keine Depression hätte.«

Leidenschaftlich plädiert er dafür, ihm die letzte Entscheidung darüber zu lassen, sein Leben, über das er keinerlei Gewalt mehr hat, zu beenden. Der Richter pflichtet ihm bei und erklärt ihn für »deprimiert, aber unter keiner depressiven Krankheit leidend«, und bezeichnet ihn als einen »tapferen und besonnenen Menschen im Vollbesitz seiner geistigen Kräfte.«

Ganz gleich, wie man zu den ethischen Implikationen von lebenserhaltenden Systemen und den in solchen Fällen möglichen Alternativen stehen mag, der Bühnenautor Brian Clark schnitt mit der Frage der »plausiblen Reaktion« ein schwieriges und heikles Problem an. Wann ist eine Depression gerechtfertigt und wann nicht?

Uns selbst bereitet es oft die größten Schwierigkeiten, diese Frage zu beantworten. Für viele Menschen ist die Depression dann am schlimmsten, wenn sie scheinbar in keinerlei Bezug zu einem besonderen Vorkommnis steht. Sie haben den Eindruck, mit ihnen sei etwas »nicht in Ordnung«, wenn sie »ohne richtigen Grund« niedergeschlagen sind.

Ich bin jedoch noch nie jemandem begegnet, der völlig grundlos deprimiert war. Es gibt immer einen Grund, und in der Regel hat der Grund mit irgendeiner Art von Verlust zu tun. Allerdings kann dieser Verlust schwer auszumachen sein, wenn er nicht offensichtlich oder »greifbar« ist. Er hat sich vielleicht in dem riesigen Bereich des Lebens ereignet, wo Sinn ebenso wichtig wie konkrete Ereignisse, Gegenstände und Menschen ist. Da viele von uns nicht gewohnt sind, in einer Gesellschaft, der materielle Dinge und konkrete Verhältnisse wichtiger sind, die Bedeutung von Sinn einzuräumen, kommen diese Menschen in Verlegenheit, wenn es darum geht, sich diesem Sinnverlust zu stellen.

Das Etikett der Depression kann dazu dienen, dem Sinn auszuweichen, und dies nicht nur auf persönlicher, sondern auch auf gesellschaftlicher und kultureller Ebene. Die Untersuchung von George Brown und Tirril Harris über Londonerinnen der Arbeiterschicht ergab zum Beispiel eine erschreckend weite Verbreitung von Depressionen. Doch eine beträchtliche Zahl der betroffenen Frauen waren entweder unverheiratete Mütter oder verlassene Ehefrauen. Und wie die Wissenschaftler selbst schon anklingen ließen, kann es nicht überraschen, daß in einer Gesellschaftsschicht, wo viele Frauen kleine Kinder haben, arbeitslos sind und ohne festen Partner in heruntergekommenen Wohnungen leben, Depressionen an der Tagesordnung sind. Sie leben nicht deshalb in solchen Umständen, weil sie Depressionen haben; sie haben vielmehr Depressionen aufgrund ihrer Lebensumstände. Es müßten schon merkwürdige Menschen sein, wenn es anders wäre.

Diese Frauen als krankhaft depressiv zu brandmarken, ist eher eine politische als eine medizinische oder psychologische Äußerung. In ihr kommt eher die Einstellung der Ärzte zur Frau und zur Gesellschaft zum Ausdruck als das Vorhandensein einer vorherbestimmten Krankheit. Der englische Psychiater David Ingleby stellte in diesem Zusammenhang fest: »Die Festlegung, was eine ›plausible‹ Reaktion in einer bestimmten Lage darstellt und was nicht, ist im wesentlichen und zwangsläufigerweise eine politische Entscheidung.«

Für jeden von uns ist die Depression im Grunde eine Frage der persönlichen Einstellung. Sie gehört weniger ins Reich der Statistik und Psychiatrie als zu unserem persönlichen Wertesystem – wie wir unser Leben gestalten sollen, nach welchen Grundsätzen und auf welcher Ebene. Sie berührt unsere persönliche Moral. Aber damit tritt unvermeidlicherweise auch die gesellschaftliche Moral auf den Plan. Wir leben in einem sozialen Klima, das die Depression nicht dulden will, so daß allein schon die Frage, ob es richtig oder falsch, gesund oder ungesund ist, deprimiert zu sein, Verwunderung auslöst und einen Verstoß gegen gesellschaftliche Regeln darstellt. Obwohl die Depression nur eine Frage nüchternen Ermessens sein kann, haben wir sie in ein ganzes System moralischer Werturteile gezwängt.

5.
Im Recht

*Ich möchte wirklich gerne glauben, daß
mit mir etwas nicht in Ordnung ist –
Denn wenn es nicht so ist, ist etwas nicht
in Ordnung;
Oder vielmehr ganz anders, als es sein
sollte,
Mit der Welt selbst – und das ist noch viel
furchtbarer,
Das wäre schrecklich. So möchte ich
lieber glauben,
Daß mit mir etwas nicht in Ordnung ist,
das sich richten ließe.*
Celia zu Sir Henry, aus T. S. Eliots
Die Cocktail Party

Vor einigen Jahren überredete mich eine Freundin, beim Lotto mitzu-spielen. Sie hatte zweimal hintereinander kleinere Beträge gewonnen und war nun fest davon überzeugt, daß Lotto eine lukrative Einnahme-quelle sei. Nachdem sie einen ganzen Abend lang dafür sorgte, daß mein Glas mit köstlichem Rotwein nie leer wurde, war auch ich überzeugt. Am nächsten Tag holte ich mir einen Spielschein. Auf der Rückseite des Scheines standen die Gewinnchancen. Ich las sie. Wie eine lukrative Ein-nahmequelle kam mir das nicht gerade vor. Aber meine Freundin hatte mich mit ihrer Begeisterung angesteckt – außerdem hatte ich vom ge-strigen Abend noch einen leichten Kater, weshalb es mir sehr leicht fiel, das Kleingedruckte zu übersehen –, und so füllte ich vier Kästchen aus und wartete gespannt auf Samstagabend, der mich zur Millionärin ma-chen würde.

Am Sonntagmorgen überlegte ich mir, daß wenn es einen Preis dafür gäbe, am weitesten von den Gewinnzahlen entfernt zu sein, ich diesen Preis wohl gewonnen hätte. Meine Freundin rief mich an. Auch sie hatte nichts gewonnen. »Spiel weiter«, riet sie mir. »Man muß Ausdauer ha-ben. Ich kenne jemanden, der zehntausend Dollar gewann und erst zwei Jahre spielte.«

Erst? Mir kam das ziemlich lange vor. Trotzdem füllte ich wieder einen Schein aus, wartete wieder ... und verlor wieder. »Nein, du hast nicht verloren«, sagte meine Freundin. »Du hast bloß nicht gewonnen, so einfach ist das.« Aber die Sache so zu sehen, fiel mir schwer. Was mich betraf, hatte ich gerade wieder zwei Dollar verloren. »Sieh es doch einmal so«, sagte sie, »für lumpige zwei Dollar kaufst du dir Hoffnung für eine ganze Woche.«

Ich versuchte, es so zu sehen und spielte weiter. Fünf Wochen lang. Nach sechs Wochen gab ich auf. Die Vorstellung, jede Woche zu verlieren, war mir einfach unerträglich. »Du siehst das ganz falsch«, tadelte mich meine Freundin. »Aber meine Gewinnchancen sind doch so verschwindend gering«, sagte ich. »Du mußt sie bloß mal lesen, sie stehen schwarz auf weiß auf der Rückseite des Spielscheins.« »Darum geht es nicht«, erwiderte sie.

Es ging vielmehr darum, daß ich die ganze Frage viel zu nüchtern betrachtete. Nachdem ich die objektiven Chancen schwarz auf weiß vor mir sah, konnte ich mir beim besten Willen nicht einreden, daß meine Chancen irgendwie besser stünden. Ich sah die Sache zu realistisch.

Im Recht zu sein, ist selten ein angenehmes Gefühl. Es läßt Illusionen keinen Raum. Illusionen spielen aber bei der komplexen Frage, wie man am besten durchs Leben kommt, vielleicht eine wesentlich wichtigere Rolle, als wir bisher von ihnen dachten. Meine Freundin zum Beispiel spielt immer noch Lotto. Mit Ausnahme von ihr selbst überrascht es niemanden, daß sie nach wie vor noch nie einen großen Treffer landete. Aber beim Weiterspielen wird sie von dem hartnäckigen Optimismus getrieben, daß sich das eines Tages ändern wird. Bei ihr funktioniert die Illusion, und vielleicht hat sie doch recht: sich für zwei Dollar pro Woche Hoffnung zu kaufen, ist gar kein schlechtes Geschäft.

Ihre Überzeugung, ich sähe »das ganz falsch«, erinnerte mich an die Geschichte eines College-Professors, der sich bei einem Vertreter der »kognitiven Therapie« in Behandlung begab; diese Therapieform geht von der simplen Annahme aus, daß wir nur deshalb unter Depressionen leiden, weil wir die Dinge »falsch« sehen. Der Professor war deprimiert, weil die Studenten während seinen Vorlesungen in Schlaf zu dämmern schienen. Er war davon überzeugt, ein Langweiler am Rednerpult zu sein, und dies bedrückte ihn natürlich.

Die Therapie für ihn bestand darin, ihm einzureden, daß das, was er mit eigenen Augen sah, in Wirklichkeit ganz anders war. Er war nur deshalb deprimiert, weil er sich einbildete, die Studenten schliefen während seinen Vorlesungen; konnte er sich nun aber überzeugen, daß dies nicht der Fall war, bestand für ihn keine Veranlassung mehr, niedergeschlagen zu sein. Bei dem Professor führte diese Methode zum Erfolg. Er ging mit der festen Überzeugung aus der Therapie hervor, daß er ein brillanter Lehrer sei und die Studenten, die er früher für schlafend gehalten hatte, in Wirklichkeit in tiefste Konzentration versunken waren. Was ihn betraf, war die Therapie ein voller Erfolg. Aber für die Studenten?

Der Therapeut schien sich mit dem Gedanken, daß dieser Mann vielleicht tatsächlich ein Langweiler am Rednerpult war, daß seine Studenten wirklich einschliefen und sie damit vielleicht sogar recht hatten, auch nicht eine Sekunde lang aufzuhalten. Die gesamte Therapie fußte auf der Nichtbeachtung einer objektiven Tatsache. So wie meine Freundin im Lotto gewinnen konnte, wenn sie keine Notiz von der dagegensprechenden Wahrscheinlichkeitsrechnung nahm, so konnte dieser Mann ein brillanter Redner sein, wenn er keine Notiz von seinen Studenten nahm.

Die »kognitive« Theorie der Depression beruht auf dem Werk Aaron Becks von der University of Pennsylvania, der die Ansicht vertritt, daß in Zeiten der Depression unsere Wahrnehmung des eigenen Ichs, der Zukunft und der Umwelt gestört ist. Wir sehen die Dinge »verkehrt«. Behebt man diese Störung, so daß wir die Dinge »richtig« sehen, hat man damit auch die Depression behoben.

Allein schon die Annahme, wir könnten die Dinge »verkehrt« sehen, ist sehr aufschlußreich. Wie stellen wir fest, wer die Welt richtig sieht und wer verkehrt? Ein Demokrat glaubt, die richtige Weltanschauung zu besitzen; nicht anders ein Republikaner. Ein religiöser Fanatiker ist nicht minder davon überzeugt wie ein Atheist. Legen wir ihren Auffassungen das Merkmal der Richtigkeit oder Verkehrtheit bei, so hängt dies allein davon ab, wie wir selbst darüber denken. Doch der von Professor Beck befürwortete »kognitive« Ansatz geht von absoluten Maßstäben für das Denken und die Wahrnehmung aus.

Ich glaube kaum, daß Beck die sprichwörtlich im Auge des Betrachters liegende Schönheit für absolut erklären würde oder hofft, die absolute Wahrheit in der modernen Naturwissenschaft zu finden, wo die Physik doch das beste Beispiel dafür abgibt, mit welch schwindelerregendem Tempo ein Paradigma das andere ablöst und die von uns für selbstverständlich gehaltenen Gegebenheiten radikal in Zweifel zieht. Genau dies macht er jedoch bei der Depression.

Da die Depression lediglich eine Sache gestörter Wahrnehmung sei, folgert er, müsse man lediglich die Wahrnehmung korrigieren, um die Depression zu beheben. Es drehe sich nur darum, die Dinge anders zu sehen. »Verkehrt« sei im Grunde lediglich die unerklärliche Hartnäckigkeit des unter der Depression Leidenden, die Dinge auf die falsche Art zu sehen.

Das Dumme daran ist nur, daß dies kaum mehr als eine auf Wissenschaftlichkeit getrimmte Spielart der »Kraft-des-positiven-Denkens«-Ideologie ist. Natürlich lassen sich mit dieser Methode Erfolge erzielen – die »Heilungs«-Quote ist hoch, und bei den Patienten tritt oft eine drastische und deutliche Besserung ein, was zum einen daran liegt, daß die Ergebnisse häufig mit einer von Beck selbst entwickelten Skala ermittelt werden, zum anderen an dem Umstand, daß sie in erster Linie bei schwer depressiven Menschen Anwendung findet. Doch die Ursachen für die Depression des einzelnen läßt sie völlig außer acht. In Wirklichkeit bestreitet sie sogar, daß es noch andere Ursachen außer einer Störung in der Wahnehmung geben kann. Sie behandelt lediglich die Symptome der Depression – die Lebenseinstellung des unter einer Depression leidenden Menschen. Dabei geht sie aber von einer grundlegend falschen Voraussetzung aus. In Wahrheit sehen wir während einer Depression die Dinge bedeutend objektiver und wesentlich nüchterner und illusionsloser als sonst.

Durch Schaden klug? Im Jahr 1979 führten zwei in der Forschung arbeitende Psychologinnen, Lauren Alloy von der Northwestern University und Lyn Abramson von der State University of New York at Stony Brook, eine Reihe von Versuchen mit Studenten durch, um herauszufinden, ob unter Depressionen leidende Menschen tatsächlich Opfer einer gestörten Wahrnehmung sind. Sie kamen zu dem Ergebnis, daß das Weltbild der Deprimierten alles andere als gestört ist, vielmehr schätzten diese Menschen die Realität sogar wesentlich besser ein als diejenigen, die nicht unter Depressionen litten.

Wie bei derartigen Versuchen erforderlich, war die Versuchsanordnung sorgfältig darauf ausgelegt, Ergebnisse zu erbringen, die so wenig wie möglich vom Ermessen der Wissenschaftler abhingen. Der psychologische Laie wird sich gewiß an den Pawlowschen Hund erinnern fühlen. Sowohl die deprimierten als auch die nicht-deprimierten Studenten wurden angewiesen, durch Druck auf verschiedene Knöpfe mehrere bunte Lämpchen einzuschalten. Die Lämpchen waren manipuliert, was den Studenten aber nicht bekannt war. Bei einer Gruppe leuchteten verschiedene bunte Lämpchen auf, wobei es keine Rolle spielte, auf welche Knöpfe die Studenten drückten; sie besaßen so gut wie keinen Einfluß darauf. Bei den anderen Gruppen nahm die Einflußmöglichkeit stetig zu, es bestand also ein bedeutend größerer Zusammenhang zwischen dem gedrückten Knopf und dem daraufhin aufleuchtenden Lämpchen. Nach einer gewissen Zeit am Lichtpult wurden die Studenten zu schätzen gebeten, wieviel Einfluß sie ihrer Meinung nach gehabt hatten.

Deprimierte und nicht-deprimierte Studenten beurteilten die Situation sehr unterschiedlich. Die nicht-deprimierten Studenten stellten die Situation stets übertrieben dar; wenn sie viel Einfluß hatten (75 Prozent), überschätzten sie ihre Möglichkeiten; hatten sie geringen Einfluß (25 Prozent), unterschätzten sie ihn und kamen sich machtloser vor, als sie tatsächlich waren. Die deprimierten Studenten stuften jedoch in beiden Fällen ihre Einflußmöglichkeiten ziemlich korrekt ein. Sie hielten sich weder für einflußreicher noch machtloser als sie in Wirklichkeit waren.

Daraufhin bekamen die Studenten einen Vierteldollar extra für jedes grüne Lämpchen, das sie am Steuerpult zum Aufleuchten brachten. In Wirklichkeit bestand zu diesem Zeitpunkt keinerlei Zusammenhang mehr zwischen den Knöpfen, die sie drückten und wann das grüne Lämpchen aufleuchtete. Trotzdem glaubten die nichtdeprimierten Studenten, einen gewissen Einfluß auf das Geschehen zu besitzen; sie gaben die rationale Strategie zugunsten ihrer Intuition auf und machten sich vor, Einfluß auf etwas zu haben, das gar nicht von ihnen abhing. (Lotto- oder Totospieler tun im Grunde das gleiche, wenn sie auf Glückszahlen tippen, die von Jubiläen, Geburtstagen, Hausnummern und ähnlichem stammen.) Die unter Depressionen leidenden Studenten setzten sich eher vernünftig mit der Lage auseinander und verhielten sich entsprechend, indem sie wahllos Knöpfe drückten.

Das Interesse der Wissenschaftler daran, was geschah, wenn Geld ins Spiel kam, war geweckt worden, und nun richteten sie die Versuchsanordnung so ein, daß die Studenten am Steuerpult nicht nur Geld gewinnen, sondern auch verlieren konnten, wobei die Gewinn- und Verlustchancen genau auf fifty-fifty festgesetzt wurden. Sie stellten fest, daß die nicht-deprimierten Studenten ihre Verlustquote überschätzten, wenn sie während des Spiels Geld verloren hatten, während die deprimierten Studenten sich exakt daran erinnerten; im umgekehrten Fall, wenn sie Geld gewonnen hatten, überschätzten die nicht-deprimierten Studenten ihren Erfolg – und die deprimierten Studenten lagen erneut genau richtig.

Es war offensichtlich, daß nicht die an Depressionen leidenden Studenten »kognitiven Sinnestäuschungen« unterlagen, sondern die de-

pressionsfreien Studenten. Alloy und Abramson warfen somit die jahrhundertealte Frage auf: Sind depressive Menschen ›aus Schaden klüger‹ als andere? »Eine schwer zu entscheidende Frage bleibt«, schlossen sie, »ob die Depression die Menschen dazu bringt, ›realistisch‹ zu werden, oder ob realistische Menschen anfälliger für Depressionen sind.«
Diese Frage ist in der Tat schwer zu entscheiden und heikel. Wenn die Menschen der Illusion der Macht erliegen, solange sie nicht unter Depressionen leiden, dann muß die Depression als der Verlust dieser Illusion und noch einer Vielzahl anderer betrachtet werden, durch die wir uns das Dasein in einer Welt erleichtern, die dem einzelnen wenig Spielraum für seine Entscheidungen bietet.

Aaron Becks Auffassung der Depression geht davon aus, daß der Entscheidungsspielraum wesentlich größer ist; seine »Falschdenker« leben seiner Meinung nach in einem Wahn – gerade dies ist aber vielleicht Becks eigene Illusion. Doch seine seltsame Verknüpfung von behavioristischen und psychoanalytischen Methoden erregte viel Aufmerksamkeit und sicherte ihm einen großen Batzen aus dem Topf der Forschungsgelder. Einer der Hauptgründe dafür könnte sein, daß niemand von uns wahrhaben will, wie wenig Einfluß wir eigentlich auf unsere Umwelt haben. Die Dinge so zu sehen, wie sie wirklich sind, ist vielleicht ganz schrecklich. Lieber Illusionen als Klarheit.

DAS BEWUSSTSEINSPROBLEM. Sich gewisser Dinge zu sehr bewußt zu sein, kann das Leben reichlich schwer machen. Wenn wir deprimiert sind, sehen wir zuviel – zuviel Leid und Unglück, zuviel Schwierigkeiten und Mühen. Die Abwehrmechanismen, die uns normalerweise zur Ausfilterung dieser Wahrnehmungen dienen, sind lahmgelegt. Eine andere und erschreckende Sicht der Wirklichkeit stellt sich ein.

Im Schlußteil von Virginia Woolfs Roman *Die Wellen* bringt dies die Gestalt des Bernard zum Ausdruck: »Ich gewahrte mit desillusionierter Klarheit das verachtenswert Nichtssagende der Straße; ihrer Portikos; ihrer Fenstervorhänge; die schlampige Kleidung, die Lüsternheit und Selbstgefälligkeit der Einkäufe machenden Frauen; und alte Männer, die in wollenen Halstüchern Luft schöpfen gingen; die Vorsicht der die Straße Überschreitenden; die allgemeine Entschlossenheit weiterzuleben, wenn in Wirklichkeit, ihr Gimpel und Tröpfe, sagte ich, jede Schieferplatte vom Dach fallen, jedes Auto eine jähe Schwenkung machen kann... Mit leidenschaftsloser Verzweiflung, ohne jede Illusion, überblickte ich den Stäubchentanz... Wie kann ich nun weiter, sagte ich, ohne ein Selbst, gewichtlos und sichtlos, durch eine gewichtlose, illusionslose Welt?«

Die meisten Psychotherapeuten gehen davon aus, daß Bewußtsein nie schaden kann; je illusionsloser ein Mensch die Welt sieht, meinen sie, desto vernünftiger und geistig gesünder ist er. Aber Illusionslosigkeit läßt sich auch ganz anders interpretieren: als tragischer Sinnverlust, der zu einer Weltsicht führt, die so schonungslos und düster ist, daß kein Mensch sie ertragen kann, ohne zu verzweifeln. Folglich haben schon seit den ersten Anfängen der Psychologie die Theoretiker die Grenzen des Bewußtseins durchaus erkannt.

Sigmund Freud fiel auf, daß viele von denen, die er als »melancholisch« bezeichnete, plausible Gründe für ihre Sicht der Wirklichkeit hatten; solche Menschen schienen »die Wahrheit nur schärfer zu erfassen als andere, die nicht melancholisch sind«. Doch dann stellte er eine böse Falle auf: auch wenn der unter Depressionen Leidende die Welt richtig und genau wahrnahm, mußte er krank sein, denn kein normaler Mensch käme auf die Idee, in solch schrecklichen Begriffen zu denken. »Wir fragen uns nur, warum man erst krank werden muß, um solcher Wahrheit zugänglich zu sein«, schrieb er, da man sich damit der Selbsterkenntnis ziemlich angenähert habe.

Wir stehen vor einer phantastischen Tautologie: wenn man Depressionen hat, muß man krank sein, denn wäre man gesund, könnte man sich selbst nicht mit solch klarem und scharfsinnigem Verstand erfassen. Es ist gerade so, als würde Freud sagen: »Ja, Sie haben recht«, um im gleichen Atemzug hinzuzufügen: »Aber genau da irren Sie sich.«

Wie kann jemand, der die Wahrheit schärfer erfaßt, sich irren? Dies scheint von dem Wesen der Wahrheit abzuhängen: nicht vom Grad, inwieweit man recht hat, sondern von Recht und Unrecht im moralischen Sinn.

Viele Philosophen hielten die Depression letztendlich für gerechtfertigt. Aristoteles nannte sie die »Grundlage der Genialität«. Kant hielt den deprimierten Menschen für einen beinahe unirdischen Ausbund an »wahrer Tugend«. Für Kierkegaard war die Depression die Erfahrung des »authentischen Bewußtseins«, etwas, wodurch sich eine aufgeklärte und phantasievolle Elite von der Masse der »Philister«, wie er sie nannte, unterschied. Und Romao Guardini bezeichnete sie als »eine Erfahrung, in welcher sich der entscheidende Punkt des menschlichen Seins offenbart«, und als »Reise vom Oberflächlichen zum Rätsel der Herkunft«.

Auf der Suche nach einer erleuchtungsähnlichen Bestätigung der

Wahrheit nahmen Mystiker bereitwillig die schwersten Depressionen auf sich; die Romantiker sahen in ihr die höchste Stufe der menschlichen Wahrnehmung. Doch diese Sicht des an Depressionen Leidenden als eine Art tragisch charakterisierter Übermensch, der sich zu höheren Regionen aufschwingt, die der Mehrheit verschlossen bleiben, hat etwas Unmenschliches an sich. Tatsache bleibt, daß jede normale Wahrnehmung der »seelischen Wirklichkeit« eher der Trostlosigkeit von Virginia Woolfs Bernard als den mystischen Vorstellungen davon gleicht. Das Licht der Depression ist fahl, nicht gleißend hell. Im Recht zu sein, spendet keinen Trost, Illusionslosigkeit ist keine besondere Auszeichnung. Man kann sich nicht einmal damit trösten, daß man über irgendetwas grundlegendes Klarheit hätte. Ortega y Gasset könnte durchaus recht gehabt haben, als er schrieb, das Leben sei von Anfang an ein Chaos, in dem man sich nicht zurechtfindet. Das Individuum erahne dies, habe jedoch Angst, dieser schrecklichen Wirklichkeit ins Auge zu sehen, und versuche deshalb, den Schleier des Vergessens über sie zu breiten.

In der Regel läßt sich dieser Schleier auch darüber legen. Wir sind in der Lage, uns einzubilden, daß wir wüßten, was wir tun, daß wir alles im Griff hätten, daß unser Leben sinnvoll, lohnend und gesichert sei – bis dann etwas geschieht, das den Schleier fortreißt und alles auf den Kopf stellt, was wir bisher für selbstverständlich hielten.

DER VERLUST DER ILLUSION. Gewisse Dinge für selbstverständlich zu nehmen, ist häufig unbedingt erforderlich. Wenn wir das meiste nicht für selbstverständlich hielten, kämen wir nie dazu, etwas zu tun. Wir brauchen das Offensichtliche darum, weil wir die eigenen Werte bejahen und in der Lage sein müssen, ihnen gemäß zu handeln, ohne uns ihrer ständig bewußt zu sein.

Aber wie R. D. Laing einmal hervorhob: »Das Offensichtliche ist manchmal leicht zu übersehen.« Es gibt Zeiten, wo wir zu vieles für selbstverständlich erachten. Bei solchen Gelegenheiten kann es nützlich sein, das Offensichtliche einmal außer acht zu lassen, um uns selbst in Zweifel zu ziehen.

Auf die Dauer würde das ständige Bezweifeln unserer Anschauungen und Überzeugungen uns das Leben natürlich unerträglich machen. Jeder von uns würde zu einem Hamlet ohne das nötige Selbstvertrauen, um hinaus in die Welt zu gehen und zu handeln. Aber wir brauchen diese Phasen des Zweifels, selbst wenn sie uns durch äußere Umstände aufgezwungen werden, damit wir die Spinnweben abschütteln können, die unsere Werte in einem starren und unelastischen Netz festzuzementieren drohen.

Solche Zeiten sind zwangsläufig die der Depression. Hermann Hesse charakterisierte sie in *Der Steppenwolf* mit den Worten: »Jedesmal war dem Abreißen einer Maske, dem Zusammenbruch eines Ideals diese grausige Leere und Stille vorangegangen, diese tödliche Einschnürung, Vereinsamung und Beziehungslosigkeit, diese leere öde Hölle der Lieblosigkeit und Verzweiflung.«

Wenn das zerbrochene Ideal einen hohen Stellenwert im Leben des Betroffenen einnimmt, kann dem Verlust der Illusion über Jahre widerstanden werden – wodurch das schließliche Herunterreißen der Maske um so vernichtender ausfällt. Diese Erfahrung machte zum Beispiel Lionel Carson, als er seinen Glauben an den Kommunismus verlor. Bis Mitte der fünfziger Jahre war es ihm gelungen, eine rationale Erklärung für die sich mehrenden Anzeichen des Stalinismus zu finden; er hatte sich an die innere Überzeugung geklammert, daß dies nur ein Irrweg der Revolution sei, den man bald berichtigen würde. Wie die meisten politischen Dogmatiker glaubte er felsenfest daran, daß er recht hatte, daß er und seine Genossen die Lösung für das menschliche Dilemma kannten und daß man diejenigen, die dies nicht einsehen wollten, zu ihrem eigenen Besten vielleicht ein wenig dazu zwingen mußte.

Dann folgte 1956 der Ungarnaufstand und seine unbarmherzige Niederschlagung durch die Sowjets. Lionel war zwar erschüttert, konnte dem Kommunismus aber nicht sofort abschwören. Es bedurfte wesentlich längerer Zeit, um eine solch grundlegende Änderung im eigenen Leben herbeizuführen. Statt dessen, so erinnert er sich heute, »kam es mir vor, als lebte ich ganze zwei Jahre lang in einem Zustand leichter Depression. Ich glaubte, ich hätte die Lösung gefunden, doch dann stellte sich heraus, daß meine Lösung ebenso untauglich wie alle anderen Lösungen war. Und wenn dies nicht die Lösung war, was war es dann? Gab es überhaupt eine Lösung? Jahrelang, schon seit meiner Schulzeit, hatte sich mein ganzes Leben um dieses eine Ideal gedreht. Wenn ich mich jetzt von ihm trennte, würde ich mit leeren Händen dastehen. Es gab nichts, das seinen Platz einnehmen konnte, nichts, an das ich sonst hätte glauben können.« Er zuckt mit den Schultern, lächelt ein wenig verschmitzt und schiebt sich die Brille auf die Stirn. »Offenbar brauchte ich dringend etwas, an das ich glauben konnte. Andererseits – tun wir das nicht alle?«

Anfangs glaubte er, seinen Glauben verraten zu haben, und erst allmählich gelangte er zu der Einsicht, daß es umgekehrt war und sein

Glauben ihn verraten hatte. »Irgendwie war es leichter, mir selbst die Schuld daran zu geben«, sagt er, »denn in diesem Fall blieb das Ideal unangetastet. Nur ich war ins Wanken gekommen. Ich hatte nicht die richtige Einstellung, doch das war mein Problem, nicht das des Kommunismus. Außerdem wollte ich mich wohl auch nicht mit den Veränderungen in meinem Leben auseinandersetzen, die mein Austritt aus der Partei nach sich ziehen würde – und tatsächlich auch nach sich zog. Ich verlor meine Freunde, meine Frau, alles wurde anders. Schon komisch, selbst jetzt im Rückblick kommt es mir so vor, als wäre damals alles einfacher gewesen, als ich noch den Glauben hatte und von der ganzen Sache überzeugt war. Ich weiß, wie seltsam das heute klingt, aber es war wirklich eine schöne Zeit damals. Wir glaubten zwar an eine Illusion, das stimmt, aber wir waren glücklich mit dieser Illusion. Das ist doch schon mal was, oder?«

Ein Leben ohne Illusionen – ohne das Gefühl von Sinn in einer nach Ansicht vieler Philosophen im Grunde sinnlosen Welt – ist auf lange Sicht unmöglich. Jeder von uns bastelt sich seinen persönlichen Sinn zurecht, ein persönliches Wertesystem, das seinem Leben zugrunde liegt. Doch die meisten sind sich dessen kaum bewußt. Auf der Suche nach Sinn vermeiden wir es, uns zuviel Gedanken über ihn zu machen, als laufe man durch das bloße Nachdenken über ihn Gefahr, daß er sich verflüchtigt.

Normalerweise hegen wir die Illusion, daß wir ein ausgefülltes und sicheres Leben führen und uns auf unsere Umwelt verlassen können. Wir richten unser Leben so ein, daß ein gewisses Maß an Routine und Kalkulierbarkeit unsere Verwundbarkeit in Grenzen hält. Wir wissen, daß sie vorhanden ist, aber wenn möglich, nehmen wir keine Notiz von ihr. Aus griechischen Tragödien oder Theaterstücken von Pinter oder Beckett, in denen die Charaktere gegen das Schicksal, die Sinnlosigkeit oder ihre persönliche Vereinsamung ankämpfen, können wir intellektuelles Vergnügen ziehen, doch wir selbst sehen uns nicht wirklich so. Erst wenn wir eine Depression durchlaufen. Erst wenn wir zur Desillusionierung gezwungen sind.

Vielen Depressionen liegen Illusionsverluste zugrunde. So wie die deprimierten Studenten ihre Einflußmöglichkeit genauer als die anderen einschätzten, sehen auch wir mit trostloser Objektivität. Wer ein hohes Selbstwertgefühl und innere Geborgenheit empfinden wolle, behauptete Ernest Becker, müsse »weite Bereiche aus dem gesamten Spektrum der Erfahrung verdrängen«. Wenn die Verdrängung nicht mehr zum Erfolg führt, sind wir einer allem Anschein nach feindlichen Welt schutzlos ausgeliefert. Man hat uns einer Illusion beraubt, so empfinden wir, die uns bisher einen Halt bot.

Eine der am meisten Halt bietenden Illusionen des heutigen Lebens ist die Illusion der vollkommenen Partnerschaft – der heilige Gral im Leben so vieler Menschen, manchmal mehrmals gefunden und wieder verloren. Viele von uns treten in eine Ehe oder Beziehung mit der blauäugigen Überzeugung ein, daß wir den idealen Partner gefunden haben und eine Musterbeziehung führen werden. So hat auch Ira Garvey empfunden, als er mit seiner Freundin zusammenzog; als sie zwei Jahre später auseinandergingen, verfiel er in tiefe Depression – obwohl ihm die Trennung willkommen gewesen war.

»Ich kann es nicht verstehen«, sagte er entmutigt. »Das ergibt einfach keinen Sinn. Ich bin ganz sicher froh, daß es zwischen uns aus ist. Es tut mir leid, daß wir uns gegenseitig so wehtaten, und es tut mir auch leid, daß wir das alles durchmachen mußten, wirklich aufrichtig leid, aber auf der anderen Seite war es offensichtlich, daß jeder den anderen bloß unglücklich machte, daß wir einfach nicht zusammenbleiben konnten. Weshalb habe ich also jetzt Depressionen? Ich müßte mich eigentlich doch glücklicher als vorher fühlen, nicht unglücklicher.«

Was Ira nicht berücksichtigte war der Umstand, daß er nicht nur seine Partnerin verloren hatte, sondern auch sein Ideal der Liebe und Gesellschaft, sowie seine Vorstellung von sich als einem reifen Partner, der den Ansprüchen des Ideals gerecht werden kann. Er mußte sich mit der Möglichkeit auseinandersetzen, daß sich hinter dem, was ihm wie ein Ideal erschienen war, von Anfang an eine Illusion verborgen hatte. Konnte er von neuem lieben? War er dazu fähig?

Im Bemühen, diese Fragen zu beantworten, mußte Ira ein für ihn neues Gefühl der Zwecklosigkeit in der Liebe überwinden und sich die Bereitschaft erarbeiten, sich ihr wieder zu öffnen – und sich somit wieder anfällig für Schmerz zu machen. Unterbewußt war er versucht, die Haltung des jungen Angestellten in Jules Feiffers Cartoon einzunehmen, dessen Gesichtsausdruck abwechselnd hoffnungsvoll und niedergeschlagen ist, während er erklärt: »Ich öffne mich für die Liebe. Ich werde verletzt. Ich verschließe mich vor der Liebe. Ich werde einsam. Ich öffne mich wieder für die Liebe. Ich beziehe Prügel. Ich verschließe mich vor der Liebe. Ich bekomme Depressionen. Ich öffne mich wieder für die Liebe. Ich gehe kaputt. Ich verschließe mich vor der Liebe. Ich mache mich selbst kaputt. Ich öffne mich der Verzweiflung. (Strahlt über das ganze Gesicht:) Gerettet.«

Ein Ende läßt einen immer irgendwie in der Luft hängen, macht einen für die Zukunft verletzlich. Nur selten geht etwas so »glatt« zu Ende, wie wir uns das wünschen. Nicht nur die eigentliche Beziehung findet ein Ende, sondern auch das Ideal, wie sie hätte sein sollen. Der Glaube an dieses Ideal wird erschüttert; die Erwartungen wurden von der Wirklichkeit betrogen.

A. Alvarez schrieb über seine erste Ehe, daß »die Erwartungen, die ich mit in die Ehe brachte, so übertrieben waren, daß sie mehr oder weniger ans Unmenschliche grenzten. Das Gefühl des Versagens, das sich fast augenblicklich einstellte, war nicht minder übertrieben und ließ keinen Platz mehr für Eigenschaften, die unsere Ehe vielleicht hätten retten können: Geduld, Toleranz, ein Sinn für Humor... Ich kam mir wie ein Priester vor, der von seinem Glauben abgefallen war.«

Kommt es dazu, ist uns die Wirklichkeit nicht genug. Schlimmer noch, das eigene Selbst ist uns im Vergleich zum Glanz des Ideals nicht genug. Wenn der Glanz auch verblaßt ist, unser Eifer, das Ideal für alle Zeit beizubehalten – unser Glaube an es –, läßt uns im Vergleich ringsum nur Finsternis sehen, als hätte jemand in einem hell erleuchteten Zimmer plötzlich das Licht ausgeschaltet.

Die Ehe von Alvarez war – zumindest von seiner Seite aus – bewußt einem literarischen Vorbild nachempfunden: der von D. H. und Frieda Lawrence. Dadurch war sie von Anfang an zum Scheitern verurteilt, denn sie war nicht seine eigene, sondern die von jemand anderem. Es erscheint albern, daß jemand eine Ehe auf dieser Voraussetzung zu gründen versucht, doch wir alle sind der Versuchung ausgesetzt, unsere engen Beziehungen dem einen oder anderen Beispiel nachzubilden: den Ehen der Eltern oder den von glücklich wirkenden Freunden, den Ehen, die wir im Film und Fernsehen vorgeführt bekommen oder den legendären Ehen der Literatur oder öffentlicher Berühmtheiten. Die Ehen der amerikanischen Präsidenten werden als vorbildlich hingestellt – zumindest bis nach dem Tod des jeweiligen Präsidenten. Jean-Paul Sartre und Simone de Beauvoir waren die Vorbilder für zahlreiche unverheiratete Paare in den fünfziger und sechziger Jahren. Elizabeth Taylor und Richard Burton haben in dieser Beziehung eine Marktlücke als Anti-Vorbilder für sich entdeckt – nämlich wie man es *nicht* machen soll.

Angesichts der Verschiedenheit derartiger Vorbilder ist es erstaunlich, wie beständig das Ideal der guten Ehe bleibt. Der Kern des Ideals überdauert. Ungeachtet der Tatsache, daß fast eine von zwei amerikanischen Ehen mit Scheidung endet, heiraten die Amerikaner nach wie vor mit der unbeirrten Zuversicht, daß sie zur ungeschiedenen Hälfte der

Bevölkerung zählen werden. Fast der Hälfte von ihnen steht somit die Auseinandersetzung mit der Desillusionierung bevor.

Sehr oft erscheint es leichter, statt der Illusion sich selbst die Schuld zu geben. Da sich viele Menschen, die sich scheiden lassen, von der Vorstellung der idealen Ehe nicht zu trennen vermögen, richten sie den Vorwurf an sich, daß ihnen etwas fehle, weil sie nicht in der Lage sind, dem Ideal gerecht zu werden, weshalb mit ihnen etwas nicht ganz stimmen könne.

Vielleicht erwarten wir schlicht zuviel Vollkommenheit. Wenn wir statt dessen für die Unvollkommenheit Vorsorge treffen könnten, würde sich die Vollkommenheit vielleicht durch Zufall und frei von Erwartungen und Vorurteilen einstellen. Das starre Ideal der vollkommenen Ehe oder Beziehung ist ebenso wirklichkeitsfremd wie jedes andere uns inspirierende Ideal. Es täuscht die Möglichkeit vor, die Spannungen zwischen zwei Menschen, die zusammenleben und sowohl ihr eigenes als auch ihr gemeinsames Leben zu verwirklichen suchen, ließen sich ignorieren. Nur sehr bedingt wird eingeräumt, daß solche Spannungen zur Ehe gehören und ihre Bewältigung für das Reifen einer Ehe unerläßlich ist. Kurzum, Ideale wie diese bauen Erwartungen in uns auf, die unweigerlich enttäuscht werden, und untergraben die Wirklichkeit. Sie legen den Grundstein zu unserer Desillusionierung.

Die atomare Illusion. Solange unsere Ideale auf einem persönlichen Werteempfinden beruhen, können wir mit der Depression fertig werden, die entsteht, wenn sie als Illusionen enttarnt werden. Die Werte, die uns zu dem jeweiligen Ideal führten, sind immer noch vorhanden; wenn sie durch die Desillusionierung auch in Zweifel gezogen wurden, haben sie doch um so länger Bestand, wenn sie bei Licht besehen, genau überprüft und letztendlich bestätigt werden. Trotz des Gefühls der Hoffnungslosigkeit sehen wir nicht völlig verzweifelt in die Zukunft. Wir leben im schmerzlichen Bewußtsein, daß unsere Hoffnungen sich nicht erfüllt haben und es vielleicht auch nie dazu kommen wird, aber im Unterschied zur Verzweiflung schließt dies die Hoffnung an sich nicht aus.

In Wirklichkeit stellt die Depression fast so etwas wie einen Ausdruck des Vertrauens in die Zukunft dar; es besteht Hoffnung, so glaubt man, man muß nur den richtigen Zugang zu ihr finden. Das in der Depression so weitverbreitete Empfinden des »Ich-kann-nicht« ist weniger das Nichtvorhandensein des Vertrauens in die Zukunft, als vielmehr die zeitweilige Unfähigkeit, sich in der Vorstellung eine Zukunft auszumalen, ein neues »gelobtes Land« der Sehnsüchte, Wünsche und Hoffnungen, das die Leere, Sinnlosigkeit und Teilnahmslosigkeit überwindet.

Wenn durch den Verlust der Illusion jedoch alle unsere Werte in Gefahr geraten, wird die Depression nahezu unerträglich. Sie stellt alles in Frage, wofür wir leben, die einfachsten Grundvoraussetzungen, nach denen wir unser Leben ausrichten. Eine Welt ohne Werte ist eine Welt ohne Sinn, und in dieser Welt verliert auch die Depression jede Bedeutung. An ihre Stelle tritt die Betäubung.

Am deutlichsten wird dies vielleicht am Ausmaß der psychischen Massenbetäubung hinsichtlich der Gefahr einer atomaren Vernichtung. Sie sprengt die Grenzen des Denkens, erscheint uns so erdrückend, daß wir zahlreiche Schlupflöcher aufgetan haben, wie wir an der Illusion festhalten können, daß wir, was auch geschehe, überleben können und überleben werden.

Erst neulich stieß ich bei der Recherche zu einem Artikel über die Verbreitung von Atomwaffen in bisher »nicht-atomare« Länder auf jene Karten, die zeigen, was geschehen würde, wenn eine Atombombe mit der Sprengkraft von 1000 Kilotonnen TNT auf Manhattan fiele und am Times Square explodierte. Auf der Karte waren die Schadenszonen in konzentrischen Kreisen dargestellt. Die Zone des sofortigen Todes hörte knapp vor meiner damaligen Wohnung auf. Mein erster unwillkürlicher Gedanke war: »Oh, prima, ich muß mir keine Sorgen machen.« Meine zweite Überlegung hieß: »Habe ich das eben wirklich gedacht?«

Ich konnte kaum fassen, wie ich spontan reagiert hatte. Ich war vor über zwanzig Jahren bei den ersten Anti-Atom-Demonstrationen Englands in Aldermaston dabei gewesen und wußte nur zu gut, welches grausame Schicksal Menschen erwartet, die in unmittelbarer Nähe eine Atomexplosion überleben. Auf meinem Schreibtisch türmten sich Berichte und wissenschaftliche Abhandlungen über atomare Vernichtung und die Verbreitung von Atomwaffen. Aber dennoch sträubte sich etwas in mir gegen mein Wissen. Auch ich klammerte mich an die Illusion, daß ich am Leben bleiben konnte. Sterben würden andere, nicht ich.

Allein schon das Nachdenken über dieses Thema ist so bedrohlich, daß man ihm in den Vereinigten Staaten bis vor kurzem praktisch aus dem Weg ging. Das von ihm erzeugte Gefühl grundlegender Unsicherheit war einfach zu stark, als daß man sich mit ihm auseinandersetzen und sich dazu bekennen wollte. Der Psychiater Robert Jay Lifton sagt dazu: »Die Vorstellung, daß es auf jeden Fall eine Zukunft für die Menschheit gibt, wird starken Zweifeln ausgesetzt. Diese Sichtweise legt nahe, daß wir oder vielleicht unsere Kinder die letzten Menschen sein werden.

Nach uns kommt niemand, dem man etwas hinterlassen könnte. Wir sind isoliert, in der Gemeinschaft abgekapselt, eine Art riesiges Überbleibsel... Wenn wir unser Bewußtsein für die Zukunft verlieren, stellen wir unsere Vergangenheit in Frage.«

Wird unser Vertrauen in die Zukunft zerstört, gelangen wir über die Depression zur Verzweiflung. Wenn eine atomare Großkatastrophe möglich ist, kann es sein, daß nirgendwo in der Zukunft ein »gelobtes Land« liegt; es kann sein, daß überhaupt keine Zukunft stattfindet. Die Vergangenheit wird ganz und gar bedeutungslos, ganz gleich, was sie enthielt. Die Vorstellung, daß es nicht nur für einen selbst, sondern für alle nicht weitergeht, gefährdet die einfachsten Grundvoraussetzungen der Gesellschaft, der Kultur und des menschlichen Daseins.

Der Eindruck der meisten Menschen, keinerlei Kontrolle über die Verbreitung und Vermehrung der Atomwaffen zu haben, erzeugt in ihnen um so mehr das Gefühl der Verletzlichkeit und Hilflosigkeit. Die Verdrängung und das Festhalten an der Illusion des Überlebens sind die verständlichen, nichtsdestotrotz aber selbstzerstörerischen Reaktionen. Sie bieten Schutz vor der Verzweiflung, doch möglicherweise auf Kosten des persönlichen Überlebens.

Wenn man die atomare Bedrohung näher betrachtet, wird man mit einer Auffassung konfrontiert, die das Leben des einzelnen für entbehrlich hält ; man selbst wäre nur einer von Millionen Toten, ein Teil der »vertretbaren Verluste«. Jeder vernünftige Sinn, den der Tod vielleicht hat, wird dadurch beseitigt – und damit auch jeder vernünftige Sinn des Lebens. Psychische Betäubung – die sich darin äußert, daß man die Gefahr nicht beachtet, sie »rational« zu erklären versucht oder sogar Witze über sie macht – ist ein Hilfsmechanismus zum Überleben der Gefahr des Nichtüberlebens. Doch wie Lifton überzeugend darlegt, ist ein solcher Zustand in höchstem Maße krankhaft; er verleugnet die Wirklichkeit und bewirkt das genaue Gegenteil des Beabsichtigten.

Die einzig vernünftige Reaktion ist die Depression. Viele Gruppen in der Anti-Atom-Bewegung bieten schon spezielle Arbeitskreise an, wo Menschen Rat finden, die sich keine Illusionen mehr machen. Nur durch die Auseinandersetzung mit der Depression, so behaupten sie, könne der Betroffene die Entschlossenheit und den Antrieb entwickeln, auf Abrüstung und das Ende des nuklearen Rüstungswettlaufs hinzuwirken.

Auch wenn man sich dem Bewußtsein öffnet, findet häufig eine gewisse Distanzierung statt. Im Gespräch über die atomare Bedrohung hört man öfter die Äußerung »Es ist bedrückend« als »Es bedrückt *mich*«, wie wenn diese Bedrücktheit zu dem Bereich der weltlichen

Dinge gehöre, die unsere persönliche Sicherheit im Grunde nicht berühren. Die Bedrohung des Gefühls der Stetigkeit scheint zu fundamental, die logische Grundlage der atomaren Abschreckung zu unsicher zu sein, als daß sie sich direkt auf die eigene Person übertragen ließen.

In der Psychiatrie hat man in jüngster Zeit den Begriff der »therapeutischen Depression« geprägt, der eine Phase im Prozeß des Auftauchens eines Schizophrenen aus der völligen Isolation kennzeichnet. Diese Phase, so heißt es, sei begrüßenswert, da sie die Rückkehr des Gefühls und der Emotion kennzeichne; sie ist ein eindeutiges Anzeichen dafür, daß der Schizophrene sich wieder seiner Umwelt zuwendet. In gleicher Weise kennzeichnet die Depression angesichts der atomaren Bedrohung die Rückkehr des Gefühls und des Bewußtseins – das Auftauchen aus der psychischen Betäubung. Sie bedeutet, daß der Betroffene den Tatsachen endlich ins Auge sieht.

Sich einer Bedrohung zu stellen, ist der erste Schritt beim Versuch, etwas gegen sie zu unternehmen. Solange wir die Bedrohung ignorieren, verleugnen oder verdrängen, können wir nichts tun, um ihr Einhalt zu gebieten. Übermannt von Hilflosigkeit machen wir aus diesem Gefühl eine Tatsache, indem wir den Weg der Betäubung einschlagen. Wir hegen die Illusion der Unverletzlichkeit, wo doch nur der Verlust dieser Illusion und die sich daraus ergebende Depression als geistig gesund und fruchtbar angesehen werden können. Während die Betäubung die Spirale des möglichen Nichts lediglich noch weiter hinaufschraubt, ist die Depression unentbehrlich: ohne sie tappen wir blind in eine Zukunft der Verzweiflung, zu der es vielleicht gar nicht mehr kommt.

6.
In der Irre

*Sie hatte alle unsere gemeinsamen
Erinnerungen für immer verloren, und es
schien mir, als ob sie durch ihren Tod auch
mich eines Teiles meiner Persönlichkeit
beraubt hätte. Ich war daran, meine
Individualität einzubüßen. Die
Erinnerungen fielen von mir ab wie
brandig gewordene Gliedmaßen, und dies
war der erste Schritt auf dem Weg zu
meinem eigenen Tod.*

Graham Greene, *Der Ausgangspunkt*

Persönlichkeit entsteht nicht in der Abgeschiedenheit. Erst das Gesamtbild der tatsächlichen und erwünschten Erfahrung verleiht der Gegenwart Sinn und Gestalt und läßt in uns ein deutliches Gefühl für Identität entstehen. Es sorgt für Stetigkeit und ruft dadurch den Eindruck der Kontrolle hervor. Wir haben zumindest die Illusion, nicht den Launen des Schicksals oder einem gleichgültigen Gott ausgesetzt zu sein, sondern über ein gewisses Maß an Einfluß auf die Gestaltung unseres Lebens zu verfügen.

Verluste und Veränderungen stellen diesen Einfluß in Frage, so daß wir den Faden der logisch zusammenhängenden Ereignisse aufdröseln und zu einem neuen Lebensfaden verknüpfen müssen. Wir fühlen uns gefährdet, als würde alles, was unsere Persönlichkeit bisher erarbeitet hat, durch das Schicksal und äußere Umstände untergraben. Zeiten wie diese zwingen uns dazu, unseren Standpunkt neu zu bestimmen.

Oft ist nur eine kleine Korrektur des Standpunktes erforderlich. Doch manchmal fällt sie auch ziemlich einschneidend aus, vor allem bei Veränderungen im persönlichen Bereich. Der Übergang von ledig zu verheiratet oder von verheiratet zu verwitwet oder geschieden stellt einen bedeutenden Wandel in der Identität dar, vergleichbar dem Übergang vom Kind zum Jugendlichen und vom Jugendlichen zum Erwachsenen. In Zeiten wie diesen müssen wir uns zum Beispiel zweimal überlegen, was

97

wir in das Kästchen »Familienstand« von Antragsformularen einzutragen haben, gerade so, wie wir im ersten Monat eines neuen Jahres immer ein wenig zögern, wenn wir das Datum auf einen Scheck schreiben. Was im Lauf der Zeit automatisch wird, erfordert anfangs noch bewußtes Nachdenken; wir können es nicht als selbstverständlich betrachten. Ein bedeutender Teil unserer Persönlichkeit kommt uns ungewohnt vor. Wir fühlen uns in unserem neuen Selbst noch nicht ganz zu Hause. Es fehlt etwas.

Depression hat immer etwas mit einem Verlust zu tun, der unsere Identität bedroht. Angesichts des Verlusts fühlen wir uns verloren. Wenn wir uns mitten in einem Prozeß der Veränderung und Neuordnung befinden, wenn unser Leben auf irgendeine Weise erschüttert wurde, wenn gerade die Welt für uns zusammengebrochen ist oder uns der Boden unter den Füßen weggezogen wurde – wenn wir alles, was uns bisher lebenswert erschien, plötzlich in Zweifel gezogen, unter dem Schock des Neuen begraben oder in Nichts aufgelöst sehen – stehen wir da, wie vom Donner gerührt. Wir werden sozusagen aus der Lebensbahn geworfen. Der rote Faden ist gerissen.

Ganz so einfach ist es freilich nie gewesen. Der rote Faden im Leben eines jeden von uns ähnelt weniger einer hübsch geraden Linie als einem abgenutzten und fast schon zerschlissenen Seil, voller Knoten an den Stellen, wo es ausgefranst war und ungeschickt wieder verknüpft wurde, wie wenn ein nervöses Kind damit gespielt hätte. Zuweilen kommt es einem vor, als hätten alle diese Knoten keinerlei Sinn; der Faden scheint nirgendwohin zu führen. Manchmal kann es die Gestalt eines so unbestimmten und doch bohrenden Gefühls wie das der Orientierungslosigkeit annehmen.

Vor kurzem fühlte sich Liz Prentice zum Beispiel eigenartig verwirrt und niedergeschlagen. Sie führte allem Anschein nach fast ein Leben wie im Märchen – einen Filmemacher zum Mann, das Aussehen eines *Vogue*-Mannequins, zwei blondhaarige, hübsche Kinder und eine mit Büchern und Kunstgegenständen vollgestopfte Luxuswohnung, sonnendurchflutet und licht, mit Ausblick auf den Central Park in Manhattan. Doch während ihr Mann in seinem Beruf höchst erfolgreich war, fühlte sich Liz zurückgesetzt. Vor einigen Monaten hatte sie ein gelungenes Kunstfestival auf die Beine gestellt, doch dann wußte sie lange Zeit über nicht, was sie danach tun sollte. Schließlich hatte sie die Aufgabe einer Vermittlerin von Kunstmäzenen übernommen, doch diese Stelle war speziell für sie geschaffen worden, und sie hatte den Eindruck, daß sie zu wenig Substanz hatte, zu unklar in der Zielsetzung war.

»Das ist das Problem«, erklärte sie am Frühstückstisch, während sie eine Grapefruit aus der Schale löffelte. »Diese Aufgabe umfaßt nichts Konkretes, und ich weiß nicht, welchen Weg ich einschlagen soll. Ich finde mich bei dieser ganzen Sache einfach nicht mehr zurecht. Ich habe Depressionen deswegen, und meiner Ansicht nach liegt der Grund für diese Depressionen in der Konfrontation mit der Leere, die von meiner Unentschlossenheit herrührt.«

Sie seufzte und schob die Grapefruit von sich. »Es liegt wohl auch daran, daß ich Angst habe – Angst, einen entscheidenden Schritt vorwärts zu tun und diese Aufgabe nach meinen Vorstellungen zu gestalten. Das erfordert Mut, ist schwer und in gewisser Hinsicht auch riskant – falls ich es nämlich nicht schaffe. Ich bin mir darüber im klaren, daß ich es tun sollte, aber ich sehe einfach keinen Sinn darin. Warum sollte ich mir soviel Mühe machen? Und so sitze ich einfach hier herum und leide statt dessen an Depressionen... Ich komme mir irgendwie haltlos vor, wie wenn nichts wirklich Bedeutung hätte.«

Ohne verläßliches Gefühl für Gestalt, Inhalt und Richtung wußte sie nicht, was sie tun sollte. Gegen ihren Willen dazu gezwungen, die Grundlage ihres Lebens in Zweifel zu ziehen, stand sie der unangenehmen Aufgabe gegenüber, ihm wieder Sinn und Zweck zu verleihen. Unterdessen betrachtete sie ihr eigenes Ich und ihr Leben jedoch mit einer gewissen Voreingenommenheit, da ihr der letzte Rest von Identität entglitten war.

In unserer Vorstellung erscheinen wir in mancher Beziehung größer als wir eigentlich sind. Liebe und Hoffnung, Glaube und Erwartung, Sicherheit und Wille wirken alle zusammen, um uns Wohlbehagen oder zumindest den Eindruck zu vermitteln, daß unser Dasein in gewisser Hinsicht einen Sinn hat. Wir leben nicht in »der« Welt, sondern in »einer« Welt, die sich jeder individuell zusammenschustert. Aus dieser Welt stammt das »Ich«-Empfinden. Das Gefühl, man selbst zu sein, einzigartig und wichtig, hängt von der Ausblendung des Bewußtseins ab, wie groß die Welt in Wirklichkeit ist und welch verschwindend geringen Platz wir auf ihr einnehmen. Wir machen uns nie ganz von der kindlichen Vorstellung frei, die Welt drehe sich um uns und unsere persönliche Welt sei »die« Welt.

Ein Verlust stellt diese Überzeugung zuweilen mit unvermittelter Heftigkeit in Frage. Wenn die Gegenwart sinnlos erscheint, fällt es schwer, sich einen Sinn für die Zukunft auszumalen. Während der Depression betrauern wir den Verlust von etwas oder jemandem, durch den oder die unser Leben einen Sinn erhielt. Und wir sehen uns nach einem

Ersatz um. Aber neuer Sinn gründet sich auf den Verlust des alten; ehe wir ihn folglich gestalten können, müssen wir uns der qualvollen Aufgabe stellen, den Verlust, dem wir ausgeliefert sind, in allen seinen Dimensionen, den konkreten ebenso wie den abstrakten, in voller Tiefe auszuloten.

Das ist leichter gesagt als getan. Wie sollen wir uns mit dem Verlust abfinden, ohne dabei den verlorenen Menschen oder die verlorene Eigenschaft zurückzuweisen und damit auch den Teil unseres Selbst, der Sinn in ihnen fand? Fast wird es zu einer Frage der Treue zu der Vergangenheit. Allein schon die Vorstellung eines Lebens ohne den geliebten Menschen, der gestorben ist oder uns verlassen hat, erscheint uns als ein Treuebruch gegenüber diesem Menschen. Und die Vorstellung eines Lebens ohne ein vormals hochgeschätztes Ideal erscheint uns als Treuebruch gegenüber dem eigenen Selbst, denn wenn der Verlust etwas Abstraktes ist – also kein Mensch oder eine Sache, sondern eine Vorstellung, ein Gefühl oder eine Eigenschaft unseres Lebens, die wir bisher für selbstverständlich hielten, ohne sie jemals genau festzulegen –, dann kommt es uns so vor, als hätten wir uns selbst verraten. Da wir nicht in der Lage sind, einen Verlust dieser Art genau zu bestimmen, jedoch die durch ihn entstandene Leere empfinden, befürchten wir, daß mit uns wirklich »etwas nicht ganz stimmt«.

Orientierungslosigkeit, der Verlust eines Ideals oder einer Herausforderung, der Verlust von Macht, der Verlust von Leitlinien oder eines Gefühls des Verwurzeltseins – auf unserem Weg durch das Leben werden wir mit jeder von diesen Verlustarten konfrontiert, und viele weitere kommen noch hinzu. Sie sind die Grundelemente, die unserem Leben eine Struktur verleihen, das A und O des inhaltsreichen und vielschichtigen Buches unserer persönlichen Lebensgeschichte. Ohne sie fühlen wir uns leer und deprimiert. Aber dieses Gefühl der Leere ist ein wesentlicher Bestandteil der Bewältigung eines Verlusts. Was sich wie Nichts anfühlt, gehört in Wirklichkeit zu einem Heilungsprozeß.

Aus dem Inneren kann sich so lange nichts mehr entwickeln, bis das bereits Entwickelte abgesondert ist. Wir müssen uns sowohl psychisch als auch physisch davon verabschieden. Dies muß nicht unbedingt eine Ablehnung der Vergangenheit bedeuten; es bedeutet vielmehr die Anerkennung einer Trennung.

Erinnerungen können herzliche Gefühle erzeugen, doch der Abschied, der Gegenwart in Vergangenheit verwandelt, ist alles andere als ein süßer Kummer. Es ist gerade so, wie wenn ein Stück der eigenen Persönlichkeit verlorenginge. Wir alle haben die traurige Leere erlebt, die selbst der unbedeutendste Abschied in uns hinterläßt – während wir zum Beispiel das Flugzeug abheben sehen oder nach Abfahrt des Zuges vom Bahnsteig gehen (Filmregisseure lieben diese Szene heiß und innig). Diese Empfindung setzt sich aus vielen Komponenten zusammen – man fühlt sich verlassen, entwurzelt und irgendwie unkonzentriert und labil. Das Leeregefühl, das dem zugrunde liegt, ist jedoch von entscheidender Bedeutung.

Wenn man »ausgefüllt« ist, bleibt für neue Dinge, neue Beziehungen oder neue Verpflichtungen kein Freiraum mehr. Alle Kräfte sind sozusagen gebunden. Wenn dieser Bindung die Grundlage entzogen wird, sei es allmählich oder plötzlich, freiwillig oder nicht, stellt die dadurch entstandene Leere die Voraussetzung für eine neue Bindung dar, ob nun der Liebe, des Glaubens, der Hoffnung, der Treue oder des Vertrauens.

Am besten, wir stellen uns einen Acker vor, der alle paar Jahre eine Zeitlang brachliegen muß. Wenn man ihn zu früh wieder anpflanzt, wird der Boden verbraucht und ausgelaugt. Die meisten auf einem solchen Boden angebauten Saaten werden ertragsarm und verkrüppelt bleiben. Der Boden braucht Zeit, um sich zu erholen und seine natürlichen Nährstoffe wiederzugewinnen. In gewisser Weise verhält es sich bei uns genauso.

Ohne Leere gibt es kein Ausgefülltsein, so wie es keinen Tag ohne Nacht geben kann. Der biblische Schöpfungsbericht beschreibt die Erde als »wüst und leer« – Tohuwabohu –, womit anarchische Unordnung gemeint ist, ein Zustand, wo man sich auf nichts mehr verlassen kann und es weder Sinn noch Verstand gibt. Folglich war die Schöpfung ein Prozeß des Schaffens von Ordnung. Im Chaos kann die Leere nicht ausgefüllt werden, denn das Chaos zehrt von der Leere und verschlimmert sie noch.

In unserem Leben entwickelt sich die Erzeugung neuen Sinns und neuer Bedeutung aus der Depression. Verluste zwingen uns dazu. Aber es braucht seine Zeit; wir können den Vorgang nicht beschleunigen. Es gibt keine Patentlösung dafür. Nichts klappt ganz so, wie es den Fachbüchern und Theorien über Depressionen zufolge eigentlich sollte. Es bleiben immer Nachwirkungen, immer einzelne Rückfälle, die überwunden, kleinere Abschiede, die durchgestanden werden müssen, bis wir schließlich, nach vielen Wochen, Monaten oder gar Jahren erkennen, daß wir die Vergangenheit bewältigt haben.

Heute, wo ich das schreibe, sind zum Beispiel vier Jahre vergangen, seit ich vom Nahen Osten in die Vereinigten Staaten umzog – und drei Monate nach dem Umzug in eine schwere Depression verfiel. Aber sosehr ich heute auch glaube, sie überwunden zu haben, bin ich mir doch immer bewußt, daß diese Bewältigung bis zu einem Grade oberflächlich bleibt. Es gibt immer noch Gelegenheiten, wo die Vergangenheit schmerzhaft an der Gegenwart nagt, wo ich New York betrachte und mich nach Jerusalem sehne. Und dies trifft meiner Meinung nach auf viele solche Trennungen zu. Manche mögen dies als Heimweh bezeichnen, doch ich halte es für viel mehr als das: vielleicht kann man sich gar nicht vollkommen mit der Vergangenheit abfinden. Auch dabei müssen wir uns mit Unvollkommenheit zufriedengeben.

Inzwischen bin ich mir im klaren, daß die Depression, die ich damals durchlebte, im Grunde eine Heilung war – ein langwieriges Abfinden mit den mannigfaltigen Verlusten von Liebe und Freunden, Vertrautheit und Lebensstil, Heimat und Umfeld. Ohne sie hätte ich physisch an einem und psychisch an einem anderen Ort gelebt, hin- und hergerissen zwischen diesen beiden – was ich tatsächlich auch eine Zeitlang war – und ohne ganz an dem einen oder anderen bleiben zu können. Mein persönliches Identitätsgefühl – daß ich zu einer bestimmten Zeit an einem bestimmten Ort lebe, arbeite, dort hingehöre und mein Dasein an diesem Ort Sinn und Zweck hat – wäre gänzlich untergraben worden.

Jede Alltags-Depression erfüllt im Grunde den gleichen Zweck: sie ist ein Gesundungsprozeß von der Wunde des Verlusts und der quälenden Herausforderung des Selbstgefühls, die dieser Verlust zur Folge hat. Wenn wir gegen sie ankämpfen, sie verleugnen oder verdrängen, dann verlängern wir die Depression nicht nur, sondern hindern sie auch an der Erfüllung ihrer Funktion.

TRAUER UND MELANCHOLIE. Bei Verlust denken wir normalerweise immer gleich an das Schlimmste, den Tod von jemandem uns Nahestehendem. In Wirklichkeit ist die Bandbreite dessen, was Menschen verlieren können, aber riesengroß: Liebe, den Arbeitsplatz, das vertraute Umfeld oder die Heimat, Ideale, Hoffnung oder Aussicht, Glaube oder Vertrauen... So wie wir in der Trauer den physischen Verlust von jemandem beklagen, so müssen wir in der Depression einen symbolischen Verlust beklagen.

Die Depression als Form von Trauer zu betrachten, mag anfangs wie eine Leugnung der Auswirkungen eines Todes wirken, als ob der Tod eines Ehepartners sich mit der Abfuhr eines Teenagers bei dem oder der Angehimmelten vergleichen ließe. Es ist natürlich ein großer Unterschied, ob ein Mensch aus dem Leben eines anderen oder ganz aus dem

Leben tritt. Aber wenn jemand stirbt, trauert man nicht nur um den Menschen, sondern auch um sich – um die Leere des eigenen weiteren Daseins ohne diese Menschen. Nicht anders in der Depression, während der wir die Sinnlosigkeit des eigenen Selbst betrauern, die durch eine gescheiterte Liebe oder eine unbewältigte Aufgabe entsteht. Wenn wir keinen Sinn mehr sehen und keine Zufriedenheit empfinden, trauern wir um uns selbst. Wir tun dies jedoch nicht aus Selbstmitleid, sondern weil wir uns auf den Verlust der Quellen des Sinns und der Zufriedenheit einstellen müssen, ehe wir bereit sind, neue zu suchen.

Wir sind bekümmert, weil wir uns der eigenen Identität beraubt fühlen. In diesem Kummer sind wir ichbezogen, wenn auch nicht unbedingt im negativen Sinne; das Ich ist schließlich der Ausgangspunkt unserer Welterfahrung.

Als Freud in seiner Abhandlung *Trauer und Melancholie* den Begriff der »Trauerarbeit« einführte, stellte er dem normalen Vorgang des Trauerns den anormalen Zustand der schweren Depression gegenüber. Freud gebrauchte das Wort »Trauer« in viel weitreichenderem Sinne als wir heute; er definierte sie als »die Reaktion auf den Verlust einer geliebten Person oder einer an ihre Stelle gerückten Abstraktion wie Vaterland, Freiheit, ein Ideal usw.«.

Aber Vaterland, Freiheit und Ideale nehmen nicht unbedingt die Stelle einer geliebten Person ein. Wir können einen anderen innig lieben und »abstrakten« Dingen wie diesen dennoch großen Wert beimessen. Im Grunde wollte Freud lediglich sagen, daß wir nicht nur den Verlust eines Toten betrauern, sondern auch den Verlust von allem, Konkretem oder Abstraktem, Materiellem und Immatriellem, mit dem wir uns stark verbunden fühlen oder das von besonderer Bedeutung für unser Leben war.

»Bei der Trauer ist die Welt arm und leer geworden, bei der Melancholie ist es das Ich selbst«, fährt Freud fort. Doch gerade seine stilistische Eleganz komplizierte den Sachverhalt. »Welt« und »Ich« sind wesentlich enger verflochten als seine Formulierung glauben macht. Jeder von uns lebt in einer eigenen Welt – der Welt, die wir wahrnehmen, die uns interessiert und an der wir Anteil nehmen. Das Selbst und die Welt verhalten sich in unserem Identitäts- und Bezugssystem symbiotisch zueinander. Um den psychoanalytischen Begriff zu verwenden, wir nehmen eine »Einverleibung« vor – wir unterstellen Besitz durch die Verwendung von Ausdrücken wie »mein Mann«, »mein Vaterland«, »meine Vorstellungen« oder »meine politische Überzeugung«. Die Feststellung, daß ein sehr unsicherer Mensch materiellem Besitz in der Regel übermäßig große Bedeutung zumißt, ist inzwischen zu einem Gemeinplatz geworden. Aber sonderlich sicher sind wir alle nicht, und jeder von uns mißt allerlei weniger greifbarem, symbolischem Besitz große Bedeutung zu, weil er zu den Dingen gehört, mit denen wir uns charakterisieren und unseren Standpunkt gegenüber der Welt im großen und ganzen festlegen.

Wenn ein Teil unserer Persönlichkeit, der uns charakterisiert, aus irgendeinem Grund verlorengeht, stellt dies eine ernste Gefahr für unser Identitätsgefühl dar. Was sie bisher für selbstverständlich hielten, steht nun in Frage. Wir haben den Eindruck, selbst zu einem großen Fragezeichen geworden zu sein. Unsere gesamte Kraft wird in diesem Fall zur Begegnung dieser Gefahr von unserem Inneren beansprucht und fließt in die Trauer ein, um dieses Problem zu lösen und eine Möglichkeit zu finden, eine neue Identität aufzubauen, die mit den veränderten Lebensumständen besser übereinstimmt. Wenn diese Aufgabe zufriedenstellend bewältigt wird, gehen wir aus der Depression mit einem erneuten Gefühl für Identität und Sinn hervor.

Der Soziologe Peter Marris beschreibt diesen Vorgang sehr anschaulich:»Die Überwindung des Kummers hängt davon ab, wieder den Eindruck zu gewinnen, daß die verlorene Bindung der Gegenwart noch immer Sinn verleihen kann . . . Es läßt sich nicht einfach als rationaler Lernprozeß betrachten, bei dem es darum geht, sich mit etwas abzufinden und den Kummer eben zu ertragen. Die vordringlichste und wichtigste Aufgabe ist die eigentliche Bewältigung des Kummers, denn die Trauernden sind erst dann wieder imstande, Methoden zu erlernen, wie sie ihre Lage in den Griff bekommen können, wenn sie dieses Problem in Angriff genommen haben.«

Dazu ist Kraft erforderlich, so daß es kein Wunder ist, wenn deprimierte und trauernde Menschen erschöpft sind. »Auch wenn es sich um einen geringfügigen Verlust handelt«, sagt Marris, »erzeugt das Gefühl der Orientierungslosigkeit und die Erfahrung, einen Teil des Lebenssinnes sich in Nichts auflösen zu sehen, bohrende Angst. Ignoriert man diesen leichten Kummer, bringt er einen meiner Ansicht nach auf unterschwellige Weise vielleicht mehr aus der Fassung als nötig. Ein Umzug oder ein Wechsel des Arbeitsplatzes kann zum Beispiel dazu führen, daß man enge Beziehungen zu Nachbarn, Kollegen oder einer Clique Gleichgesinnter abbrechen muß, und wenn die neue Wohnung oder der neue Arbeitsplatz vielleicht auch besser ist, schließt dies nicht das Bedürfnis aus, den Verlust zumindest ein bißchen zu betrauern.«

Häufig werden uns solch einschneidende Veränderungen von außen aufgezwungen. Ein Partner kann uns aus eigenem Entschluß verlassen, nicht weil wir es wollen; eine neue Stelle erfordert vielleicht einen Umzug; wir können entlassen werden. In solchen Fällen ist der Verlust um so schwerer zu bewältigen, weil durch ihn gleichzeitig auch unser Gefühl in Frage gestellt wird, daß wir alles im Griff haben. Neben dem Verlust des Partners, der Wohnung oder des Arbeitsplatzes haben wir obendrein noch die Gewalt über unser Leben verloren. Uns bleibt nur der quälende Gedanke an das »Wenn-doch-nur« – wenn wir uns doch nur mehr Mühe gegeben hätten, doch nur jünger gewesen wären, doch nur mehr gearbeitet, doch nur mehr Entgegenkommen gezeigt, doch nur nicht so oft nachgegeben hätten... Wir weichen der Verantwortung für unser Leben nicht aus, wie so viele der neuen »Übungs-Therapien« behaupten. Im Gegenteil, in vielen Fällen halten wir uns zu sehr für uns verantwortlich.

Die Illusion, daß wir das eigene Leben im Griff haben, wirkt sowohl stärkend als auch schwächend: stärkend dadurch, daß sie die Stürme des Schicksals in Schach hält (eben jene Stürme des Schicksals, die es den griechischen Dramatikern der Antike ermöglichten, einige der grundlegendsten menschlichen Dilemmata zu artikulieren), und schwächend durch die in der Folge auftretende Angst, wir könnten die Kontrolle verlieren. Diese Angst macht die Bewältigung von Verlusten so schwer und uns so unempfänglich für Veränderungen.

Uns bleibt natürlich gar nichts anderes übrig, als uns zu verändern. Der Wandelt ist eine treibende Kraft des Lebens. Wir entwachsen der Kindheit und werden Jugendliche, ziehen von Zuhause aus, absolvieren unsere Ausbildung, treten in einen Beruf ein, heiraten, haben Kinder, bauen ein Haus und sehen zu, wie die Kinder hinaus in die Welt gehen... Aus der Jugend treten wir ins Erwachsenenleben, aus dem Erwachsenenleben ins Alter. Das Älterwerden an sich ist Wandel; Zeit ist Wandel. Aber selbst wenn uns der Wandel angenehm ist, büßen wir dabei immer etwas ein – vielleicht die Jugend, die Vertrautheit oder die Unschuld.

In Zeiten wie diesen fühlen wir uns durcheinander und sogar verängstigt. Es ist gerade so, als könnte man sich auf nichts mehr verlassen, als hätten wir keinen festen Boden mehr unter den Füßen. Wie Liz Prentice vom Anfang dieses Kapitels fühlen wir uns haltlos in unserem neuen Selbst.

Martin Lucas empfand dies zu seiner Verwunderung kurz nach Antritt seiner neuen Stelle als Juniorpartner einer angesehenen Anwaltskanzlei, die er seit seinem Abgang vom College angestrebt hatte. »Es liegt nicht daran, daß ich nichts von meiner Arbeit verstehe«, sagt er.

»Das ist nicht das Problem. Aber ich komme mir vor... wie wenn ich mir nicht ganz sicher wäre, was von mir erwartet wird, nicht sicher, wie ich die Sache anpacken soll. Ich habe den Eindruck, fürs erste in der Luft zu hängen, und das ist nicht leicht. Nichts bietet einem einen Halt.«

Seine Gefühle sind denen des Theologen C. S. Lewis nicht unähnlich, der den Kummer nach dem Tod seiner Frau mit den Worten beschrieb: »Kummer ist nach wie vor ein Gefühl wie Furcht. Genaugenommen vielleicht eher wie Ungewißheit. Oder wie Warten; man lungert einfach herum und wartet darauf, daß etwas geschieht. Es verleiht dem Leben den Charakter eines ständigen Provisoriums. Etwas anzufangen scheint sich nicht zu lohnen. Ich komme nicht zur Ruhe.«

Wie der Verlust auch aussehen mag, wir können den Blick nicht eher auf die Zukunft richten, bis wir die Vergangenheit betrauert haben. Trauer ist der Weg, wie wir den Wandel bewältigen können. Wenn wir vor ihr fliehen oder ihr ausweichen, bleiben wir dadurch lediglich der Vergangenheit verhaftet und büßen die Fähigkeit zum Handeln in und zum Vergnügen an der Gegenwart ein.

DIE FLUCHT IN DIE SACKGASSE. Wenn wir uns dagegen sperren, den Wandel zu akzeptieren, verdummen wir; wenn wir nicht trauern wollen, schneidet uns der unbewältigte Kummer jeden Ausweg ab, und wir werden zu Opfern der eigenen eingestandenen Emotion.

Auf kurze Sicht erscheint es oft einfacher, Verluste zu unterdrücken und zu verleugnen, statt sich dem quälenden Prozeß der Ausgleichung zu unterziehen. Viele wollen sich sogar einreden, sie bräuchten sich einfach nur nicht mit dem Verlust abzufinden, um ihn ungeschehen oder noch reversibel zu machen. »Im Grunde liebt er mich immer noch«, sagt eine junge Frau, deren früherer Freund gerade die Absicht bekanntgegeben hatte, eine andere zu heiraten. »Ich weiß es. Nur aus Stolz und vielen anderen Gründen glaubt er, daß er sie heiraten muß und nicht zu mir zurückkommen kann. Sie werden sehen, das geht nicht gut mit den beiden.« Sie hatten sich vor über einem Jahr getrennt, aber sie wollte sich noch immer nicht damit abfinden – und war während dieser Zeit natürlich auch außerstande gewesen, eine neue Beziehung anzuknüpfen.

Falsches Pathos und eine gewisse Albernheit sind die Kennzeichen derjenigen, die in der Gegenwart beharrlich wie in der Vergangenheit leben. Die übertriebene Härte des Soldaten außer Dienst, die Jungmädchenhaftigkeit einer älteren Frau, die stets bei der Männerwelt um Beifall heischte, der weinerliche Egoismus eines jungen Mannes, der als Kind zu sehr verwöhnt wurde – derlei Affektiertheiten weisen auf ein schrittweises Absterben der Persönlichkeit hin, ein Festhalten an einer überholten Identität aus Angst vor der Suche nach der jetzigen.

Das Problem wurzelt zum Teil darin, daß wir keine Trauerrituale mehr haben. Für symbolische Trauer hatten wir noch nie welche, aber selbst die zur Betrauerung des Todes verlieren in einer weltlichen Gesellschaft immer mehr an Boden. Trauer macht uns verlegen, Depressionen sogar noch mehr, als ob die von Freud verordnete Trauerarbeit kein wichtiger und anspruchsvoller Vorgang des Aufgebens und Sichlösens sei, sondern bloß eine sündhafte Verschwendung von Gefühlen.

»Wenn wir nicht trauern können, können wir auch nicht leben«, sagt Peter Marris, »die diffuse Belastung des uneingestandenen Kummers zerstört unsere Toleranz und unsere Achtung vor dem Leben.« Aber wie sollen wir trauern können, wenn selbst bei Begräbnissen die Trauernden dafür bewundert werden, daß sie »Haltung zeigen« und eben nicht weinen oder zusammenbrechen?

Es entbehrt nicht einer gewissen Ironie, daß die traditionellen Religionen, gegen die häufig der Vorwurf des Reaktionären erhoben wird, gerade diese Achtung vor dem Leben fördern, indem sie der Trauer einen Platz zuweisen und Ausdrucksformen für sie anbieten, wenn auch nur für die Trauer über den Tod. Eine katholische Totenmesse verleiht privater Trauer öffentliche Anerkennung. Die traditionelle Totenwache ist eine Zeit, die dem Andenken des Verstorbenen gewidmet ist, und ruft Emotionen, Tränen und Erinnerungen hervor. Das jüdische Schiwa-Sitzen schreibt eine siebentägige ununterbrochene Trauerzeit vor; denjenigen, die mit den Hinterbliebenen wachen, ist es dabei untersagt, sie im Sinne einer versuchten Aufmunterung zu trösten – ihre Aufgabe ist es, die Trauer zu bestärken und an ihr teilzuhaben, nicht sie zu mildern.

Mit jeder Trauer ist ein zweifacher Prozeß der Trennung und des Fortbestands verbunden. Man muß die Trennung anerkennen, gleichzeitig aber auch den Fortbestand gewährleisten – das Verlorene muß Eingang in die Erinnerung finden. Es geht nicht ums Vergessen, sondern um eine Verlagerung der persönlichen Bedeutung von der Gegenwart auf die Vergangenheit; diese Vergangenheit gilt es dann in Erinnerung zu behalten, statt sie als etwas in quälender Nähe der Gegenwart Stehendes oder im Bereich des Möglichen Liegendes zu betrachten.

Was man auch immer von Geistern halten mag, der symbolische Charakter von Geistererscheinungen liegt auf der Hand: nicht der Geist findet keine Ruhe, sondern die, die den Geist sehen. Der Tote spukt nicht vor ihren Augen, sondern in ihren Köpfen herum, und so klammern sie sich an die Vorstellung seines weiteren Vorhandenseins in Gestalt eines Geistes. Der Geist wird somit zu ihrem eigenen Geist – dem Geist jenes Teils ihrer Persönlichkeit, der ihrem Empfinden nach mit dem Toten verlorenging.

Jeder hat solche Geister – Teile unseres Selbst, mit denen wir nie ins Reine kamen. Verpaßte Gelegenheiten, vergeudete Jugend, verlorene Ideale, unerhörte Liebe – dies sind die wesenlosen ungreifbaren Gespenster der Vergangenheit. So wie die Geister der Toten müssen sie durch Trauer zur letzten Ruhe gebettet werden, andernfalls verfolgen sie uns weiter mit ihrem Spuk.

Die komplizierte Mischung aus schmerzlichem Verlust, Depression, Trauer und Identität wird besonders deutlich in der Geschichte von Alice Martins, die eine schwere Depression durchlief, nachdem ihr Haus abbrannte. Sie erinnert sich, daß ihre Kinder bei Freunden übernachteten, aber das war auch das einzige Glück jener Sommernacht. Im übrigen war es eine reine Katastrophe. Ihr und ihrem Mann blieb nichts anderes übrig, als in einiger Entfernung zuzusehen, wie ihr gesamter Besitz ein Raub der Flammen wurde.

»Mir war klar, daß ich Glück hatte, überhaupt noch am Leben zu sein«, entsinnt sie sich, »aber es nützte rein gar nichts, daß man mir das von verschiedener Seite immer wieder ins Gedächtnis rief. Ich erinnerte mich nur, daß ich zugesehen hatte, wie sich alles in Rauch auflöste. Heute weiß ich, daß ich schon dort, am Ort des Geschehens, die Dinge verwechselte. Der Anblick, wie meine ganze Vergangenheit, alles, was wir angesammelt und aufgebaut hatten, in Flammen aufging, wirkte auf mich, wie wenn ich mich selbst in Rauch aufgelöst und mir dabei zugesehen hätte. Ich kam mir so vergänglich und unwirklich vor wie die in Flammen stehenden materiellen Dinge meines Lebens. Ich hatte das Gefühl, als würde ich mich mit ihnen in Nichts auflösen. Ich weiß noch, wie ich dachte: ›Was bleibt noch? Nichts bleibt mehr.‹ Es war gerade so wie richtige Trauer.«

Anfangs erschien dies wie eine normale Reaktion auf den Verlust, doch Alice verfolgte dieses quälende Gefühl, daß nichts mehr bliebe, obwohl sie und ihr Mann rasch ein neues Haus fanden. Aus Wochen wurden Monate, und sie war immer noch deprimiert. Falls sie wirklich den Verlust ihres Hauses betrauerte, lag hier eindeutig eine übertriebene und anormale Reaktion vor.

Erst als sie schließlich einen Therapeuten aufsuchte, wurde ihr das eigentliche Ausmaß ihrer Trauer bewußt: zwei Jahre vor dem Brand des

Hauses war ihr Vater gestorben, doch weil sie zu sehr mit inneren Qualen ihres Fachbereichs beschäftigt war – sie unterrichtete an einem College –, hatte sie sich nicht die Zeit genommen, angemessen um ihn zu trauern. Damals war sie sogar von allen bewundert worden, wie gut sie »es aufgenommen« hatte, und auch sie selbst war ziemlich stolz darauf gewesen. Folgendes war geschehen: das Gefühl der Zerbrechlichkeit des Lebens, das sie in der Nacht des Feuers übermannte, hatte die unbewältigte Trauer um ihren Vater wachgerufen und die gelassene Schein-Abfindung mit seinem Tod zusammenbrechen lassen.

Trauer kann ihren Zweck nur dann erfüllen, wenn man sich im klaren ist, um wen oder was man trauert. Jede Trauer erfordert einen Bezugspunkt; sie muß bewußt erfolgen. Sobald sie den Zusammenhang erfaßt hatte, konnte Alice erkennen, daß sie immer noch um ihren Vater trauern mußte und erst dann, wenn sie das tat, die unangemessene Trauer um das Haus überwinden konnte.

Häufig übertragen Menschen ihre Gefühle auf einen »gefahrlosen« Gegenstand, um dadurch der Auseinandersetzung mit der eigentlichen Ursache aus dem Wege zu gehen. Wenn wir nicht bereit sind, zur angemessenen Zeit zu trauern, laufen wir Gefahr, eines Hunds oder Vogels wegen in eine lange und schwere Depression oder Trauer zu verfallen. Vielleicht werden wir aber auch völlig überrumpelt, wie es Julie Porter ging, als sie eines Tages bei einem gemeinsamen Essen mit mir darüber klagte, daß sie am vergangenen Wochenende ohne jeden Grund eine Depression bekommen hatte, die noch immer anhielt.

Zuerst erschien es unerklärlich. In ihrem Leben lief alles ganz prima. Sie übte einen angesehenen und gutbezahlten Beruf aus, der ihr Spaß machte, brachte Schwung in jede Party und hatte ein so ausgefülltes Privatleben, daß man sie selten in ihrer Wohnung antraf. Als wir jedoch beim Kaffee angelangt waren, sprach sie von einem Verhältnis, das vor einem Jahr zu Ende gegangen war. Es hatte drei Jahre gehalten, und sie konnte sich nach wie vor nicht damit abfinden, daß es vorbei war – sie sann sogar immer noch auf Mittel und Wege, wie sie es wiederaufleben lassen könnte.

Mir kam der Gedanke zu fragen, wann genau die Trennung denn erfolgt war. Julie dachte einen Augenblick nach, dann sagte sie: »Komisch. Jetzt wo du fragst, letztes Wochenende war es genau ein Jahr her.« Sie lächelte ein wenig schüchtern. »Für einen Zufall klingt das wohl zu plausibel.«

Man nennt das die »Jahrestags-Depression«, und viele erleiden sie ganz unvermittelt. Auf der bewußten Ebene können wir die Erinnerung vielleicht verdrängen, was an einem bestimmten Tag des vergangenen Jahres oder auch vor vielen Jahren geschah. Das Unterbewußte erinnert sich jedoch. Stößt es dabei auf unbewältigte Trauer, äußert sich diese in Form einer Depression und beansprucht den ihr zustehenden Platz in unserem Gefühlsleben.

DER LIEBESVERLUST. Der Verlust eines geliebten Menschen durch den Tod kann in vielerlei Hinsicht leichter zu betrauern sein als der Verlust durch eine Trennung. Der Tod betont die physische Endgültigkeit. Weder bewußt noch unbewußt kann ein Rest von Hoffnung bleiben, der Verlust könne rückgängig gemacht werden. Doch wenn eine Ehe oder eine feste Beziehung auseinanderbricht, besteht nur allzu häufig die verzweifelte Hoffnung, man könnte sie retten und wieder kitten, so unwahrscheinlich es auch sein mag. Diese Hoffnung steht der Trauer entgegen. Da wir einfach nicht wahrhaben wollen, daß etwas vorbei ist, wollen wir auch nicht trauern. Die Folge davon ist nur, daß wir uns ausweglos in die eigene Vergangenheit verrennen. Weil wir außerstande sind, uns von einer früheren Liebe zu befreien, können wir keine Liebe in der Gegenwart finden. Aber unserer Meinung nach kann ohnehin nichts so wunderschön, »mustergültig« und ideal wie diese besondere Beziehung sein. Vom Standpunkt des verlassenen Partners aus birgt jede Liebesbeziehung die Möglichkeit in sich, ideal zu sein.

»Das ist doch völlig unlogisch«, behauptet Maria Marshall steif und fest, wobei sie mit der Faust in die Kissen auf dem Sofa schlägt. »Wir paßten so gut zusammen. Es ist ein Jammer. Alles war wunderschön, aber plötzlich...« Ich rief ihr in Erinnerung, daß dies schon ein paarmal geschehen war, und wenn es nun auch so aussah, als sei endgültig Schluß, hatte ihr Verhältnis nicht nur aus eitel Sonnenschein bestanden. Es hatte Tränen und Streit gegeben, kürzere Trennungen und überschwengliche Versöhnungen mit noch mehr Tränen. Nur ein Masochist konnte sich so eine ideale Beziehung vorstellen. Aber Maria beharrte darauf, daß ihre Beziehung alle Voraussetzungen zur Vollkommenheit gehabt hatte. Und sie fragte sich, was sie jetzt tun sollte.

»Wir hatten nur einen gemeinsamen Bekanntenkreis, wir unternahmen alles zusammen. Und was nun? Unsere Freunde sind auch alles Paare. Für ihn ist es ein Kinderspiel, eine andere zu finden« – an dieser Stelle fängt sie wieder zu weinen an – »aber für eine Frau ist das etwas anderes. So einfach ist das nicht. Mein ganzes Privatleben drehte sich schließlich nur um ihn. Was soll ich jetzt also tun?«

Nicht nur die Liebe war gescheitert; auch alles, was mit ihr zusammenhing, war verlorengegangen. Nun fühlt sich Maria isoliert und schrecklich einsam. »Mit wem soll ich jetzt segeln gehen?« fragt sie. »Ich werde gar nicht gehen können. Mit wem soll ich im Sommer ins Wochenende fahren? Es wird niemand da sein; ich werde in der Stadt festsitzen. Bedeutet dies, daß ich nun die Bars für Alleinstehende abklappern und diesen ganzen Kram machen muß? Das halte ich nicht aus. Ehrlich, das halte ich einfach nicht aus. Ich habe das Gefühl, als ginge mein ganzes Leben in Stücke.« Sie nimmt ein Papiertaschentuch, tupft sich die Augen ab und blickt dann plötzlich auf: »Wissen Sie, es wäre einfacher, wenn ich ihn nie kennengelernt hätte, wenn ich nie zu ihm gezogen wäre und diese zwei Jahre nie mit ihm verbracht hätte. Es wäre einfacher, wenn ich ihn gar nie geliebt hätte.«

Wer schon einmal eine schlimme und schmerzhafte Wunde hatte, kennt dieses Gefühl: der Schmerz ist so schlimm, daß man manchmal die Wunde und das sie umgebende Fleisch nur noch herausschneiden will, damit der Schmerz aufhört. Das ist natürlich irrational; dessen ist man sich auch bewußt. Aber der spontane Impuls, die Schmerzquelle weg- oder herauszureißen, ist dennoch vorhanden. Und den gleichen Impuls verspüren wir bei psychischem Schmerz.

Maria erinnerte mich an Konstantinos Kavafis' Gedicht »Verzweiflung«, das er schrieb, nachdem ihn ein Geliebter verlassen hatte. Kavafis hatte ihn »ganz und gar verloren, als hätte es ihn nie gegeben«. Ein kühnes und aufrüttelndes Bild – wenn es den Geliebten nie gegeben hat, wurde dadurch ein ganzer Lebensabschnitt des Dichters von der Landkarte seiner Identität ausradiert. Als der Geliebte fortging, ging mit ihm auch ein Stück von Kavafis »ganz und gar verloren«, als ob die Erinnerung nichts wäre.

Kavafis' Weg zur Überwindung seines Verlusts bestand darin, sich sowohl seine Liebe als auch seinen Verlust von der Seele zu schreiben, ganz so wie Lady Macbeth sich eingebildetes Blut von den Händen wäscht. In Wirklichkeit versuchte er, in seinem Inneren tabula rasa zu machen, sich wieder in den Zustand vor der Liebe und vor dem Verlust zu versetzen. Aber das ist natürlich nicht möglich. Die Vergangenheit läßt sich nicht ungeschehen machen. Man hat nur die Wahl, sie als Hypothek in die Gegenwart mitzubringen oder sie zu bewältigen.

Der Dichter hatte sein Schreiben; so sehr er die Vergangenheit auch verleugnen wollte, er wußte, daß er allein schon durch das Schreiben über die Trauer hinwegkam. Für Maria würde die Überwindung ihres Verlusts schwerer werden. Ihre gesamte Lebensplanung war davon berührt. Sie war jetzt alleinstehend, nicht mehr zu zweit, und diese radikale Veränderung ihrer Lebensumstände erforderte eine ebenso radikale Veränderung ihrer Lebensweise und -einstellung.

In ähnlicher Lage stürzen sich viele Menschen in neue Beziehungen, weil sie wohl glauben, daß man für jeden Verlust rasch Ersatz finden kann. Verliere eine Liebe und suche rasch eine neue, denken sie, ehe die Trauer dich einholt. Sie stellen sich ihre Gefühle als eine Art Tresorraum vor, der ständig voll bleiben muß; tritt ein Verlust ein, kann der Tresor rasch aus anderen Quellen aufgefüllt werden.

Anfangs scheint das zu funktionieren – bis die unerledigte Trauer sich in die nächste Beziehung einschleicht und diese zum Scheitern bringt. Wir sind keine Maschinen, außer es stimmt etwas nicht mit uns, und können nicht von einer Beziehung zur anderen hüpfen, als wäre das einzige, was dabei verlorengeht, der zu liebende Mensch. Wenn wir eine Liebe verlieren, verlieren wir mit ihr eine ganze Reihe von Dingen: den Kontakt zu der betreffenden Person und die Wärme und Anteilnahme, die sie uns entgegenbrachte; die Wärme und Sicherheit, die einfach vom Geliebtwerden und der Erwiderung der Liebe herrührt. Zwangsläufig stellen wir uns die Frage, ob wir noch lieben können und noch liebenswert sind, aber diese Fragen Hals über Kopf durch einen Versuch mit jemand anderem klären zu wollen, kann nur das genaue Gegenteil bewirken.

Für sich betrachtet gibt es keine Liebe; Liebe ist immer spezifisch. Wir lieben nicht einfach; wir lieben jemand. Und wenn wir diesen Jemand verloren haben, fühlt sich jener Teil unserer Persönlichkeit, der ihn liebte, ebenfalls verloren. Wiederfinden können wir den Teil jedoch nur in uns selbst, nicht indem wir zu anderen laufen. Die Depression aber ist ein wesentliches Stück des Weges, ihn wiederzufinden.

Manchen Menschen fällt das Ende einer Beziehung besonders schwer, weil es vielleicht keinen präzisen Schlußpunkt gibt. Das Ende einer Ehe wird von dem Ritual der Scheidung gekennzeichnet. Für Unverheiratete ist der Schluß aber vielleicht nicht so eindeutig.

»Mich deprimieren Abschiede, die nie so verlaufen, wie ich mir das vorstelle«, sagt Art Karloff, ein Reporter Mitte vierzig, der seit seiner Scheidung vor zehn Jahren wieder im Junggesellenstand lebt, die einschlägigen Bars frequentiert und gelegentlich ein Verhältnis anfängt. »Wissen Sie, so etwas muß doch ein ordentliches Ende nehmen, aber häufig kommt es anders. Die Sache verläuft sich im Sande oder wird abgebrochen, ohne in meinen Augen einen ordentlichen oder natürlichen Abschluß gefunden zu haben. Ich möchte immer ein harmonisches Ende herbeiführen, aber das gelingt mir nicht. Es ist so, als ob die Sache ohne einen ordentlichen Schluß für mich nicht wirklich erledigt ist. Ich kann sie nicht so zu Ende führen, wie ich gern möchte, aber ich kann sie auch nicht unabgeschlossen lassen, und so werde ich dann schließlich einfach deprimiert.«

Zugegeben, ein ordentliches Ende ist selten, aber es hat den Anschein, als würde Art dies als rationale Erklärung dafür heranziehen, daß er sich nicht mit ihnen abfindet. Da er nicht imstande ist, das Ende der vorhergehenden Verhältnisses zu bewältigen, kann er sich auch nicht zu hundert Prozent in das nächste einbringen. Alles bleibt provisorisch – »hängt irgendwie in der Luft«, wie er es ausdrückt. Er kann sich nicht in einer wirklich tiefen Beziehung binden, weil er die vorige nie wirklich zu Ende geführt hat. Da er der Trauer um eine bestimmte Liebe ausweicht, lebt er statt dessen in einem chronischen Zustand leichter, unbewältigter Depression. Er erlebt dies als Langeweile und trinkt sehr viel, als könne er damit den Eindruck austilgen, sein Leben sei eine Reihe unbeendeter Enden.

Trauer in Form von Depression ist unabdingbar für jeden, der wieder fähig zu lieben sein will. Ungeachtet der allgemeinen Unduldsamkeit gegenüber der Depression sind sich die meisten Menschen darüber im klaren, daß der Verlust einer Liebe, sei es durch den Tod oder durch eine Trennung, eine gewisse Trauerzeit erfordert. Doch auch bei vielen anderen Anlässen ist Trauer nicht nur angemessen, sondern auch wichtig, auch dann, wenn unser Gefühl das Gegenteil behauptet. Bei diesen Anlässen ist der Verlust nicht so eindeutig wie bei einer Liebe, weshalb wir mehr Schuldgefühle entwickeln, wenn wir deswegen deprimiert sind. Das folgende Kapitel nimmt einige der weniger eindeutigen Erscheinungsformen aus der Bandbreite des Verlusts unter die Lupe, die sich alle auf die eine oder andere Weise um Erwartungen im Widerspruch zur Realität drehen.

7.
Die Bandbreite des Verlusts

Miser Catulle, desinas ineptire
Et quod vides perisse, perditum ducas.

(Armer Catull, laß ab von dem Unsinn
Und gib verloren, was du verloren siehst.)

Die Phasen der Depression werden oft als Lücken empfunden – zeitweilige Sicherheits- und Identitätsverluste, die ein Gefühl der Leere in uns hinterlassen. In unserem Leben klaffen viele solche Lücken auf: die Kluft zwischen Erwartung und Wirklichkeit zum Beispiel, die Kluft zwischen Selbstachtung und Achtung anderer oder die Kluft zwischen dem, wie wir uns fühlen, und dem, wie wir uns der eigenen Meinung nach fühlen sollten.

Ein Mann aus meinem Bekanntenkreis versucht, sein Leben bewußt Tag für Tag zu planen, damit er »die vielen Leerräume ausfüllen kann«. Er räumt ein, daß er Angst vor Depressionen hätte, wenn er die Leerräume auf sich zukommen ließe. Ab und zu ist er dennoch deprimiert. Die Lücken tauchen einfach auf, ohne daß er sie in den Griff bekommen könnte.

Leerräume sind nicht nur eine Zeitfrage; sie haben auch eine psychische Funktion. Ihre bewußte Erfahrung, so quälend sie auch sein mag, macht uns aufgeschlossener für die Möglichkeiten des Lebens und rückt uns die Werte, Ziele und Ursprünge des Sinns unseres Lebens ins Bewußtsein. Die Dinge sind nie ganz so, wie wir sie planen oder sie uns wünschen, aber im umgekehrten Fall wäre das Leben wirklich sehr fad.

GROSSE ERWARTUNGEN. Die Hoffnung ist eine der Haupteigenschaften des Menschen – eine Illusion vielleicht, als solche jedoch lebenswichtig. Sie lenkt unser Leben in eine feste Bahn und setzt ihm ein Ziel. Aber in einer Konsumgesellschaft geht Hoffnung leicht in Erwartung über.

Nehmen wir als Beispiel Weihnachten, Silvester oder Geburtstagsfeste, wo jeweils ein klares Vorstellungsbild propagiert wird, wie wir diese Feiertage begehen und welches Glück sie uns bescheren sollten. Die Medien, Kaufhausreklamen und Werbefachleute tragen alle dazu bei, dieses Vorstellungsbild zu erzeugen, und wir übernehmen es, denn wer sagt schon nein, wenn ihm die Gelegenheit zum idealen Leben geboten wird? Doch gerade die genaue Festlegung der Erwartung führt nur zu oft zu Enttäuschungen. Alleinstehende, die niemand haben, mit dem sie Silvester feiern könnten, oder Familienmenschen, für die Weihnachten ein einziger Familienstreit ist, quält häufig die Vorstellung, daß andere in vollkommener Eintracht, Herzlichkeit und Glückseligkeit feiern.

Irgendwo werden das irgendwelche Menschen wohl auch tun. Aber nicht überall und nicht alle, nicht einmal die Mehrheit. Wir sind immer noch Opfer der Feiertags-Illusion. In unseren Köpfen spukt nach wie vor die Überzeugung herum, es könnte so etwas wie das »perfekte« Weihnachten oder Silvester geben. Und beim Versuch, dieser Vorstellung gerecht zu werden, werden wir mit der Depression des Scheiterns konfrontiert.

Kommt nun noch ein manischer Abwehrmechanismus ins Spiel, kann leicht ein Teufelskreis entstehen. Je weiter die Vollkommenheit in die Ferne rückt, desto mehr sind wir bemüht, sie zu gewährleisten, als ob, sobald wir alle materiellen Voraussetzungen – Menschen, Geschenke, Christbaumschmuck, Weihnachtsbraten – geschaffen haben, sich die emotionalen Voraussetzungen von allein ergeben würden.

Wenn wir Glück haben, kommen wir in den Genuß von wenigstens einen dieser vollkommenen Feiertage – und jagen dann jahrelang dieser Vollkommenheit hinterher und geben uns doppelte Mühe, um etwas zu wiederholen, was seinem Wesen nach unwiederholbar ist. Vollkommenheit und Glückseligkeit ergeben sich spontan und lassen sich nicht vorausplanen. Dennoch tun wir so als ob, wohl in der Hoffnung, allein dadurch die richtige Stimmung zu schaffen. So ganz gelingt das nie; alles fällt ab im Vergleich zu dem Ideal, an das man sich von früher her erinnert oder das man aus den Medien entlehnt hat. Würden sich diese Vergleiche nicht aufdrängen, ließen sich die angestrebten Gefühle vielleicht eher erreichen; wenn wir keine so genaue Vorstellung davon besäßen, was wir wollen, könnten wir es möglicherweise ganz leicht finden. Aber so wie die Dinge liegen, ist die Freude, die wir an Feiertagen empfinden sollen, unserem Alltagsleben so fern, daß sich berechtigterweise fragen ließe, welchen Grund wir nur haben könnten, Depressionen zu bekommen, wenn wir diese Freude nicht erlangen.

Künstlich erweckte Erwartungen sind die Pest des Gefühls in einer

Welt, die über einen so hochentwickelten Methodenapparat zu ihrer Erweckung gebietet. Die populärwissenschaftliche Psychologie und Psychiatrie haben daran ebensoviel Schuld wie die Medien, da sie uns im Streben nach einem idealisierten Glück oder einer unerreichbaren persönlichen Vollkommenheit bestärken und sogar »Normen« dafür aufstellen, was wir in einem bestimmten Lebensabschnitt erreicht haben oder tun »sollten«. Wenn wir diesen künstlichen Idealen nicht gerecht werden können, fühlen wir uns enttäuscht, als hätten wir versagt. Wir verlieren die Vorstellung von unserem zukünftigen Selbst.

Mike Kaufman, ein Therapeut, ist gerade fünfzig geworden und schaut mit einem vagen Gefühl der Enttäuschung auf sein bisheriges Leben zurück. »Ganz besonders schlimm war es vor zehn Jahren, als ich vierzig wurde«, erzählt er mir. »Damals schien es, als hätte ich rein gar nichts dazugelernt und wäre in keiner Beziehung persönlich irgendwie sinnvoll weitergekommen.«

Was versteht er unter sinnvoll? »Als kleines Kind hatte ich immer den Eindruck, besser und klüger zu werden«, antwortet er. »An so etwas wie Verfall dachte ich nie. Mit fünfzig eine geringere Virilität als mit vierzig zu haben, macht mir vielleicht weniger aus als den meisten, aber ich hatte sehr wohl die Erwartung, innerlich reicher, ausgeglichener und abgeklärter zu sein. Ich hatte nicht nur erwartet, als Mensch mehr von diesen Eigenschaften zu besitzen, sondern auch als solcher anerkannt zu werden. Statt dessen habe ich nun manchmal den Eindruck, beides wäre nicht eingetroffen. Ich komme mir so dumm vor wie vor zehn Jahren, und wenn ich mir dumm vorkommen, ist das wirklich sehr, sehr dumm.«

Wenn wir uns mit anderen vergleichen, beschleicht vielleicht viele von uns ein Gefühl wie den Mann in der Karikatur im *New Yorker*, der sich bei seinen Nachbarn an der Bar bitter beklagt: »Jetzt bin ich zu alt, um irgendwas noch als Jüngster zu tun.« Voller vorgefaßter Meinungen, was wir in einem bestimmten Alter erreicht haben »sollten«, schätzen wir uns in Zeiten wie diesen ein und kommen zu dem Schluß, daß wir das Ziel nicht erreicht haben, daß unser Leben in langsamerem Tempo voranschreitet oder einen ganz anderen Verlauf nimmt als erwartet.

Dafür wurden mir während eines Abends mit Pat Shaw und Shirley Sommers die Augen geöffnet; beide sind Geschäftsfrauen Ende vierzig und in zweiter Ehe verheiratet. Frauen mit Erfahrung, bei denen andere Rat suchen, weil man sie für praktisch und klug hält. An diesem Abend kamen sich beide jedoch ganz und gar nicht so vor.

»Das Leben hat es wohl ziemlich gut mit uns gemeint«, sagte Pat verdrießlich und rührte in ihrer Kaffeetasse, obwohl sie keinen Zucker nahm. »Aber...«

Aber? Sie gab mir nur ein wehmütiges Lächeln zur Antwort. Shirley führte den Satz zu Ende: »Aber so haben wir es uns eigentlich nicht ganz vorgestellt. In jüngeren Jahren haben wir uns wohl ausgemalt, daß wir mit fünfzig ausgesorgt hätten, uns nicht mehr so abmühen müßten, das Leben leichter nehmen, es uns bequem machen und das Schuften den Jüngeren überlassen könnten.«

»Aber das, was wir für selbstverständlich hielten, stellte sich als Irrtum heraus«, fuhr Pat fort. »Die Vorstellung, daß wir in unserem Beruf ganz oben stehen und nicht mehr so hart arbeiten müßten, oder der Gedanke, alles würde leichter, wenn die Kinder erst mal alle das Haus verlassen hätten und auf eigenen Beinen stehen würden... Wir besaßen eine genaue Vorstellung davon, wie das Leben dann sein würde, aber alles in allem hat sie uns getäuscht. Vielleicht haben wir nur geglaubt, alles würde ein bißchen ruhiger und wir müßten uns nicht mehr so verdammt abrackern.« Ich hatte Pat noch nie fluchen hören. »Und jetzt?« fragte sie. »Jetzt bin ich fast fünfzig und schufte härter als je zuvor. Oh, ich weiß schon, es läuft gut und ich möchte es so haben, aber trotzdem kommt mir das nicht so ganz natürlich vor...«

»So haben wir es uns nicht vorgestellt«, fügte Shirley hinzu und nickte beifällig. »Es ist gerade so, als ob ein feststehender Grundsatz des Lebens gesprengt würde, obwohl ich nicht genau sagen kann, wie es überhaupt zu diesem Grundsatz kam.«

Wenn auch keine von beiden eine feste Erwartungshaltung ausgebildet hatte, war ihr Sinn für das, was sein »sollte«, empfindlich gestört worden. Die Kluft zur Realität rief Überdruß in ihnen hervor. Die Erwartung sah sich von der Zeit betrogen.

In den Zwanzigern oder Dreißigern fällt es einem noch leicht, sich vorzustellen, daß die Dinge im Moment zwar nicht so liegen, wie man das gerne hätte, sich im Laufe der Zeit jedoch noch dahingehend entwickeln können. Der Bereich der Wünsche deckt sich noch teilweise mit dem, was dem Empfinden nach im Bereich des Möglichen liegt. Im Laufe der Zeit bleiben die Wünsche bestehen, doch unser Empfinden vom Möglichen ändert sich. Es steht uns nicht mehr die ganze Welt offen. Die Erwartung kollidiert mit der Wirklichkeit, wodurch eine Wunschkrise entsteht – die Krise, mit dem zufrieden zu sein, was man hat, und frühere Erwartungen aufzugeben.

Die normativen Erfolgsideale in den Dreißigern und Vierzigern, die

Früchte des Erfolgs in den Fünfzigern und der Anfang des würdevollen Rückzugs aus den Geschäften in den Sechzigern sind wesentlich endgültiger, als wir wahrhaben wollen. Obwohl es mittlerweile verstandesmäßig ein Gemeinplatz ist, das Leben als einen fortwährenden Prozeß der Entwicklung, des Wandels und der Anpassung zu bezeichnen, sind wir emotional von dieser Einsicht des Verstandes nach wie vor meilenweit entfernt. Im Wissen des einen, klammern wir uns immer noch an den Glauben des anderen.

Es gibt beispielsweise Menschen, die in ihrem Leben bewußt Risiken eingehen, was sie sowohl mit dem Gewinn rechtfertigen, wenn sie Erfolg haben, als auch mit der Erfahrung, wenn nicht. Doch wenn die Münze des Schicksals Wappen statt Kopf zeigt, stellen sie mit einem Mal fest, daß es sich bei ihrer Risikobereitschaft vielmehr um blindes Erfolgsvertrauen handelte. An die Stelle der Hoffnung war Erwartung getreten, das »Vielleicht« durch die Vorfreude fast schon zur Gewißheit geworden. Der Lyriker Philip Larkin faßte dies in die Worte: »Stets zu erpicht auf die Zukunft, nehmen wir die schlechte Gewohnheit der Erwartung an.«

Während Hoffnungen trügen und Wünsche in Erfüllung gehen können oder auch nicht, geht mit enttäuschten Erwartungen eine ungleich vernichtendere Desillusionierung einher. Wir glaubten nicht, daß wir etwas bekommen *könnten*, sondern wir glaubten, wir *bekämen* etwas. Wir waren uns völlig sicher, als wäre das Leben kalkulierbar und vorausplanbar, als könnten wir unser Leben so führen wie die Reichen ihre Treuhandvermögen verwalten: mit einer Menge in der Hinterhand.

Die Alternative ist, alles in der Hinterhand zu behalten, sich gegen nicht in Erfüllung gehende Erwartungen dadurch abzusichern, sein Leben so zu beschränken, daß einem der Zufall keinen Streich spielen kann. Aber die Menschen, die in der Hoffnung, der Depression ausweichen zu können, die Möglichkeit des Mißerfolgs ausschließen, müssen feststellen, daß es andere Depressionsarten gibt, die sich um *nicht* wahrgenommene Gelegenheiten drehen. Sie führen ein Leben der Sicherheit, dem aber auch jede lockende Herausforderung fehlt, und so fragen sie sich, ob es denn überhaupt der Mühe wert ist.

Doch Herausforderung und Risiko stehen nicht zur Debatte; die meisten Menschen brauchen irgendeine Herausforderung und machen sie auf unterschiedlichsten Gebieten ausfindig. Es dreht sich eher darum, so flexibel in unseren Vorstellungen von der Zukunft zu sein, daß sie zwar immer noch als Leitlinien dienen können, aber Spielraum für etwaige Unterschiede lassen. Das Problem liegt ebensosehr an der Art, wie wir uns die Zukunft ausmalen, wie an dem, was wir dort vor Augen bekommen.

Man kann immer noch hoffen, sich bemühen, die Hoffnung wahr zu machen, und angenehm überrascht oder erfreut zu sein, wenn dies gelingt. Doch wenn aus Hoffnung Erwartung wird, bleibt für Freude wenig Raum. Was geschieht, ist schließlich nur, was wir erwartet haben.

Die Postpartum-Depression. Manchmal sind die Erwartungen so hoch, daß wir ein schlechtes Gewissen haben, wenn wir anders empfinden. Eines der treffendsten Beispiele hierfür ist die Depression, die viele frischgebackene Eltern nach der Geburt durchlaufen.

»Es sollte die wundervollste Erfahrung meines Lebens sein«, sagt eine Frau über die Geburt ihres ersten Kindes. »Statt dessen war es die verstörendste. Es war keine Spur von wundervoll. Noch Wochen danach war ich deprimiert. Alle Welt sprach davon, wie glücklich ich jetzt sein mußte, aber mir war elend zumute. Gewiß, ich tat alles, was man tun soll. Ich stillte sie, wechselte ihre Windeln, fuhr sie im Kinderwagen spazieren, aber ich fand kein besonderes Vergnügen daran. Alles schien irgendwie in der Schwebe zu sein. Mir war klar, daß ich nicht diese Art Mutter sein wollte, aber ich wußte nicht, wie ich es anders anstellen sollte. Ich wußte nicht, *wie* man Mutter ist. Es war, wie wenn ich eine Rolle spielte, auf die mich nie jemand vorbereitet hatte. Ich konnte mich einfach nicht in die Figur hineinfinden.«

Überall wird die Geburt eines Kindes als Grund zum Feiern betrachtet. Die meisten Kulturen haben bestimmte Rituale für diesen Anlaß – das jüdische Bris, die katholische Taufe oder die nichtkirchliche Säuglingswaschung –, doch keines dieser Rituale berücksichtigt das weitverbreitete Phänomen der Postpartum-Depression, der Depression nach der Geburt.

»Man hält das für ein Frauenproblem, nicht?« fragte ein Vater besorgt, als er auf die Geburt seines ersten Kindes vor einigen Monaten zurückblickte. »Aber glauben Sie, daß es auch für Männer so etwas wie Postpartum-Depressionen geben könnte? Ich meine, so etwas ist eigentlich nicht vorgesehen, aber wenn es sie nicht gibt, was habe ich dann erlebt?« Ein anderer junger Vater, der sich nicht erklären konnte, was mit ihm geschehen war, versuchte vergeblich, sich damit zu beruhigen, es sei »vielleicht nur eine Gegenreaktion auf die Depression meiner Frau« gewesen. Und ein dritter kam zu dem Schluß: »Wenn es nur eine Frage von Hormonen ist, dann muß die Tatsache, daß ich eine Depression erlebte, ein Zufall oder so was gewesen sein.«

119

Selbstverständlich spielt bei der Postpartum-Depression auch ein physisches Element eine Rolle, das mit plötzlichen Veränderungen im Hormonhaushalt zusammenhängt. Aber das psychische Element ist mindestens ebenso wichtig, wenn nicht noch wichtiger. Beide Elternteile müssen sich nun auf veränderte Gegebenheiten einstellen.

Für Frauen ist das Gebären selbst häufig schon traumatisch; die symbiotische Einheit während der Schwangerschaft wird unter Schmerzen aufgehoben. Ein neues Getrenntsein entsteht, und die Mutter muß sich nun, statt es einfach in sich zu tragen, aktiv um das Kind kümmern. Während der Schwangerschaft hatte sie alles in der Hand. Nach der Geburt existiert das Kind mit eigenen Bedürfnissen und einem eigenen Willen, ist aber dennoch völlig auf die Fürsorge seiner Eltern angewiesen. Viele Mütter haben dann das Gefühl, aus dem, was im Mutterleib noch zu ihnen gehörte, sei ein fremdes Wesen geworden, und fürchten, sie könnten ihr eigenes Kind niemals lieben.

Tritt dieser Fall ein, wird die Depression durch Schuldgefühle noch verschlimmert. Die frischgebackene Mutter hat Freude erwartet, sieht sich darin nun getäuscht und macht sich selbst dafür verantwortlich, wobei sie sich fragt, ob sie »abnorm« sei. Doch diese Erfahrung machen so viele Frauen – einer Schätzung zufolge bis zu zwei Drittel aller Mütter –, daß sich die Psychoanalytikerin Therese Benedek zu der Formulierung veranlaßt sah: »Glücklich kann sich die Mutter preisen, deren Liebe zu ihrem Kind in dem Moment erwacht, wo sie seinen ersten Schrei hört.« Wenn dies der Glücksfall ist, sieht der Normalfall anders aus – und erfordert eine Anpassungsphase, während der sich die Mutter auf das Muttersein einstellen muß. Diese neue Rolle stellt eine bedeutsame und unabänderliche Zäsur in dem Bild dar, das sich die Frau von sich selbst macht und das sich ihr Mann von ihr macht.

Sowohl der Mann als auch die Frau haben sich von einem früheren Lebensabschnitt verabschieden müssen. Waren sie vorher zu zweit, sind sie nun zu dritt. Die Frau muß sich darauf einstellen, daß sie für ihren Mann jetzt nicht nur die Geliebte, sondern auch die Mutter seines Kindes ist. Der Vater muß sich ebenfalls an die veränderten Umstände anpassen. Aus einem Paar ist eine Familie geworden.

Sie befürchtet vielleicht, durch die neue Mutterrolle sexuell weniger anziehend auf ihren Mann zu wirken; er kann Angst haben, das Kind könne ihn in der Zuneigung seiner Frau verdrängen. Ferner empfindet er durch die Geburt des Kindes die Last der Verantwortung jetzt möglicherweise drückender. In einer Zeit, in der Menschen erst dann heiraten, wenn sie sich für ein Kind entschieden haben, drückt die Geburt einer Beziehung den Stempel der Ernsthaftigkeit auf. Der junge Mann ist nicht nur Ehemann, sondern auch gleich Familienvater geworden.

Beide Elternteile machen sich daher Sorgen, ob sie ihren neuen Pflichten nachkommen und dabei die Bindung wie vor der Geburt erhalten können. Außerdem müssen sie nun auch ihre Vorstellung von ihrem Standort auf der Generationenleiter korrigieren. Waren sie früher Tochter und Sohn, sind sie nun mit der zuweilen verwirrenden Situation konfrontiert, gleichzeitig Mutter und Tochter, Vater und Sohn zu sein.

Durch diese Vielzahl neuer Rollen verändert sich auch ihr Zeitempfinden. Ein Kind denkt vielleicht nicht über die unmittelbare Gegenwart, ein Heranwachsender nicht über den Abend und ein Collegestudent nicht über die nächsten Prüfungen hinaus. Aber frischgebackene Eltern müssen in Kategorien von zwei Jahrzehnten der Verantwortung denken. Indem sie sich ihr Kind als Erwachsenen vorstellen, erhaschen sie auch einen Blick auf ihr eigenes mittleres Lebensalter, und das erschreckt sie. Ihr Leben gehört nicht mehr nur ihnen, sondern wurde durch die Geburt des Kindes in gewissem Maße vorbestimmt. Die Depression kann in Zeiten wie diesen eine unabdingbare Phase des Rückzugs in sich selbst sein, um die Implikationen einer neuen, langfristigen Zukunftsperspektive zu verarbeiten.

Dies wird noch deutlicher, wenn man andere Formen der Postpartum-Depression betrachtet. Schriftsteller zum Beispiel, die ein, zwei Jahre oder noch länger an einem Buch arbeiten, sind mit diesem Phänomen wohlvertraut. Man sollte glauben, nach Fertigstellung des Buches seien sie stolz und erleichtert. Auch sie hegen diese Erwartung. Doch wenn es dann soweit ist, taucht mit einem Mal das schreckliche Leeregefühl auf, und es stellen sich die Fragen: »Was soll ich nun tun? Wie geht es jetzt weiter? Es bleibt nichts mehr zu schreiben, rein gar nichts mehr.«

Etwas, das ihr Leben eine beträchtliche Zeitspanne über bestimmt hat, fällt plötzlich weg, ist erledigt, wurde hinaus in die Verlagswelt geschickt, um dort auf eigenen Beinen zu stehen. Sie haben keinen Einfluß mehr darauf. In gewissem Sinne gehört es nicht mehr ihnen. In dieser Beziehung erleiden Schriftsteller etwas ganz ähnliches wie die Postpartum-Depression gebärender Frauen. Die gebräuchliche Metapher, daß man ein Buch »in die Welt setzt«, ist vielleicht treffender als bisher angenommen.

Der Bau eines Hauses, das Erstellen eines Forschungsberichtes oder das Ablegen einer Reihe von Abschlußprüfungen – diese Erfahrungsformen können alle den Auftakt zu einer Postpartum-Depression bilden, auch wenn man sie wie selbstverständlich für einen Anlaß zum Glücklichsein hält. Bei allen tritt jene Leere auf. Die Aufgabe ist zu Ende, das Ziel verschwunden, und die Betroffenen müssen sich nun neue Aufgaben und neue Ziele setzen. Ihr Leben erfordert eine gewisse Neuausrichtung. Eine Zeitlang sind sie sich nicht mehr im klaren darüber, wer oder was sie eigentlich sind.

ENDSTATION ERFOLG. Die Kluft zwischen dem, was wir empfinden, und unserer Erwartung, was wir zu einer bestimmten Zeit empfinden sollten, vermengt Ideale und Wünsche. Wenn wir einem Ideal gerecht werden oder einen Wunsch verwirklichen, was dann? Was sollen wir uns in Zukunft wünschen? Wenn dies in gewisser Weise auch paradox scheinen mag, es ist durchaus plausibel, daß eine der Gelegenheiten, wo einem nichts mehr zu wünschen bleibt – und wir deshalb niedergeschlagen sind –, dann ist, wenn ein Wunsch in Erfüllung ging. Häufig geschieht dies in Zeiten des Erfolgs.

Tennessee Williams veröffentlichte 1947 ein Essay in der New York Times über seinen drei Jahre zuvor unerwartet einsetzenden Erfolg. Bis zu dieser Zeit, schrieb er, war für sein Leben hauptsächlich »Ausdauer erforderlich gewesen, denn ich mußte mich durch ein hartes Leben beißen«. Aber als *Die Glasmenagerie* gut ankam, mußte sich der Bühnenautor nicht mehr durchbeißen.

»Mir wurde erst bewußt, wieviel Lebenskraft in diesen Kampf geflossen war, als ich nicht mehr kämpfen mußte. Ich hatte es geschafft, fuchtelte aber noch immer mit den Armen und pumpte mir gierig Luft in die Lungen, was nun ganz leicht ging. Endlich in Sicherheit. Ich legte eine kleine Pause ein, schaute mich um und war mit einemmal deprimiert.« Drei Monate lang. »Ich fühlte mich unwohl in meiner Haut, und ich wußte das auch, aber ich kannte oder vertraute damals niemandem gut genug, um ihn beiseite zu nehmen und zu erzählen, was eigentlich los war.«

Manche arbeiten jahrelang auf ein bestimmtes Ziel hin; dieses Ziel zu erreichen, erscheint ihnen in ihrer Vorstellung wie der Gipfel des Glücks. Schließlich, mittels harter Arbeit und vermutlich auch einem Quentchen Glück, kommen sie an ihr Ziel. Aber genau in diesem Moment, wo sie und auch alle anderen erwarten, daß sie glücklich wie noch nie in ihrem ganzen Leben sind, geschieht plötzlich etwas ganz anderes. Zu ihrer großen Verwirrung fühlen sie sich leer und ohne Entschlußkraft, als wäre in ihrem Leben plötzlich eine Lücke aufgeklafft. Und genau das ist auch geschehen: ihr Wunsch ist verschwunden. Er ist befriedigt worden, folglich gibt es ihn nicht mehr als Wunsch, sondern als Wirklichkeit. Was bleibt in diesem Fall noch, das man sich wünschen könnte? Und wie soll man weiterleben ohne zu wünschen, ohne sich in bestimmter Absicht eine Zukunft auszumalen?

Je extremer die Erfahrung, desto tiefer der Fall. Der Astronaut Buzz Aldron betrat als einer der ersten Menschen den Mond – was nicht nur sein persönlicher Traum war, sondern der Traum von Generationen. Er hatte diesen Traum verwirklicht und mußte sich nun der langen und schwierigen Mühe unterziehen, sich wieder an das Leben auf der Erde mit all seinen Unzulänglichkeiten zu gewöhnen, an die Vermarktung und Bagatellisierung seines Erlebnisses und an den Umstand, daß es für ihn nun keine höchste Herausforderung mehr gab. Was macht man, nachdem man auf dem Mond gewesen ist? Eine lange Zeit fand er keine Antwort auf die Frage »Was nun?«.

Aldrins Erfahrung ist im Grunde genommen natürlich einzigartig, aber alle Menschen, denen Erfolg beschieden ist, stehen praktisch vor dem gleichen Problem. Sie haben die Zukunft zur Gegenwart gemacht – und mit einemmal ist die Zukunft leer, wenn die Gegenwart auch ausgefüllt erscheint. Sie sind sich nicht mehr im klaren, was sie sich wünschen sollen.

Diese Erfahrung machte auch Phil Berner, dem sich Anfang vierzig der größte Wunsch seines Lebens erfüllte, als er beim Fernsehen die Stelle des Produktionsleiters bekam, auf die er schon immer abgezielt hatte. Es war einer der wenigen Positionen in diesem Geschäft, um die man ihn wirklich beneiden konnte. Doch wenige Wochen nach seinem Aufstieg erlebte Phil eine Depression.

Er beklagte sich darüber, wie langsam ihm die Arbeit dort voranzugehen schien im Vergleich mit dem hektischen Tempo seiner früheren Stelle bei den Abendnachrichten. Er vermißte die Hochspannung und den Reiz des Aktuellen. »Es ist einfach zu lasch«, meinte er zu seinem neuen Arbeitsplatz. »Von außen betrachtet, als ich mich um die Stelle bemühte, sah das alles viel interessanter aus. Aber jetzt, wo ich sie habe, ist der Lack ziemlich ab. Sie bietet mir keine Herausforderung.«

Er fing an, mit dem Gedanken zu spielen, wieder an seinen alten Arbeitsplatz in der Nachrichtensendung zu gehen, wobei er aber nicht in Erwägung ziehen wollte, daß dies an seinem Kernproblem nichts ändern würde: die Herausforderung in seinem Leben war verschwunden. Das feste Ziel, das er sich gesteckt hatte, war nun erreicht, und er hatte noch kein neues gefunden. Seine Sehnsucht, wieder zurückzugehen, entsprang teils der Illusion, er könnte sich dieser Tatsache durch hektische

Betriebsamkeit verschließen, teils spielte aber auch so etwas wie Wunschdenken eine Rolle: zu der alten Stelle hatte gehört, sich um die neue zu bemühen; wenn er nun zu ihr zurückkehrte, konnte er dieses Ziel vielleicht wiederfinden.

Wir möchten alle gern ganz oben stehen oder ausgesorgt haben, doch Menschen, die dieses Ziel erreicht haben, fühlen sich oft vom eigenen Erfolg betrogen. Ihrem Leben scheint ein grundlegender Bestandteil zu fehlen, und es fällt ihnen schwer, diesen Mangel genau festzulegen, denn das Leben auf dem Gipfel des Erfolgs schließt per definitionem alles ein, was man zum Glücklichsein braucht. Allein schon das Eingeständnis, daß etwas fehlt, würde ihre gesamten bisherigen Überzeugungen Lügen strafen. In Wahrheit ist es aber so, daß einem, wenn man sich nicht mehr abmühen muß, genau dieses Abmühen fehlt.

»Der Erfolg stellte sich zufällig bei mir ein«, schrieb Tennessee Williams. »Aber sobald man erfaßt hat, wie leer ein Leben ohne Anstrengung ist, hat man auch schon den Schlüssel zur Rettung in der Hand.« Die Depression war für ihn der Schlüssel zu dieser Erkenntnis: durch sie entwickelte er wieder Wünsche und das Bedürfnis zu schreiben.

Phil Berner mußte sich jedoch seinen eigenen Weg aus der Depression suchen, und das erforderte Zeit. Nachdem er sich bei einigen Leuten der Fernsehgesellschaft umgehört hatte, erkannte er, daß man ihn nicht einen Schritt zurück auf der Karriereleiter machen lassen würde. Bühnenautoren können dem Erfolg vielleicht den Rücken kehren, Fernsehproduzenten nicht. Phil mußte sich nach und nach an seine neue Arbeit gewöhnen, und er tat dies, indem er sich immer schwierigere Aufgaben stellte – die Art von Themen, die sonst niemand behandeln wollte, weil sie zu vielschichtig und schwer verständlich waren oder weil sich mit ihnen kein Ruhm einheimsen ließ. Anfangs suchte er unbewußt danach; Schritt um Schritt wurde er sich dann klar darüber, was er eigentlich tat, und suchte bewußt.

Es war nicht einfach; er behandelte jedesmal Themen, wo er keine oder nur wenig Erfahrung von früher besaß, und mußte bei Null anfangen. Aber gerade dies forderte ihn. Da er keine Lebensaufgabe mehr hatte, konnte er sich, wie er erkannte, ständig vor kleinere Herausforderungen stellen, und diese summierten sich zu einem ganz anderen Ziel – ein Ziel, das sich nicht an seiner Position, seinem Einkommen oder Prestige orientierte, sondern an der Qualität seiner Arbeit und dem Programm im ganzen. Ein Jahr war dazu erforderlich, aber aus der Depression schuf er sich ein neues und befriedigendes Zielbewußtsein.

IN HOHEN EHREN. Wir brauchen das Gefühl, daß wir etwas wert sind und unser Tun der Mühe lohnt. In der Psychologie hat man dafür den Begriff der Selbstachtung – eine Vorstellung, die sich in den siebziger Jahren aus der großen Masse psychologischer Theorien rasch herauskristallisierte. Zweifellos ist sie wichtig und wirft die Fragen auf, welchen Dingen wir Wert beimessen, weshalb wir das tun und wie unsere Werte eigentlich aussehen. Aber seit sich diese Vorstellung der Achtung vor sich selbst durchsetzte, verwechseln viele Menschen Werte und Ziele.

Ziele wie Erfolg sind zu eigenständigen Werten geworden. Die Selbstachtung steht und fällt daher mit dem erzielten Maß an Erfolg, wohingegen der Erfolg im allgemeinen an Äußerlichkeiten festgemacht wird – nämlich an dem, was die Mitmenschen sehen und selbst gern hätten. Folglich läuft die Selbstachtung Gefahr, lediglich die Achtung unserer Umwelt widerzuspiegeln. Die Vorstellung, man könnte auch ohne Bestätigung von außen erfolgreich sein, erscheint fast schon als Widerspruch in sich.

Dies ging mir durch den Kopf, als ich Peter Schaffers Theaterstück *Amadeus* sah, das die Rivalität zwischen Mozart und dem Hofkomponisten Salieri zum Gegenstand hat. Mozart besaß zwar eine hohe Selbstachtung, die fast schon an selbstsüchtigen Eigendünkel grenzte, stieß mit seiner Musik, die heute als ein Gipfel abendländischen Kulturschaffens erachtet wird, jedoch auf wenig Gegenliebe und starb verarmt. Salieri genoß die Hochachtung aller in seiner Zeit, ist heute jedoch fast nur noch wegen seiner Beziehung zu Mozart bekannt. Schaffer interessierte nicht Mozarts Konflikt, sondern Salieris: trotz der reichlichen Wertschätzung seiner Zeitgenossen war sich Salieri im klaren darüber, wie mittelmäßig sein Werk im Vergleich zu Mozarts war, und machte ein Wechselbad aus Schuldgefühlen, Neid und Haß auf sich selbst durch, während Mozarts brilliantes Genie nahezu unerkannt blieb.

Nach der Vorstellung drängte sich mir die Frage auf, wie viele der Zuschauer wohl lieber Salieri gewesen wären – begabt, aber nicht übermäßig, doch in hohem Ansehen bei seinen Zeitgenossen. Salieri stand meiner Ansicht nach für den Menschen von heute, da sein Empfinden und seine Situation viel mehr der unseren entsprach als die von Mozart, allerdings mit einem Unterschied: trotz seines Erfolgs konnte er sich selbst nicht so sehen. Er hatte sein Wertesystem so verinnerlicht, daß er sich nicht dazu bringen konnte, ohne triftigen Grund die Wertschätzung anderer zu übernehmen, und allein schon der Umstand von Mozarts Existenz hatte ihm diesen Grund entzogen.

Heutzutage ist dieses System, die Wertschätzung anderer blind zu übernehmen, wesentlich verfeinert. Im Zeitalter der Massenmedien ist die Berechtigung der Wertschätzung anderer weniger wichtig als die Tatsache ihres bloßen Vorhandenseins. Berühmtheit ist Berühmtheit, und dabei ist es egal, daß es auch so etwas wie eine traurige Berühmtheit gibt; viel wichtiger als der Inhalt ist das Tamtam, das man darum erregt. Wir schätzen die Äußerlichkeiten des Erfolgs – die Publicity und das Geld – nun in einem Maße, daß jemand, der sich einen Lebenswunsch erfüllt hat oder einfach nur ordentliche Arbeit leistet, so lange nicht »wirklich« erfolgreich ist, bis er öffentliche Anerkennung dafür erhält.

Öffentliche Wertschätzung ist eine launische Sache. In den fünfziger Jahren standen Frauen, die ihr Leben der Familie verschrieben und sich ganz ihrem Ehemann und den Kindern widmeten, in hohem sozialen Ansehen; heutzutage müssen sie sich die Frage gefallen lassen: »Mag schon sein, aber was *arbeiten* Sie eigentlich?«, als lägen sie den ganzen Tag auf dem Sofa und warteten auf die Rückkehr der Familie. Während des Zweiten Weltkriegs wurden heimkehrende Soldaten mit offenen Armen und großer Bewunderung aufgenommen; nach dem Vietnamkrieg schenkte man ihnen einfach keine Beachtung. Ich kenne hervorragende Schriftsteller, die aus dem einfachen Grund ihre Fähigkeiten in Zweifel zogen, weil sich ihre Bücher auf dem kommerziellen Markt nicht gut verkauften, und erstklassige Juristen und Ärzte verlassen den öffentlichen Dienst zugunsten des einträglicheren und in höherem Ansehen stehenden Arbeitsfeld privater Kanzleien und Praxen.

Alle diese Menschen standen im Grunde vor dem gleichen Problem: das zu tun, was ihrer Überzeugung nach richtig war und folglich ihre Selbstachtung steigern würde, ungeachtet der Tatsache, daß sie in der Achtung ihrer Mitmenschen eher sanken und folglich auch in ihrer Selbstachtung. Ein Mensch, der sich während seines gesamten beruflichen Werdegangs mit diesem Problem auseinandersetzte, ist Len Murphy, ein Polizeibeamter in einer ganz besonders von Verbrechen heimgesuchter Stadt an der amerikanischen Ostküste. Len hat Straßenkämpfe und Schießereien überlebt, reifenquietschende Verfolgungsjagden mit dem Auto und diverse Intrigen innerhalb der Dienstbehörde. Bald geht er in Rente, und das ist ihm nur mehr als recht.

»Depressionen sind unter Polizisten weitverbreitet«, sagt er. »Das ist nicht so wie bei anderen Männern, die kaum mal miteinander reden. Man fährt mit seinem Kollegen im Streifenwagen, das geht so acht Stunden am Stück, und da kennt man ihn besser als die eigene Frau. Man weiß also, was in dem Kumpel vorgeht. Im Moment ist es besonders schlimm. Die meisten können es gar nicht abwarten, den Dienst zu quittieren. Die Gerichte stehen nicht mehr hinter einem, und die Öffentlichkeit auch nicht. Der Respekt ist zum Teufel. Als ich den Dienst antrat, hat man mich noch mit ›Mister‹ angeredet. Jetzt bin ich ein Bullenschwein. Jeder Polizist ist zur Zielscheibe geworden.«

Im Rückblick würde er es nicht noch einmal tun. »In einer Kleinstadt irgendwo im Süden wäre das vielleicht was anderes, aber hier, bei uns, auf keinen Fall. Alles, was die Arbeit lohnte, ist weg. Es liegt nicht an der Bezahlung – zum Leben reicht es, und wir greifen nicht nach den Sternen. Daran liegt es nicht. Aber wissen Sie, man möchte schließlich auch eine gewisse Anerkennung für das, was man tut. Wir leisten gute Arbeit, und was wir tun, ist wichtig. Aber die Leute machen sich das erst dann klar, wenn sie irgendwie in Schwierigkeiten sind und einen Polizisten brauchen.«

Der Mangel an öffentlicher Anerkennung und Vertrauen wirkte sich auf seine Selbstachtung aus. »Natürlich bin ich manchmal deprimiert. So ein Gefühl nach dem Motto: ›Ach, was soll's, lohnt sich das überhaupt?‹ Aber das geht auch wieder vorbei. Bei mir dauert so etwas nie lange. Die einen sagen, man soll es mit einem Lachen abtun. Andere meinen, man soll es sich an einem Punchingball aus dem Kopf schlagen. Und ich, was mache ich? Ich brülle. Ich laß es an meinem Chef oder sonstwem aus. Dabei fliegen ganz schön die Fetzen, das kann ich Ihnen sagen.«

Alles in allem ist er ganz einfach froh, alles mit heiler Haut überstanden zu haben. »Ich hatte niemals die Schnauze voll vom Leben«, sagt er. »Die Schnauze voll hatte ich bloß davon, *wie* ich lebe. Ist schon komisch, erst wenn man vom Dampfer geht, zurückschaut und einen Blick auf das Meer wirft, wird einem klar, wie stürmisch die Überfahrt eigentlich war. Ich würde heute nicht noch einmal Polizist in einer Großstadt werden. Ich glaube, ich war ein guter Polizist, habe gute Arbeit geleistet und meine Kinder gut erzogen. Ich empfinde keine Reue darüber, wie ich gelebt habe. Ich würde es bloß nicht noch einmal so machen, mehr nicht.«

So wie Len Murphy brauchen wir alle das Gefühl, in gewisser Weise wichtig zu sein, und wenn dieses Gefühl bedroht ist, sind wir anfällig für Depressionen. Wir brauchen nicht nur das Gefühl, eine Aufgabe in der Welt zu haben, sondern auch, daß unsere Mitmenschen diese Aufgabe zu würdigen wissen. Wenn diese Würdigung fehlt, wird die Depression eine Krise der Selbstachtung.

Selbstachtung hängt von dem Glauben an die Wichtigkeit der eigenen Arbeit ab. Sie hängt ab davon, welchen Sinn man seinem Leben gibt. Aber die Kategorien des Sinns müssen auch von der Umwelt verstanden, benutzt und anerkannt werden. In der Isolation an ihnen festzuhalten ist schwer.

Ein Mann in den Vierzigern erinnert sich an die bittere Enttäuschung, die er als Kind empfand, als er etwas tat, von dem er wußte, daß es gut war, und kein Lob dafür erhielt. »Ich war dreizehn, und mein Bruder, der ein Jahr älter ist als ich, blieb in der Schule einmal sitzen. Da wir nicht die gleiche Klasse besuchen durften, weil wir Brüder waren, wurde er in die Parallelklasse versetzt. Die Kinder dort waren ziemlich gemein, und er fühlte sich unglücklich. Deshalb machte ich den Vorschlag, mit ihm zu tauschen. Ich kam mir vor, wie wenn ich in die Höhle des Löwen ginge, aber ich kam zurecht. Es gelang mir sogar so gut, daß mich diese wirklich ekligen Kinder zum Klassensprecher wählten. Und ich erinnere mich noch, wie ich an dem Tag nach Hause kam und es meiner Mutter erzählte – aber sie nahm mir einfach den Wind aus den Segeln, indem sie fragte, was denn daran so toll sei. Durch diese Erfahrung, daß man etwas geschafft hat und dann feststellen muß, daß der Mensch, den man am meisten damit beeindrucken will, keine Spur davon beeindruckt ist – diese Erfahrung läßt öffentliche Anerkennung im späteren Leben sehr wichtig werden.«

Aber so wie dieser Mann sind auch wir tief in unserem Inneren davon überzeugt, daß es nicht recht ist, wenn wir uns so fühlen, ganz gleich, wie unbedeutend wir uns während der Depression auch vorkommen. Wir leiden weniger darunter, daß wir an unseren Fähigkeiten zweifeln, als darunter, daß wir von unserer Umwelt keine Anerkennung erfahren.

Ich glaube fast, daß unser Gefühl für Selbstachtung wesentlich weniger anfällig für Zweifel ist, als uns die meisten psychologischen Lehren glauben machen wollen. Unsere Umwelt mag uns als unwichtig einstufen, doch wir selbst sind nicht davon überzeugt und kämpfen dagegen an, das Urteil der Gesellschaft von uns zu verinnerlichen. Eine bedeutende psychoanalytische Depressionstheorie hält sie zwar für »nach innen gerichteten Zorn«, der sich in übertriebenen Selbstbeschuldigungen und Selbstanklagen niederschlägt, doch auf die Alltags-Depression scheint dies nicht so recht anwendbar zu sein. Wir machen eher die Umwelt als uns selbst verantwortlich.

Dies erklärt meiner Meinung nach auch den Eindruck, es sei »nicht gerecht« – wir glauben, es besser verdient zu haben und besser zu *sein*, als wie die Welt mit uns verfährt. Wir wollen uns nicht damit abfinden, wie die Welt uns beurteilt, und betrachten den Verlust der Achtung anderer als Angriff auf unsere Werte.

Als Reaktion darauf stellen manche Menschen ihre Werte vielleicht zur Disposition (was ebenfalls schwere Depressionen auslösen kann, bis es ihnen gelingt zu vergessen, was ihre ursprünglichen Werte waren). Andere entscheiden sich vielleicht für den Weg der »kognitiven Therapie«, verändern ihre Wahrnehmung des Urteils, das sich die Welt von ihnen macht, und umgehen damit zwar die Depression, leben jedoch letzten Endes in einer selbst zusammengebastelten Welt. Wieder andere beugen sich vielleicht dem Urteil ihrer Mitmenschen und verinnerlichen ihre mangelnde Achtung zu mangelnder Selbstachtung. Doch ich bin der Ansicht, daß die Mehrheit von uns keinen dieser Wege einschlägt. So wie Len Murphy beißen wir die Zähne zusammen und kämpfen uns durch. Und wenn der Preis dafür Depressionen sind, dann ist es das trotzdem wert.

Vielleicht standen Salieri und Mozart vor der gleichen Situation, wenn auch mit umgekehrten Vorzeichen. Beide litten unter der Kluft zwischen der Selbstachtung und der Achtung der Mitwelt. Doch während sich Mozart – zumindest in Peter Schaffers Version der Geschichte – dieser Kluft in seinem Leben kaum einmal bewußt wurde, kreiste Salieris ganzes Denken nur um sie. Er war vielleicht der bessere Mensch von beiden – der Mensch mit Prinzipien, der die Wertschätzung seiner Zeitgenossen in Zweifel zog, obwohl er sie besaß, und daher Depressionen bekam.

Aus dem Spiel. Einen Großteil unserer Selbstachtung beziehen wir aus unserer Arbeit. Wenn wir jemanden kennenlernen, der wissen will, wer wir sind, stellen wir uns sogar fast automatisch mit den Worten vor: »Ich bin Arzt« (oder Journalist, Geschäftsführer oder was wir sonst sind). Wir führen uns der Welt gegenüber mit unserer Arbeit ein.

Was geschieht also, wenn wir nicht mehr arbeiten? Menschen, die entlassen wurden und keinen neuen Arbeitsplatz finden, machen einen drastischen Verfall des Selbstwertgefühls durch. Dies geht aber auch den Menschen so, die in den Ruhestand eintreten, auch dann, wenn sie sich vielleicht jahrelang darauf gefreut haben.

Es ist schwer, in den Ruhestand zu treten, ohne daß man eine gewisse Depression durchläuft. Eine problemlose Anpassung ist nahezu unmöglich, denn die Lebensumstände haben sich drastisch verändert. Alles läuft jetzt völlig anders. Man ist sich nicht mehr ganz sicher, wie man sich anderen gegenüber vorstellen soll; »in Ruhestand« ist keine angemessene Lösung. In der Rolle des Berufs kam man sich wichtig vor. Nun taucht ein bohrendes Gefühl der Bedeutungslosigkeit auf; man fühlt sich von der Hauptströmung des Lebens isoliert.

»Daß Menschen darunter leiden, wenn sie keine lohnende Aufgabe für sich finden, kann man Tag für Tag beobachten«, schrieb Thomas Szasz. Im Ruhestand ging diese »lohnende Aufgabe« – der Beruf – verloren. Viele neue Rentner erleben dies als Angriff auf ihr Selbstwertgefühl.

Joseph Pelliter zog sich eines schweren Herzleidens wegen früh aus seiner Arztpraxis zurück. Er hätte als Teilzeit-Berater weiterarbeiten können, doch sein Arzt riet ihm davon ab. Seine Rente und die Ersparnisse, die er im Lauf der Jahre durch kleinere Börsenspekulationen noch vermehrt hatte, erlaubten ihm und seiner Frau ein behagliches Leben. Das Problem war nur, was er nun in dem Ruhestand anfangen sollte, auf den er fünfunddreißig Jahre lang gespart hatte. Seine Frau lag durchaus richtig, als sie scheu zu bedenken gab: »Man kann den Rest seines Lebens doch nicht damit verbringen, Golf und Bridge zu spielen.«

Die ersten paar Wochen verliefen ziemlich problemlos. Während seine Frau sich weiterhin für wohltätige Zwecke engagierte und ihren Freundeskreis pflegte, blieb Joseph zu Hause und stellte zu seiner großen Überraschung fest, daß er durchaus Vergnügen daran fand, nicht arbeiten zu müssen. Er las, arbeitete ein wenig im Garten, legte sich nachmittags ein bißchen aufs Ohr und spielte Golf und Bridge. Das Telefon blieb still, aber das war eigentlich ganz angenehm. Die Kinder kamen zu Besuch, vergewisserten sich, daß alles in Ordnung war, und gingen dann wieder. Dann kam die Depression.

Sie hielt mehrere Wochen lang an, und er wurde völlig überrascht von ihr. »Anfangs erschien mir das alles sehr reizvoll«, sagte er, »das ruhige Leben und so. Aber eines Morgens schien das Aufstehen einfach keinen Sinn zu haben. Ich wußte nicht, was ich hätte mit mir anfangen sollen, wenn ich aufstand. Es schien kein Grund vorhanden zu sein, auch nur irgend etwas zu tun. Ich kam mir verloren vor, wie ausgestoßen von der Welt. Zurückgewiesen käme der Sache vielleicht näher. Schließlich ging ich ins Bad und fing an, mich zu rasieren. Ich fragte mich, weshalb ich mich bloß um so was noch kümmerte, und dann ertappte ich mich bei dem Gedanken, ein Rasiermesser zu kaufen, damit ich einfach abrutschen und mir in aller Stille die Kehle durchschneiden konnte. Ich starrte mich dann entsetzt im Spiegel an, weil ich daran auch nur gedacht hatte...

Sehen Sie, die Gartenarbeit, Schach, Bridge und so weiter waren recht und gut, solange ich mich nur von der Arbeit erholte. Aber jetzt hatte diese Erholung ein Ende. Ich wußte nicht, was ich mit mir anfangen sollte. Ich kam mir völlig haltlos vor.«

Während seines ganzen Lebens hatte Joseph Arbeit und Spiel immer säuberlich getrennt. Die Arbeit war die Hauptsache, alles andere nur eine Art Nachtisch. Jetzt gab es auf die Frage:»Was arbeiten Sie?« plötzlich keine Antwort mehr – oder zumindest keine bezüglich bezahlter Arbeit. Solange ihm darauf aber die Antwort fehlte, fühlte er sich nicht imstande, überhaupt irgend etwas zu tun.

Wenn die Redewendung »ein fleißiges Mitglied der Gesellschaft« praktisch gleichbedeutend mit »ein guter Bürger« ist, fällt diese Krise um so schwerer aus. Der Rentner muß eine persönliche Auffassung von »Arbeit« entwickeln, die sich von der landläufigen unterscheidet, da diese lediglich eine bezahlte Tätigkeit darunter versteht. Aber dies braucht Zeit. Es erfordert eine Überprüfung der eigenen Lebenseinstellung – eine Überprüfung, die oft nur in der Depression stattfinden kann. Joseph Pelliter fomulierte das so: »Man kommt sich vor, wie wenn man nicht mehr so ganz zur Welt gehört.« Man fühlt sich als Mensch weniger wertvoll, weniger nützlich, weniger verwurzelt. Ein wichtiges Hilfsmittel zur Bestimmung des eigenen Standorts in der Welt ist verschwunden. Dieser Verlust muß betrauert und aus dieser Trauer ein neuer Sinn gefunden werden.

»Einem Arzt im Ruhestand wird natürlich immer Achtung gezollt«, sagte Joseph, »das Problem ist nur, für was achte ich mich selbst? Für das, was ich in der Vergangenheit getan habe, oder für das, was ich heute tue? Ich möchte nicht völlig in der Vergangenheit leben. Deshalb muß ich mir etwas suchen, das mich heute ganz in Anspruch nimmt und interessiert.« Zur Zeit unseres Gesprächs ließ er sich gerade mehrere Ideen durch den Kopf gehen: einen Kurs über Politikwissenschaft besuchen, seine Dienste der Ortsgruppe seiner Partei anbieten oder einen Computer kaufen und eine ganz neue Sprache lernen... Die Zukunft und die darin enthaltenen Möglichkeiten hatten sich ihm erschlossen. »Ich wußte gar nicht, wie beschränkt mein Verständnis von der Welt außerhalb der Arbeit war«, sagte er. »Aber jetzt habe ich die Gelegenheit, das zu ändern.« Er macht die Entdeckung, daß es außer der Arbeit noch andere lohnende Aufgaben gibt, Aufgaben, die auch Spaß machen können.

Das leere Nest. Durch das Alter bedingte Rollenveränderungen sind besonders schwer zu bewältigen. Wir sind nie ganz darauf eingestellt, wirklich so alt zu sein, wie wir sind. Die Antwort auf die Frage »Wer bin ich?« könnte sich objektiv gesehen verändert haben, aber psychisch haben wir noch nicht die erforderliche Anpassung durchgeführt.

Die Mutter eines Neugeborenen will vielleicht selbst noch bemuttert werden. Ein Mann mittleren Alters fühlt sich bedroht, wenn er merkt, daß ihn Jüngere auf seinem Arbeitsgebiet überholen. Geschichten über Senkrechtstarter rufen in uns allen den Gedanken hervor: »Mein Gott, ich bin doch schon zehn Jahre älter als der, und was habe ich bisher geleistet?« Aber eine der schwersten Rollenveränderungen tritt vielleicht dann ein, wenn eine Mutter nicht mehr als Mutter gebraucht wird – wenn die Kinder von zu Hause ausziehen oder nicht mehr so sehr auf sie angewiesen sind wie früher.

Man kennt dieses Phänomen unter der verniedlichenden Bezeichnung »das Leere-Nest-Syndrom«, obwohl Vögel nicht darunter zu leiden scheinen. Es bezieht sich darauf, was geschieht, wenn die Kinder das »Nest« verlassen, auf dessen Bau und Unterhalt die Mutter Jahre ihres Lebens verwandt hat.

Ungeachtet feministischer Bestrebungen arbeitet die Hälfte der amerikanischen Frauen immer noch nicht außerhalb des eigenen Haushalts. Und wenn feministische Lehrmeinungen die Hausfrau auch als ein Mittelding zwischen Modedesignerin, Buchhalterin und Meisterköchin definierten, haben viele Hausfrauen das Gefühl, daß ihre Selbstachtung ständig abnimmt, als gehörten sie einem Stand an, der seine Nützlichkeit überlebt hat. Da sie sich der Tatsache bewußt werden, daß sich aus dem Haushalt allein nicht viel Befriedigung ziehen läßt, suchen viele Erfüllung durch ihre Kinder, als könnten sie deren Leistungen im Baseball oder in der Schule auf sich übertragen. Sie leben in hohem Maße für und durch ihre Kinder.

Ellen Seamans zum Beispiel war immer eine Frau, die für ihre gute Laune berühmt war. Sie lächelte und machte gute Miene, ganz gleich, welches Spiel gespielt wurde, und sah dabei so jung aus, daß man sie häufig dafür bewunderte, eher wie die Schwester ihrer Kinder als wie ihre Mutter zu wirken. Aber es kam der Tag, als ihre Töchter als Teenager nicht mehr auf sie angewiesen waren; sie fingen an, sich von ihr zu lösen und auf eigenen Füßen zu stehen. Allmählich litt Ellen unter dem beunruhigenden Bewußtsein, daß sie viel von ihrem eigenen Leben geopfert hatte, um in eine Rolle zu schlüpfen, die nun bald nicht mehr benötigt würde. Zum ersten Mal seit ihrer eigenen Jugend gestattete sie sich, eine Depression zu durchlaufen.

»Ich wußte einfach nicht, was ich nun tun sollte«, sagte sie später. »Zum ersten Mal in meinem Leben hatte ich das Gefühl, daß ich wirklich alt wurde und das Leben an mir vorbeiging. Auch nur der Gedanke an einen Neuanfang mit vierzig kam mir lächerlich vor. Eigentlich wollte ich immer Malerin werden und gab das Malen im Lauf der Zeit auch nie ganz auf, aber es so spät im Leben ernst zu nehmen, erschien mir als Schnapsidee. Ernst genommen hatte ich nur meine Familie, und nun hatte ich plötzlich den Eindruck, von *ihr* nicht mehr ganz ernst genommen zu werden. Es blieb nichts mehr für mich zu tun. Meinen Mann nach einem harten Arbeitstag aufzumuntern und schöne Einladungen auszurichten war nicht genug. Es mußte doch noch mehr geben.«

Als ihr dies durch die Depression klar wurde, wählte Ellen nicht den Ausweg, auf den so viele andere Hausfrauen verfallen – einen fast bizarr wirkenden Sauberkeits- und Ordnungsfimmel. Viele Frauen scheuern und putzen in einem fort, was sie erst tags zuvor gescheuert und geputzt haben; dabei scheinen sie wenigstens in einem Bereich ihres Lebens nach Vollkommenheit zu streben, wo dies tatsächlich machbar ist. Wenn schon der von Hollywood, Liebesromanen und der Werbung propagierte Mythos der vollkommenen Ehe unrealistisch ist, kann wenigstens die Vorstellung vom vollkommenen Heim bewahrt werden.

Aber wenn aus Utopia nichts weiter als ein spiegelblanker Fußboden wird, dann nimmt jede Hausfrau mehr oder minder deutlich einen Verlust zur Kenntnis – den Verlust echter Befriedigung aus der Arbeit, den Verlust der Anstrengung und des Sinns. Der Sinn eines spiegelblanken Bodens erschöpft sich nur zu häufig darin, daß es keinen anderen Sinn *gibt*.

Diejenigen, die diesem Verlust das Etikett »Hausfrauen-Depression« aufkleben, weichen dem eigentlichen Problem aus, indem sie es als Symptomkategorie behandeln, die auf rätselhafte Weise nur bei Hausfrauen auftritt. Innerhalb des Rahmens der Alltagsdepression läßt es sich jedoch ohne Schwierigkeiten erfassen. In einer solchen Lage deprimiert zu sein ist durchaus plausibel; das Problem dabei bleibt, daß viele Hausfrauen aus Angst vor der Auseinandersetzung mit der Depression sich nie wirklich von ihr befreien können. Sie erfüllen das Nest mit hektischer Betriebsamkeit.

Aber das Leere-Nest-Syndrom beschränkt sich nicht auf Ganztags-Hausfrauen. Häufig erfahren es gerade die Menschen, die am wenigsten damit rechnen. Julia Wexler zum Beispiel arbeitet in der Berufsberatung im amerikanischen Mittelwesten, und ihr Leben schien ideal zwischen

Arbeit und Familie aufgeteilt zu sein – ein erfülltes Leben, in dem für Leere scheinbar kein Platz war.

Dann starb der Familienhund. Der Hund war eine Promenadenmischung, hatte zu diesem Zeitpunkt mindestens so viele graue Haare wie schwarze, hinkte von den drei Verkehrsunfällen, die er überstanden hatte, und machte alles in allem einen arg mitgenommenen Eindruck durch die dreizehn Jahre, die er mit drei ausgelassenen Kindern verlebt hatte. Er gehörte wie selbstverständlich zum lebenden Inventar des Haushalts und starb im Schlaf. Daraufhin verfiel Julia in eine schwere Depression.

Sie war sich im klaren, daß sie um den Hund trauerte, und sah auch ein, daß ihre Trauer übertrieben war. Aber sie konnte einfach nicht anders. »Er fehlt mir viel mehr als ich dachte«, gestand sie. »Er gehörte zur Familie und hatte miterlebt, wie die Kinder zur Welt kamen und aufwuchsen. Aber jetzt wo er gestorben ist, scheint das alles mit ihm gestorben zu sein. Die Kinder sind fast erwachsen, die meiste Zeit über sind sie außer Haus, und ich habe das Gefühl, in einer Zwischenstation ihres Lebens, die sie der Kürze halber ihr Zuhause nennen, nur noch für warme Mahlzeiten und saubere Bettwäsche sorgen zu dürfen. Bald werden sie einer nach dem anderen von zu Hause ausziehen. Das ist das Ende einer ganzen Epoche.«

Doch das Ableben des Hundes war nicht der einzige Tod in der Familie gewesen. Vor über einem Jahr war Julias Mutter bei einem Verkehrsunfall gestorben. Sie hatte in einer anderen Stadt gewohnt, und Julia hatte Schuldgefühle deswegen, als ob sie den Unfall hätte verhindern können, wenn sie bei ihr gewesen wäre. Obwohl sie um ihre Mutter trauerte, vermischten sich die Schuldgefühle, keine gute Tochter gewesen zu sein, mit dem Leid. Als sie wieder bei sich zu Hause war, hatte sie das alles beiseite geschoben – bis der Hund gestorben war.

Obgleich es für einen Außenstehenden ziemlich offensichtlich ist, mußte sie jemand anderes auf den Zusammenhang zwischen dem Tod des Hundes und dem Tod ihrer Mutter hinweisen – und ferner auf den Zusammenhang zwischen dem Verlust ihrer Mutter und dem drohenden Verlust ihrer Mutterrolle.

Eltern sind nie ganz darauf vorbereitet, wenn ihre Kinder ein eigenständiges Leben beginnen. Die für ihr eigenes Leben wichtige Rolle, Mutter oder Vater zu sein, wird dadurch ausgehöhlt und gleichzeitig werden sie schmerzhaft daran erinnert, daß auch sie älter geworden sind. Wenn die Kinder aus dem Haus gehen, sehen die Eltern ihr eigenes Alter näherrücken. Obwohl man dies im allgemeinen für ein spezielles

Frauenproblem hält, weil die meisten Wissenschaftler und Therapeuten die Rolle der Mutter ernster nehmen als die des Vaters, leiden auch Männer darunter.

Gregory Morrison dachte, im Grunde hätte er alles recht gut überstanden. Gut, der Abschied von den Kindern war nicht leicht gewesen, aber seiner Meinung nach hatte er ihn ganz ordentlich bewältigt. Er war jetzt Mitte Fünfzig und alles in allem mit seinem Leben zufrieden. Die Kinder schienen glücklich verheiratet, seine Arbeit als Unternehmensberater lief gut, und er und seine Frau konnten einer angenehmen Zukunft entgegenschauen.

Eines Sonntags unternahm er einen Nachmittagsspaziergang durch den Park. Seine Frau war an jenem Nachmittag zu Hause geblieben und hatte lieber gelesen, aber der Sonnenschein und das Gefühl von Frühling in der Luft hatte ihn nach draußen getrieben. Es war eine gute Gelegenheit, sich einfach zu entspannen und innerlich frei zu machen für das, was einem begegnete.

Der Park war voller Menschen. Kinder liefen umher und spielten mit Frisbees, ließen Drachen steigen, jagten Bällen hinterher oder riefen nach ihren Eltern, damit sie ihnen beim Purzelbaum auf dem Rasen zusahen. Sie zogen an Erwachsenenhänden und bettelten um ein Eis oder gingen einfach Hand in Hand mit ihren Eltern im sicheren Gefühl des Behütetseins, während sie mit den Augen alles verschlangen, was auf dem Rasen vor sich ging. Rings um sich hörte Gregory Kinderstimmen: »Vati, he, Vati, schau mal!« »Papi, krieg ich 'ne Zuckerwatte?« »Vati, gehen wir zum Teich?« Und plötzlich überkam ihn ein schreckliches Leeregefühl, als ob ihm etwas sehr fehle.

»Ich spürte das körperlich sehr stark, hier in der Brust, links, wo das Herz ist. Es war ein wirklicher, heftiger Schmerz, während ich dort stand und mich nach einem Kind sehnte, das mich an der Hand hielt, mich nach der Stimme eines eigenen kleinen Kindes sehnte, das zu mir sagte: ›Vati, Vati, los, machen wir was.‹ Und ich rührte mich nicht vom Fleck und sah all den jungen Männern mit ihren kleinen Kindern zu, und Tränen standen mir in den Augen, weil ich keine mehr hatte und nie wieder welche haben würde.«

Langsam ging er nach Hause, der Schmerz war immer noch da. Als er vor seinem Haus angelangt war, hielt er eine Weile inne und versuchte es sich auszureden. »Gregory«, sagte er zu sich selbst, »du bist jetzt vierundfünfzig und keine achtundzwanzig mehr. Das hattest du schon, du hattest Kinder, und jetzt ist das zu Ende, es ist vorbei. Du bist jetzt in einer anderen Phase deines Lebens.«

Der Schmerz ließ nach, während er mit sich sprach, aber nicht ganz. Die Erinnerung daran blieb seinem Körper den restlichen Tag über erhalten. Noch einige Tage danach empfand er tiefe Traurigkeit, bis auch sie von ihm wich. »Wirklich sehr eigenartig«, sagte er. »Ich bin zufrieden, so wie die Dinge im Moment stehen. Aber die Vergangenheit holt einen bei solchen Gelegenheiten ein und bringt einem zu Bewußtsein, was man alles verloren hat. Die Gegenwart wird belanglos, und man möchte nichts sehnlicher, als wieder in der Vergangenheit leben. Das kann man natürlich nicht, und man weiß das auch, aber wissen bedeutet nicht immer, daß man so empfindet. Der Tag war so schön, und ich war so locker – vielleicht hat sich die Vergangenheit einfach in meine Gedanken eingeschlichen.« Und er lächelte, zuckte mit den Achseln und wandte sich ein wenig trauriger wieder der Gegenwart zu.

8.
Selbstmordgedanken

*Darkling I listen; and, for many a time
I have been half in love with easeful
death.*

John Keats, *Ode to a Nightingale*

Suzanne Maitlin ist leitende Angestellte im Marketingbereich; wie viele andere auf der hektischen Führungsebene ihres Berufes, lebt auch sie für ihre Arbeit und erholt sich am besten beim Fachsimpeln. In ein solches Gespräch war sie gerade vertieft, als wir uns im Haus einer gemeinsamen Bekannten kennenlernten, und es überraschte mich, als sie mich, nachdem sie von meinen Recherchen über Depressionen erfahren hatte, von den anderen wegzog und mit mir in die andere Ecke des Wohnzimmers ging. Dort schenkte sie dem Branchenklatsch rund um den Couchtisch keine weitere Beachtung, sondern erzählte mir statt dessen, was ihr am Tag zuvor passierte.

Es war ein schwerer Tag gewesen. Wegen einer Erkältung hatte sie Antibiotika eingenommen, die an ihren Kräften zehrten, aber dennoch mußte sie an einer wichtigen Konferenz teilnehmen. »Meine Anwesenheit war unbedingt erforderlich«, erklärte sie mir. Während der Konferenz wurde etwas getrunken. Das Geschäft ging in die Binsen, und als sie nach Hause kam, trank sie noch ein paar Gläser.

Alkohol auf Antibiotika zu trinken ist nicht sehr ratsam, und so war es vorhersehbar, daß es ihr am Abend ziemlich schlecht gehen würde. Sie war jedoch nicht darauf vorbereitet, wie schlecht es ihr dann ging. Der Frust und die Enttäuschung des Nachmittags verbanden sich mit den Antibiotika und dem Alkohol, um ihren Widerstand zu brechen, und sie verfiel in eine quälende Depression. Stundenlang saß sie da, und durch ihren Kopf gingen »seltsame Gedanken, schreckliche Gedanken«, wie sie es ausdrückte.

Sie dachte daran, alle Schlaftabletten und Beruhigungsmittel aus ihrem Spiegelschrank im Bad zu nehmen und sie mit den ganzen alkoholischen Getränken herunterzuspülen, die sie noch in der Wohnung hatte.

Statt dessen schlief sie letzten Endes einfach ein und wachte am nächsten Morgen auf mit einem gewaltigen Kater... und der Erinnerung an den gestrigen Abend.

Diese Gedanken hatten sie offensichtlich erschüttert. Sie erschüttern die meisten von uns. Wenn wir uns dabei ertappen, wie wir über Selbstmord nachdenken, und sei es auch nur einen Moment lang, sind wir sowohl erschrocken als auch entsetzt – und zwar mindestens ebenso sehr über den Umstand, daß wir überhaupt daran denken, wie über die eigentliche Vorstellung.

Vielleicht ist es nicht mehr als der flüchtige Gedanke, das Rasiermesser einfach abrutschen zu lassen, oder die Eingebung, die einem in den Sinn kommt, wenn man von einem Hochhaus nach unten blickt. Wenn man auf der Aussichtsplattform des World Trade Center steht, lassen einen die dort zur Verhinderung von Selbstmorden angebrachten Gitter vielleicht an den eigenen denken; wenn man auf der Golden Gate Bridge in San Francisco steht und an die vielen bekannt gewordenen Selbstmörder denkt, die von dieser Brücke sprangen, fragt man sich vielleicht, ob man selbst der nächste sein könnte. Möglicherweise stellt man auch die bedenklichere Berechnung an, wie viele Schlaftabletten man nehmen oder wie hoch das Fenster gelegen sein müßte, um den »Erfolg« sicherzustellen. Doch obwohl es den Anschein hat, als wäre zumindest jeder zweite von uns schon einmal auf diese Idee gekommen, und es ist durchaus möglich, daß die Zahl noch viel höher liegt, bleiben Selbstmordgedanken das öffentlich am wenigsten Beachtung findende Element der Depression und auch das anstößigste. Und gerade weil Selbstmordphantasien so selten erwähnt werden, sind wir um so weniger auf sie vorbereitet, wenn sie uns heimsuchen.

Selbstmord wird als schlimmste aller Geisteskrankheiten betrachtet, sie ist buchstäblich tödlich. Wir empfinden Mitleid mit Menschen, die sich umgebracht haben, doch wir haben auch Angst vor ihnen, obwohl sie tot sind. Wir haben Angst, die völlige Verzweiflung kennenzulernen, die sie zu diesem Schritt getrieben haben muß. Wir möchten lieber nicht erfahren, ob derartige Verzweiflung möglich ist. Ist sie es aber, stufen wir sie als Krankheit ein. Suzanne Maitlin fragte mich an jenem Abend: »Ich hatte keine Ahnung, daß ich überhaupt dazu fähig bin, an so etwas zu denken. Woher kamen diese Gedanken? Was bedeuten sie? Bin ich wirklich krank?«

DIE MÖGLICHKEIT INS AUGE FASSEN. Wenn wir an Selbstmord denken, spüren wir, daß wir in eine düstere und völlig irrationale Welt der Emotion gelangt sind, als hätten wir plötzlich jede Verbindung zu der Hauptströmung der so am Leben hängenden Menschheit verloren. Wir stoßen mit unserem Denken in einen Bereich jenseits der Grenzen des Erlaubten vor. Denn wenn die eigentliche Tat des Selbstmords jenseits dieser Grenzen des gesellschaftlich Anerkannten liegt, dann gilt dies auch für den Gedanken. Es kommt uns so vor, als hätten wir uns durch allein den bloßen Gedanken schon an der eigentlichen Tat beteiligt.

Aber Phantasievorstellungen vom eigenen Tod machen einen noch lange nicht zu einem wirklichen Selbstmörder, genausowenig wie einen der in Wut oder nach einer schmerzlichen Enttäuschung geäußerte Wunsch, jemand möge tot umfallen, zum Mörder, oder der Tagtraum, eine Bank zu überfallen, zum Schwerverbrecher macht. Für die übergroße Mehrzahl der Menschen stellen derlei Gedanken weniger Richtlinien für ihr Handeln als vielmehr ein phantasievolles Liebäugeln mit der stets vorhandenen Möglichkeit dar. Wir spielen mit der Selbstmordidee einfach deshalb, weil sie wirklich möglich ist. Was Freud das »Lebensspiel« nannte, ist auch das Todesspiel. Indem wir es spielen, loten wir das Mögliche aus; durch Einsatz der Phantasie erleben wir die Möglichkeit, uns das Leben zu nehmen, ohne uns wirklich der Todesgefahr auszusetzen.

Manche tun dies vielleicht auf Umwegen – indem sie sich beispielsweise das eigene Begräbnis ausmalen, wobei die tatsächliche Todesart angenehm im dunkeln bleibt. »Als ich jünger war«, erinnert sich eine Frau Mitte Vierzig, »pflegte ich von meinem Begräbnis zu träumen. Alle sagten, wie traurig es doch wäre, daß ich so jung mit meinem großen Talent und so weiter gestorben sei, und alle weinten sich die Augen aus dem Kopf. Ich selbst war auch dabei, und sie unterhielten sich mit mir, kamen zu mir, um mir die Hand zu schütteln und Dinge zu sagen wie ›Deine Hand ist so kalt‹, und dann erkannte ich immer, daß ich nichts mehr fühlte, und *dann* wurde mir klar, daß ich die Leiche war ...«

Träume wie diese stellten auf der unbewußten Ebene das Gefühl des inneren Todes dar, das sie in ihrem bewußten Leben immer dann empfand, wenn sie Depressionen hatte. Viele andere stellen dies in Tagträumen dar, wobei sie die Beerdigung so lange immer wieder vor ihrem geistigen Auge ablaufen lassen, bis sich Trost daraus ziehen läßt, weil alle sagen, wie sehr sie einen geliebt haben und vermissen werden. Wenn man aus einem solchen Tagtraum erwacht, kommt einem die wirkliche Welt eine Zeitlang sehr grau und leer vor, während man sich auf die Tatsache einstellt, daß man noch am Leben ist. In der Phantasie ist man ein wenig gestorben; nun ist es an der Zeit, mit der unangenehmeren Mühe des Lebens fortzufahren.

Diese Art von Gedankenspiel mit dem eigenen Tod ist nicht bloß reiner Zeitvertreib oder eine Kinderei, und auch nicht die Art von Spiel, die man im Sinn hat, wenn man jemandem sagt: »Hör mit deinen Spielchen auf.« Es gehört zu einer ganz anderen Art: bei dem Gedankenspiel mit dem eigenen Tod spielen wir auch mit dem Sinn des Lebens – erforschen ihn und suchen nach ihm. Die Möglichkeit, unser Leben zu beenden, stellt zwangsläufig auch die Art in Frage, wie wir es leben.

Die Philosophen haben dieses scheinbare Paradoxon schon lange erkannt. Schopenhauer nannte den Tod »die Muse der Philosophie«. Nietzsche stellte die Behauptung auf, der Gedanke an den Selbstmord habe schon viele Leben gerettet. Gabriel Marcel erklärte, »die Tatsache, daß die Möglichkeit des Selbstmords jederzeit besteht, ist der grundlegende Ausgangspunkt für jedes wahrhaft metaphysische Denken« – das heißt also für alles Denken, das die gesamte Frage unseres Daseins behandelt, die Bedingungen, unter denen wir leben und wie wir leben oder uns zu leben wünschten.

Diese zählen zu den unbequemsten Fragen, die man überhaupt stellen kann. Das Nachdenken über das Sein schließt immer auch das Nachdenken über das *Nicht*sein ein, so wie das Nachdenken über die Depression das Nachdenken über Glücklichsein einschließt. Daher versuchen wir auch, diesem Denken auszuweichen, indem wir uns keine Gedanken über das Leben machen, sondern einfach leben. Wir erlauben es uns vielleicht noch, über die »Taktik« unseres Lebens nachzugrübeln, vor dem Nachdenken über das Leben selbst schrecken wir jedoch zurück – bis uns dann Selbstmordphantasien keine andere Wahl mehr lassen. Mit einemmal wird uns dann die Tatsache der eigenen Existenz bewußt.

Für Martin Heidegger liegt in diesem Gedanken der erste Ansatz für ein mögliches »authentisches Dasein«. Sobald man ihn wirklich als Möglichkeit begreife, so behauptete er, sei der Tod im menschlichen Dasein von Geburt an vorhanden; wenn wir der Möglichkeit des Todes ins Auge sähen, würden wir dadurch aus dem Zusammenhang eines banalen Lebens gerissen und hin zu einem Selbst geführt, das sich ohne Verstellung mit der Sterblichkeit abfinden müsse. Heidegger nannte diese Konfrontation die »Freiheit-zum-Tode«. Er war der Ansicht, daß die Möglichkeit des Nichts – des Nichtdaseins des Selbst – auf dem Bewußtsein eben dieses Daseins beruhe. Daher gehen wir aus der Auseinandersetzung mit dem Tod mit dem Gefühl größerer Lebendigkeit hervor.

AUFS GANZE GEHEN. Ein gefahrvolles Leben vergrößert das Bewußtsein der Möglichkeit des Todes – und daher die Vitalität. »Das Leben verarmt, es verliert an Interesse«, schrieb Freud, »wenn der höchste Einsatz in den Lebensspielen, eben das Leben selbst, nicht gewagt werden darf.«

Während sich die meisten von uns ein Nichtsein in ihrer Phantasie vorstellen können, fühlen sich manche getrieben, es tatsächlich aufs Spiel zu setzen. Manchmal hat es sogar den Anschein, als hätten sie den Wunsch zu sterben oder versuchten, auf gesellschaftlich anerkannte Weise Selbstmord zu begehen. Der Bergsteiger, der Rennfahrer und der Testpilot – sogar extravagante »erfolgreiche« Selbstmörder wie Ernest Hemingway oder Sylvia Plath – leben in gewissem Sinne für uns mit. Je knapper sie am Tod vorbeischlittern, desto mehr sind wir übrigen davon befreit, selbst in Tuchfühlung mit ihm zu treten. An Stelle des Zitterns und Zagens, das uns bei Selbstmordgedanken überfällt, geben sie uns Heldentaten zu feiern. Und aus diesem Grund machen wir sie zu Idolen.

Wir verklären die Menschen, die am Rande des Todes standen – die ihn »gerochen« und es überlebt haben, um uns diesen Duft zu beschreiben. Es scheint ein starker Duft zu sein, berauschend und verführerisch. Wir wittern ihn bei gefährlichen Sportarten; durch Literatur und Theater können wir ihn sogar selber riechen. Mit Hilfe unserer Helden der Gefahr können wir den Nervenkitzel der Lebensgefahr aus zweiter Hand erleben. Durch ihre Bereitschaft, Extreme auszukosten, sind wir vom Nachdenken über die Möglichkeit entbunden, uns das Leben zu nehmen.

Wenn das Tabu gegen das Morden aufgehoben ist, wie in Kriegszeiten, kann diese Verklärung bis zur Übertreibung gehen. Das Bewußtsein der Möglichkeit des Todes scheint dem Lebensgefühl eine besondere Schärfe und Prägnanz zu verleihen. In seinen am Anfang des Ersten Weltkriegs entstandenen Betrachtung *Zeitgemäßes über Krieg und Tod* bezeichnete es Freud als »evident, daß der Krieg diese konventionelle Behandlung des Todes hinwegfegen muß. Der Tod läßt sich jetzt nicht mehr verleugnen; man muß an ihn glauben. Die Menschen sterben wirklich, auch nicht mehr einzeln, sondern viele, oft Zehntausende an einem Tage ... Das Leben ist freilich wieder interessant geworden, es hat seinen vollen Inhalt wiederbekommen.«

Die Menschen, die in keinem Krieg gekämpft haben, zeichnet oft eine gewisse bewundernde Ehrfurcht für die anderen aus, als hätten jene, weil sie den Tod aus dem Krieg »kennen« – weil sie in Berührung mit ihm waren und ihn sogar verursachten –, sich damit auch eine andere Art von

Kenntnis erworben, vergleichbar den griechischen Helden, die aus der Unterwelt zurückkehrten. Zuweilen ist diese Ehrfurcht durchaus angebracht. Menschen, die im Krieg getötet und sich dennoch einen Sinn für das eigene Ich bewahrt haben – und darunter verstehe ich das volle Verständnis der Entsetzlichkeit ihrer Taten und der schmalen Trennlinie zwischen Leben und Tod, sowie eine in der Folge gesteigerte Achtung vor der Zerbrechlichkeit und dem Wert des Lebens –, sind in gewisser Beziehung tatsächlich anders als andere. Sie verfügen über eine Erfahrung, der die meisten von uns lieber ausweichen. Genau dieser Erfahrung nähern wir uns ansatzweise in Selbstmordphantasien, wo sie uns erschreckt. (Man muß jedoch anfügen, daß nicht alle, die im Krieg töten, mit dieser Achtung aus ihm hervorgehen; tatsächlich handelt es sich dabei vielleicht nur um eine Minderheit. Manche läßt der Krieg grob werden; ein paar prahlen sogar noch mit ihren Morden, und dies ist ebenfalls eine Methode zur Verleugnung der Erfahrung, die sie gemacht haben, jedoch entsetzt zurückwiesen – der Erfahrung der Zerbrechlichkeit des eigenen Lebens.)

Aber trotz des Entsetzens sind Selbstmordphantasien tatsächlich spannend, so spannend wie Abenteuergeschichten und Krieg. Indem sie uns dem Tod nahebringen, wenn auch nur in der Einbildung, erhöhen sie den Reiz des Lebens. Selbstmordgedanken zu hegen mag auf den ersten Blick als übertriebenes Mittel dafür erscheinen, aber ist es wirklich übertriebener als Fahren mit überhöhter Geschwindigkeit oder das Eingehen von Risiken beim Bergsteigen? Es hat eher den Anschein, als wäre das eine ein bewußtes Liebäugeln mit Selbstmord und das andere ein unbewußtes (vielleicht gar nicht so weit entfernt von verkehrsgefährdendem Autofahren oder selbstzerstörerischem Trinken, die oft Kennzeichen der verdeckten Depression sind). Wenn einem alles langweilig und spannungsleer erscheint wie in der Depression, dann schafft der Gedanke an Selbstmord den Reiz des Dramatischen, Aufregenden und Verbotenen.

Der Ingenieur Carl Tanner erinnert sich mit seltsamer Zärtlichkeit an eine Phase quälender Depression und an die Selbstmordphantasien, die er sich damals ausmalte. Er bereitete sich damals gerade auf eine Scheidung vor und wurde von dem Gefühl gepeinigt, als Ehemann versagt zu haben. Was er heute darüber sagt, klingt fast ein wenig wehmütig. »Es war so *stark*«, sagt er mit einer Spur von Ehrfurcht. »Die Intensität des Gefühls war einfach unglaublich. Ich hätte nie gedacht, daß ich etwas so stark empfinden kann.« Er dachte an den Fluß, ein Gewehr, ein Rasiermesser; dachte an die vielen Menschen, die sich vor ihm umgebracht hatten, »vor allem in der Zeit der Weltwirtschaftskrise, ich hatte volles Verständnis für die Bankiers, die sich damals aus den Fenstern stürzten«; dachte an alle Dinge, die er mit Rücksicht auf seine Familie erledigen mußte, bevor er zur Tat schreiten konnte. Im Rückblick, sagt er, hätte er noch nie etwas so intensiv empfunden wie diese Depression. Er hatte noch nie die eigene Lebendigkeit so stark erlebt wie damals, als er sich vorstellte, ihr ein Ende zu setzen. So quälend es auch war, muß er einfach mit einer gewissen Sehnsucht an die emotionale Hochstimmung zurückdenken, die sein Leben während dieser Wochen bestimmt hatte. Als er sich an die Schwelle des Todes begab, fühlte er sich wie mitten im Herz des Lebens.

Der Zusammenhang zwischen Sexualität und Tod – der den meisten von uns so dunkel und schreckenerregend erscheint wie der Gedanke an den Selbstmord, weshalb er auch so wenig Erwähnung findet – bestimmt die Art, wie sich Leben und Tod zueinander verhalten. Sexualität wird mit Vitalität – ja mit dem eigentlichen Ursprung des Lebens – verknüpft und ist daher der genaue Gegensatz zum Tod. Es kann daher kaum überraschen, wenn mit der Depression in der Regel ein Nachlassen des sexuellen Interesses einhergeht (außer sie ist verdeckt oder wird verleugnet, denn dann wird Promiskuität zu einem Schutzmechanismus zur Ausschaltung des Selbstbewußtseins). Aber wenn der Reiz bis zum Tod erhöht wird, darf es auch nicht überraschen, wenn die enge Berührung mit dem Tod oder ein knappes Entrinnen von leidenschaftlicher Sexualität begleitet sein kann.

Ein Freund von mir zum Beispiel, der bei den ersten amerikanischen Truppen war, die 1945 die Nazi-Konzentrationslager befreiten, erinnert sich noch genau daran, wie die überlebenden Männer und Frauen aufeinander losstürzten. Mit einer Mischung aus Scheu und Achtung erzählt er von dem Anblick lebender Skelette, die sich in aller Öffentlichkeit vereinigten. Seinem Eindruck nach handelte es sich um eine unmittelbare und unwillkürliche Reaktion auf das Gefühl »Ich lebe« – eine Bestätigung des Lebens mitten im Tode. An diesem Ort war das, was unter normalen Umständen unbegreiflich wäre, eine schmerzliche und schockierende, aber auch höchst menschliche Reaktion auf Tod und Vernichtung, eine atavistische Kampfansage, die sowohl Abscheu als auch Bewunderung hervorruft.

Eine in New York lebende Freundin von mir entsinnt sich noch deutlich an den Abend, als sie und ihr Mann miterleben mußten, wie ein junger Mann während eines Raubüberfalls auf der Straße erschossen wurde. Als der Krankenwagen endlich kam, war er tot. Erschüttert gingen die beiden nach Hause; sie tranken beide einen großen Cognac und gingen dann zu Bett. Dort liebten sie sich zur ihrer beschämten Verwunderung kurz und heftig, um erst dann erschöpft in Schlaf zu fallen.

»Im Rückblick erscheint es schrecklich, daß wir das getan haben, nach dem, was wir auf der Straße mit ansehen mußten«, sagte sie. »Wir empfanden das damals auch so, aber irgendwie lief das völlig unwillkürlich. Wie wenn wir uns gegen den Tod zur Wehr gesetzt hätten. Wir haben nie darüber geredet, aber ich bin mir sicher, daß es so war.«

Diese Geschichten stammen von Begegnungen mit dem konkreten Tod. In beiden Fällen wurde Sexualität dazu benützt, im Angesicht des Todes die Vitalität unter Beweis zu stellen. Beim metaphorischen Tod – dem innerlichen Tod oder dem Absterben während der Depression, wo sich ein Verlust ereignet hat – findet diese Manifestation jedoch in der Phantasie statt.

Wenn wir uns vorstellen, uns das Leben zu nehmen, schaffen wir ein konkretes Symbol für den inneren Tod unseres Empfindens. Und da wir symbolische Wesen sind, müssen wir, wenn wir dieses Symbol erkennen und herausfinden können, was sich dahinter verbirgt, es nicht in die Wirklichkeit umsetzen. Das hat Nietzsche gemeint, als er erklärte, der Gedanke an Selbstmord habe schon viele Leben gerettet. Selbstmordphantasien sind nicht die Zufallsgedanken eines verzweifelnden oder kranken Gehirns; sie sind eine phantasievolle Umsetzung unseres Empfindens. Wunschvorstellungen über unser Begräbnis erfüllen den gleichen Zweck: wir trauern um uns selbst, um den Teil von uns, der verlorenging. Wir malen uns eine drastische Darstellung der eigenen Gefühle aus, überspannen sie aufs höchste und kehren dann wieder zum Leben zurück.

Das Selbstmordleben. Es gibt natürlich auch solche Menschen, die nicht zurückkehren, die getrieben werden, ihre Gefühle in die Wirklichkeit umzusetzen. In dieser Hinsicht ist Selbstmord ein Mangel an Phantasie. Die Verzweiflung geht so tief, daß die Phantasie ihre Aufgabe nicht erfüllen kann; nur die Tat selbst kann das.

Der Psychiater Leslie Farber machte auf den gewaltigen Unterschied zwischen echten Selbstmordkandidaten und den Menschen aufmerksam, die Selbstmordphantasien nachhängen. »Das Bewußtsein, daß es möglich ist, sich umzubringen, führt nicht dazu, daß wir uns hier und auf der Stelle das Leben nehmen, ebensowenig wie das Bewußtsein, daß wir Sünder sind, uns nicht dazu veranlaßt, auszuschwärmen und zu sündigen. Auf den Menschen jedoch, der ein ›Selbstmordleben‹ führt, wie ich es genannt habe, übt die Möglichkeit, den eigenen Tod herbeiführen zu können, eine teuflische und verführerische Faszination aus.« Für Kirilov in Dostojewskis Roman *Die Dämonen* ist Selbstmord eine Willenshandlung, das einzige Gegenmittel gegen die Angst. »Ich bin schrecklich unglücklich, denn mir ist schrecklich angst«, sagt er; er kann diese Angst nur vertreiben, indem er sich umbringt. Für einen Menschen, der alle Hoffnung verloren hat, ist ironischerweise Selbstmord die letzte Hoffnung. Der Unterschied zwischen Selbstmordphantasien und dieser Art von potentiellem Selbstmord liegt im Bewußtsein.

Die Möglichkeit abzulehnen, den eigenen Tod herbeizuführen, im vollen Bewußtsein dieser Möglichkeit, und sich statt dessen der schweren Aufgabe zu stellen, mit der Angst zu leben und neue Hoffnung zu finden, ist vielleicht der einzig wirklich heroische Aspekt des Lebens. Rollo May schrieb einmal, er bezweifle, »ob jemand sein Leben wirklich ernst nimmt, bevor er sich darüber im klaren ist, daß es ganz und gar in seiner Macht steht, Selbstmord zu begehen«, doch er fügte hinzu, daß dieses Bewußtsein etwas ganz anderes sei als »die überwältigende und nachhaltige Depression, deren selbstzerstörerische Impulse unbeeinträchtigt vom Selbstbewußtsein bleiben, die bei tatsächlichen Selbstmördern vorzuherrschen scheint«.

Im Selbstmordleben ist die Auslöschung des Selbstbewußtseins das Hauptziel; Selbstmordgedanken werden zwanghaft. Und gerade diese Zwangsvorstellung zerstört das Bewußtsein; sie ist der Tod für Intelligenz und Persönlichkeit, Absicht und Zielvorstellung. Man kann sie sogar, so schockierend das sein mag, mit zwanghafter Liebe vergleichen.

Die Zwangsvorstellung von Liebe und die Zwangsvorstellung von Tod stellen beide eine verzweifelte und unbewußte Suche nach selbstzerstörerischer Intensität dar, wobei alles andere nicht mehr von Bedeutung ist. Der Anthropologe Jules Henry sagte: »Das Leben läßt sich nur dann in Liebe und Tod spalten, wenn es keine Leidenschaft zwischen diesen beiden Polen gibt; nur dann, wenn nichts anderes vorhanden ist, dem man Bedeutung beimessen könnte... Wenn das Leben leer ist, stürzt sich der Mensch von der Liebe in den Tod; und wenn er nicht lieben kann, hat er Angst vor dem Tod, und wendet sich deshalb zwanghaft der Liebe zu. Die Zwangsvorstellung von Liebe und Tod füllt die Lücke aus, die das Verschwinden der Bedeutung aus dem Leben hinterlassen hat, und diese Bedeutung verschwindet paradoxerweise dann aus dem Leben, wenn die Anstrengung des Weiterlebens zuviel für uns wird.«

Wenn wir uns mit der Depression als symbolischem »kleinen Tod« und als Trauervorgang um den Teil von uns, der verlorenging, abfinden können, sind wir wesentlich weniger anfällig dafür, Selbstvernichtung durch eine Zwangsvorstellung vom Tod oder durch den Tod selbst zu suchen. Wenn wir uns diesem Vorgang aber aus Angst oder Scham verweigern, droht uns eine andere Art von Tod – eine anhaltende, chronische Depression, bei der die Gegenwart nicht mehr zählt, es keine Zukunft gibt und geben kann und Selbstmord nicht eine Frage der Phantasie, sondern der Absicht ist. Das Selbstmordleben tritt auf den Plan, und aus Spiel wird Ernst. Die Angst vor dem Tod geht verloren, so daß der Tod zum Ziel im Leben des Betroffenen wird, das verführerische Versprechen auf ein Ende des Bewußtseins.

Die Angst, mit der wir an unseren Selbstmord denken, erhält uns folglich am Leben, und die vielen Menschen, die sich vor ihren Selbstmordphantasien fürchten, sind mutiger – heldenhafter sogar –, als sie sich träumen lassen. In der Anerkennung der Möglichkeit des Selbstmords weisen sie sie bewußt zurück, wodurch sie trotz allem ihre Bindung an das Leben bestätigen.

DIE ARENA DES LEBENS. Das Liebäugeln mit Selbstmord kann eine wichtige Rolle bei unserer Bewältigung von Verlusten spielen. In der Depression fühlen wir uns abgestumpft, als wäre ein Teil unserer Persönlichkeit gestorben. Durch den Gedanken an Selbstmord schaffen wir eine konkrete Metapher für diesen psychischen Tod. Die Vorstellung unseres physischen Todes und die Trauer, die wir in unserer Phantasie über ihn empfinden, werden zu Hilfsmitteln bei der Bewältigung der Emotionen des geringfügigeren psychischen Todes, den wir erlebt haben. Durch die Vorstellung unseres Todes betrauern wir jenen Teil unserer Persönlichkeit, der verlorenging, vermittels der Trauer über den Verlust unseres Lebens im ganzen. Indem wir den Gedanken an Selbstmord letztendlich zurückweisen, beginnen wir uns mit der Tatsache abzufinden, daß zwar ein Teil von uns erloschen sein mag, wir als Ganzes jedoch weiterleben, und das Selbstbewußtsein kann zurückerlangt werden. Allmählich arbeiten wir uns zu einer Bestätigung sowohl des Selbst als auch des Lebens durch.

Die Verwendung der Todesmetaphorik zur Bestätigung einer Bindung an das Leben läßt sich überall antreffen. In allen Mythen, Legenden und Religionen der Welt finden wir die gleiche Geschichte: die Reise in die Unterwelt des »Helden mit den tausend Gesichtern«, wie ihn Joseph Campbell nannte, und seine Rückkehr aus der Unterwelt mit einem erneuerten Verständnis des persönlichen und universalen Sinns. In den Überlieferungen der drei großen monotheistischen Religionen trat die Wüste an die Stelle der Unterwelt: Moses war vierzig Tage und Nächte auf dem Berg Sinai, Jesus wurde vierzig Tage und Nächte in der Wüste vom Teufel in Versuchung geführt, Mohammed verbrachte vierzig Tage und Nächte in der Wildnis, ehe er seiner Berufung folgte.

Doch obwohl wir diese Begegnung mit dem Tod in den Mythen oder der Religion akzeptieren können, weisen wir sie im Zusammenhang mit uns persönlich zurück. Wir können nur schwer irgendeine Beziehung zwischen der Konfrontation des Helden mit dem Tod und unseren persönlichen bangen Phantasien herstellen. Die Begegnung des Helden mit dem Tod ist berechtigt; die unsere nicht, obwohl sie manchmal höchst lebenswichtig sein kann, so zum Beispiel bei der Fähigkeit, sich die schrecklichen Folgen eines Atomkriegs vorzustellen.

Objektiv gesehen läßt es sich nicht verleugnen, daß wir den eigenen Tod in der Hand haben, sei es unseren Tod als Individuum oder den der Menschheit. Es kommt nicht auf die eigentliche Möglichkeit an, sondern wie wir mit ihr fertig werden.

Hoffnung ist viel zählebiger als wir glauben. Wenn es auch keine sofortige Antwort auf die Frage »Für was soll ich leben?« gibt, spüren wir doch irgendwo in unserem Inneren die feste Überzeugung, daß die Zukunft etwas bereithalten könnte, für das sich zu leben lohnt. Diese Gewißheit besaß der Lyriker Gerard Manley Hopkins, als er gegen die Verzweiflung ankämpfte. Wenn man diese Zeilen laut liest, lassen einem die stakkatohaften Satzbruchstücke den Atem stocken, und mit Hopkins fassen wir den Mut zur Standhaftigkeit:

> Nicht, ich nicht, aasiger Trost, Verzweiflung, mich nicht an
> dir weiden;
> Nicht entwirren – sind sie auch lose – die letzten Fäden
> Mensch
> In mir oder, todmüde, schreien *Ich kann nicht mehr. Ich*
> kann;
> Kann etwas, hoffen, der Tag möge kommen, gegen das
> Nichtsein sein.

Diese Bestätigung des Lebens ist freilich nicht leicht zu erlangen. Vielen fällt es viel leichter, statt dessen die Verleugnung zu praktizieren, vor allem den scheinbar schnoddrigen und »realistischen« Schutzmechanismus des schwarzen Humors. Der schnippische Zynismus einer Dorothy

Parker zum Beispiel ist verständlich; sie faßte ihre Pein in Gedichte wie dieses*:

> Rasierklingen ritzen
> Flüsse sind naß
> Pulsadern spritzen
> Gift macht blaß
>
> Alle Stricke reißen
> Gas stinkt wie die Pest
> Granaten muß man schmeißen
> Besser, wenn du's läßt.

Die gleiche unechte Todesverachtung findet sich bei dem Rechtsanwalt, der an der offenen Bürotür eines Kollegen vorbeikam und einen Blick hineinwarf; der Kollege litt offensichtlich unter einer schweren Depression, weil er heute seinen vierundsechzigsten Geburtstag feierte. »Kopf hoch«, sagte der Rechtsanwalt. »Bald bist du tot.«

Solche Einstellungen wirken anziehend, weil man mit Lachen auf sie reagiert. Ihr bitterer Zynismus nimmt der Sache den Stachel, da er die unterschwellige Botschaft enthält, das Leben sei zwar kaum der Mühe wert, aber wir sitzen doch alle im gleichen Boot, also was soll's? Er ist einfacher als die Suche nach Antworten auf unmögliche Fragen wie die nach dem Sinn des Lebens, und er wirkt auch erwachsener, als entwickelten wir im Lauf der Jahre eine Art psychischen Schutzmantel, der uns vor den Stürmen des Lebens bewahrt. Humor wie dieser ist häufig unerläßlich: bar jeder Illusion können wir der nackten Wirklichkeit nicht immer direkt gegenübertreten. Doch wenn wir uns ständig dagegen sperren, sind wir vielleicht nie in der Lage, uns mit unseren Gedanken und Träumen oder ihrer Funktion auseinanderzusetzen.

Neben ihrer Rolle als drastischer Form der Trauer lassen Selbstmordphantasien auch ein gewisses Machtgefühl aufkommen. Wenn wir den eigenen Tod in der Hand haben, dann haben wir auch unser Leben in der Hand. Eines der quälendsten Gefühle in der Depression ist die fehlende Kontrolle über das eigene Leben. Die Vorstellung des Selbstmords kann dann für eine höchste Form von Kontrolle stehen – wenn nicht über den Inhalt des Lebens, dann wenigstens über seine Dauer.

Aus diesem Grund verweigert sowohl der katholische als auch der

---

* Freie Nachdichtung des Gedichts »Resumé« von Claus Sprick.

jüdische Glauben Selbstmördern ein normales Begräbnis, damit andere daraus erkennen können, daß diese Tat verboten ist, die Grenzen des Erlaubten sprengt – und daher auch die des Friedhofs. Allein schon der Gedanke an Selbstmord wird geächtet, da man ihn als Anmaßung göttlicher Rechte betrachtet. Durch das Gedankenspiel mit dem Tod bekommt man sowohl sein Leben wie auch seinen Tod in den Griff; was früher in Gottes Händen lag, liegt nun in den eigenen. Den Selbstmord im Wissen seiner Möglichkeit abzulehnen, ist eine Bestätigung des Glaubens, und zwar nicht an Gott, sondern an sich selbst und die Möglichkeit einer Zukunft.

Aus diesem Gefühl höchster Kontrolle läßt sich sogar ein gewisser Trost ziehen. Martin Neufeld, ein Rechtsanwalt, setzt den Gedanken an Selbstmord in dieser Weise ein. »Es gab Phasen, wo ich ihn genau ausgetüftelt habe«, sagt er. »Ich habe daran gedacht, welche Einzelheiten ich im Testament berücksichtigen mußte, welche Papiere in Ordnung zu bringen und wie die Finanzen zu regeln sind, damit es nach meinem Ableben so wenig Unannehmlichkeiten wie möglich gibt. Aber dann wird mir klar, daß ich nicht wirklich bereit dazu bin. Ich bin mir bewußt, daß ich es tun kann, wenn ich es will, und in gewisser Weise ist das tröstlich. Dadurch habe ich eine Alternative. Ich kann dann zu mir sagen: ›Das Leben ist zwar im Moment widerlich, aber ich setze es noch eine Weile fort, und wenn es dann immer noch widerlich ist, kann ich es immer noch tun, wenn ich es will.‹ Dadurch wird der Selbstmord zu einer Art letztem Ausweg, einer Gewißheit, daß ich diesen ganzen Irrsinn nicht mehr mitmachen muß, wenn ich zu der Entscheidung gelange, genug davon zu haben. Und mehr als dieses Wissen brauche ich gar nicht. Wenn ich das habe, kann ich mich wieder ins Getümmel des Lebens stürzen.«

9.
Medizin für Melancholie

Wenn man von einem Fernsehbericht erst am Tag nach der Sendung erfährt, ist das so, wie wenn man hört, man habe eine tolle Party versäumt. Man ärgert sich über diese Nachricht und hätte lieber nichts davon gewußt. An diesem Morgen Ende 1981 bestand jedoch keinerlei Möglichkeit für mich, die Unmenge von Telefonanrufen zu ignorieren, die mir alle von einem Bericht über Depressionen erzählen wollten, der am vergangenen Tag in einem Nachrichtenmagazin des Fernsehens lief.

Der erste Anrufer war ein Journalist. Man hat immer die Erwartung, daß es Journalisten eigentlich besser wissen müßten, aber auch sie sind nur Menschen. »Lesley«, plapperte er los, »hast du 20/20 gesehen? Es ist unglaublich! Niemand muß je wieder unter Depressionen leiden!«

»Das klingt in der Tat unglaublich«, erwiderte ich.

»Aber in der Sendung hat man es bewiesen«, sagte er.

Kaum hatte ich den Hörer auf die Gabel gelegt, als das Telefon schon wieder klingelte. Diesmal war ein Geschäftsmann dran, den ich vor ungefähr einem Monat befragt hatte. »Die sagen, man könne sich Glücksspritzen verabreichen lassen!« erzählte er mir. »Ist das nicht herrlich? Ich rufe noch heute morgen meinen Arzt an.« Ich versuchte, ihn auf eine Enttäuschung vorzubereiten, doch er war viel zu aufgeregt, um mir zuzuhören.

Die dritte Anruferin war eine Sekretärin, die für ein hohes Gehalt in einer Firma arbeitete, die sie haßte. »Es ist nur eine Frage der richtigen chemischen Stoffe«, verriet sie mir, »mehr steckt nicht dahinter. Jetzt kann man sich gegen Depressionen impfen lassen so wie gegen Grippe. «

Ich rief bei dem Sender an und bat um eine Vorführung des Berichts. Wir verabredeten einen Termin auf den nächsten Nachmittag. Als es soweit war, brannte ich vor Neugier. Ich kannte den Stand der Forschungen über die chemische Grundlage der Depression, und wußte zudem, daß die auf dieser Grundlage entwickelten Medikamente zwar bei vielen Fällen von schwerer Depression wirksam waren, bei der normalen oder Alltags-Depression jedoch keinen großen Nutzen brachten. Ferner stand fest, daß die Depressionen, unter denen die Menschen litten, die mich angerufen hatten – und die noch während des ganzen restlichen Tages anriefen –, durchaus im Bereich des Normalen lagen. Mir war nicht klar, wie ihnen Antidepressiva helfen könnten. Was ich jedoch sehen wollte war, wie man sie dazu gebracht hatte, zu glauben, dies alles sei möglich. Die Vorstellung von »Glücksspritzen« klang schließlich verführerisch.

Am nächsten Tag saß ich zusammen mit einem Programmassistenten in einem Konferenzzimmer. Die Reportage dauerte ungefähr zwölf Minuten, ungewöhnlich kurz selbst für eine Sendung wie 20/20, obwohl sie im Vergleich zu den normalen Nachrichten sehr gründlich und informativ war. Er zeigte drei schwer depressive Patienten in einem Krankenhaus und war wie ein Waschmittel-Werbespot gegliedert – vorher, nachher. Vor Einsatz der Antidepressiva weinten die Patienten, konnten kaum sprechen und boten ein Bild des Jammers. Nach Einnahme des Medikaments machten zwei einen munteren Eindruck und lächelten; bei dem dritten stellte sich keine merkliche Besserung ein, die medikamentöse Behandlung wurde jedoch fortgesetzt, und es bestand Hoffnung – was an sich schon eine Besserung ist. In allen drei Fällen hatte ich keinen blassen Schimmer, wieviel Zeit zwischen »vorher« und »nachher« vergangen war. Es wurde der Eindruck erweckt, als hätte sich die drastische Besserung der ersten beiden Patienten praktisch über Nacht eingestellt.

Wie so oft im Fernsehen wurde die Botschaft unterschwellig übermittelt, nicht durch Worte, sondern durch Bilder: Antidepressiva sind Wundermittel gegen Depressionen. An keiner Stelle hatte der Sprecher wirklich gesagt, was mir die Anrufer erzählt hatten, aber ich verstand, weshalb sie diese voreiligen Schlüsse gezogen hatten.

Ich ertappte mich dabei, wie ich mich darüber ärgerte, in welcher Weise dieser Bericht falsche Hoffnungen beim Zuschauer weckte. Mir kam es vor, als mache er sich den allgemeinen Wunsch nach Schmerzfreiheit geschickt zunutze und wecke in den Menschen die trügerische Erwartung, sie müßten nie wieder unter Depressionen leiden. Doch am Schluß verwandelte sich mein Zorn in blankes Erstaunen.

Der Sprecher verlas eine Liste mit acht Fragen, die außerdem auf dem Bildschirm eingeblendet wurden. Wenn man für die Zeit des vergangenen Monats fünf oder mehr dieser Fragen mit »Ja« beantworten mußte, litt man aller Wahrscheinlichkeit nach unter einer Depression. Die Fragen lauteten: »Stellten Sie eine deutliche Veränderung Ihres Appetits oder Ihres Körpergewichts fest? Können Sie schwer einschlafen? Bemerkten Sie ein Nachlassen Ihrer Kräfte? Haben Sie Angst- oder Unruhegefühle? Hat Ihr Interesse am Sex abgenommen? Leiden Sie unter übermäßigen Schuldgefühlen? Hegen Sie Selbstmordgedanken?«

Fast alle diese Fragen richteten sich mehr an subjektives Empfinden als an objektive Tatsachen.

»Bei uns gingen Hunderte von Telefonanrufen über diesen Bericht ein«, sagte der Assistent. »Es ist unglaublich. Eine tolle Reportage!«

»Sagen Sie mal«, tastete ich mich vor, »als Sie diesen Bericht vor der Ausstrahlung in Ihrer wöchentlichen Programmkonferenz gezeigt haben, wie haben da Ihre Leute auf die Fragen am Schluß reagiert?«

Er lachte. »Komisch, daß Sie danach fragen. Wie sich herausstellte, litten wir alle an Depressionen.«

Diese Antwort kam nicht überraschend. In der streßgeprägten Atmosphäre einer Nachrichtensendung wie 20/20 sind die Mitarbeiter in der Regel überarbeitet, nervös, unruhig und leiden unter Depressionen. Andernfalls wären sie keine Menschen. Doch durch die seltsame Distanzierung, die bei an einer »Geschichte« arbeitenden Journalisten häufig auftritt, hatte anscheinend niemand vom Mitarbeiterstab der Sendung geglaubt, unter schweren Depressionen zu leiden, und außer dem Koffein, Alkohol, Valium und anderen Drogen, die gemeinhin von ständig im Streß stehenden Menschen genommen werden, schien sich auch niemand zu einem medikamentösen Eingriff bei sich veranlaßt zu sehen.

Der Bericht erregte aus einem ganz einfachen Grund so großes Zuschauerinteresse: er bot die unwiderstehliche Aussicht auf Heilung. Da wir nicht bereit sind, die Depression hinzunehmen oder zu bewältigen, halten wir an dem Gedanken fest, daß es ein Mittel gegen sie einfach geben *muß*. Man muß es nur noch finden. Mit wachsender Verzweiflung suchen wir danach, und der Gedanke daran entwickelt sich zur Zwangsvorstellung.

IN DER SCHMERZFREIHEIT GEFANGEN. In Aldous Huxleys *Schöne neue Welt* nehmen alle eine *Soma* genannte Droge, ein Allheilmittel für alle Übel menschlichen Gefühls. In Wirklichkeit beseitigt sie das Gefühl. Sie bewirkt einen künstlichen Dämmerzustand, in dem die Benutzer keinen Schmerz empfinden und kein Leid wahrnehmen. Ebenso unbekannt ist ihnen jedoch jede Spur von Selbstreflektion, Gewissen oder leidenschaftlichen Gefühlen.

Es hat den Anschein, daß Huxley mehr Voraussicht besaß, als ihm selbst vielleicht recht gewesen wäre. Von der Hoffnung auf *Soma* verführt, erstreben wir das süße Leben durch die Vermeidung von Schmerz. Wir sind süchtig nach Schmerzfreiheit geworden.

»Die Amerikaner sind vermutlich das schmerzempfindlichste Volk der Erde«, sagt Norman Cousins. »Jahrelang haben uns Zeitungen, Funk, Fernsehen und Alltagsgespräche eingetrichtert, daß man jede

Spur von Schmerz scheuen muß wie der Teufel das Weihwasser.« Entsprechend schwingen wir die Chemokeule.

Im Großraum Chicago tötete 1982 ein unbekannter Verrückter mehrere Menschen, indem er in Drogerien vergiftete Tylenol-Extra-Stark-Kapseln in die Originalpackungen schmuggelte. In allen Fällen hatte das Opfer Kopfschmerzen. Mir fiel jedoch auf, daß sie gegen ihre Kopfschmerzen jedesmal nicht eine normalstarke Tylenol-Kapsel nahmen, sondern zwei Tylenol-Extra-Stark. Dies stieß mich auf die Frage, wie viele Amerikaner dies wohl tun und die geringste Spur von Schmerz mit wesentlich stärkeren Präparaten austilgen als erforderlich.

Wir sehnen uns nach Schmerzunempfindlichkeit, Medikamente können uns diesen Wunsch tatsächlich erfüllen. Sie »heilen« nicht den Schmerz oder bekämpfen seine Ursachen, sondern »vertreiben« ihn, indem sie unsere Empfindlichkeit dafür ändern und uns daran hindern, ihn zu bemerken. Ich entsinne mich, daß ich einmal ein Kodein-Präparat einnahm, weil ich einen schlimmen Zahnabszeß hatte, der meine Backe anschwellen ließ, als hätte ich einen kleinen Apfel im Mund. Es sah lächerlich aus, aber ich mußte vor meinem Termin beim Zahnarzt einige dringende Besorgungen erledigen und wollte mich von einem vereiterten Zahn nicht daran hindern lassen. Als ich meine Besorgungen machte, sahen mich die Menschen entsetzt und voller Mitleid an und machten Bemerkungen darüber, wie sehr das doch weh tun müsse. »Es tut wirklich weh«, gab ich ihnen zur Antwort, »aber mir geht's prima« – und schwebte auf meiner Kodein-Wolke weiter die Straße entlang.

Das Einnehmen von Medikamenten zur Schmerzlinderung ist altbekannt. Betäubungsmittel gegen physischen und psychischen Schmerz fanden Verwendung seit Anbeginn der Geschichte. Aber das Verlangen nach Schmerzfreiheit wuchs in gleichem Maße, wie die Listen der Arzneimittel zur Schmerzlinderung dicker wurden. Eine Folge davon ist, daß wir vergessen, wieviel wir wenn nötig eigentlich ertragen können.

»Unerträglich« gehört sicherlich zu den überstrapaziertesten Worten des modernen Lexikons. Fast immer wird es unrichtig verwandt, hauptsächlich von Menschen bei der Beschreibung des von ihnen erlittenen Schmerzes. Wäre dieser Schmerz tatsächlich unerträglich gewesen, könnten sie uns jetzt nicht mehr davon erzählen, denn sie hätten ihn nicht überlebt.

Wir können viel mehr ertragen, als wir wissen, doch wir geben uns kaum einmal die Gelegenheit, dies festzustellen. Statt uns mit den Bedingungen unseres Daseins zu befassen, befassen wir uns mit Äußerlichkeiten – den Symptomen. Was den Schmerz verursacht, den wir empfinden, zählt nicht; das einzige, was zählt, ist den Schmerz zu vertreiben. Diese Haltung ist in ihrer naiven Einfachheit fast schon kindisch.

Ein Spitzenmanager, der sechzehn Stunden am Tag unter schwerem Streß arbeitet, bekommt aller Wahrscheinlichkeit nach heftige Kopfschmerzen. Doch die Lösung dafür heißt nicht, über die Bedingungen seines Berufs nachzudenken, sondern etwas gegen Kopfschmerzen einzunehmen, als käme der Schmerz aus dem Nichts, kehre in dieses Nichts zurück und stünde in keinerlei Zusammenhang mit der Realität. Statt das ganz besonders problematische Wesen des Alltags zu untersuchen – die mit ihm verbundenen Anstrengungen und Belastungen, Spannungen und Schmerzen –, hält die wachsende Lobby der Schmerzfreiheit das Symptom für die Ursache des Schmerzes.

Mit der gleichen Einstellung geht man nun auch an die Depression heran. Ob man sie als Krankheit (für die es ein Heilmittel geben muß) oder als Problem bezeichnet (das eine Lösung haben muß), beim Umgang mit ihr zählt nur noch das Ergebnis. Wir kurieren das Symptom (die Niedergeschlagenheit oder das Bewußtsein der Depression), und wie ein Zauberkünstler, der seinen leeren Zylinder auf der Bühne ins Publikum hält, behaupten wir, sie sei weg.

Doch wie der Zylinder des Zauberkünstlers ist auch dieses Heilmittel zu schön, um wahr zu sein. Es geht davon aus, daß unser Empfinden keine Gültigkeit besitzt. Es verändert die Art, wie wir eine bestimmte Realität empfinden, weil es die Realität selbst nicht ändern kann. Daher ist es im Grunde eine Form von Eskapismus. Wir vermeiden den Schmerz, doch nicht indem wir unser Leben einschränken, sondern indem wir unsere Wahrnehmung ändern.

Die Entwicklung der Antidepressiva während der siebziger Jahre löste bei der Lobby der Schmerzfreiheit eine Woge der Begeisterung aus. Chemische Präparate bieten uns praktische Handhabe gegen die Depression: sie sind auch noch in kleinsten Mengen meßbar, so daß wir von physikalischen Dingen statt von abstrakter Erfahrung sprechen können. Der Psychiater Leslie Farber warf in diesem Zusammenhang die Frage auf: »Ist es ein Wunder, daß eine Vielzahl von Leidenden unterschiedlichster Art nur zu gern auf die Eigentümlichkeit, die vertrackte Konkretheit und die Unsicherheit der Bedeutung ihrer privaten, persönlichen Qual verzichten und in das Heer der Depressiven eintreten, wo der einzige Gewaltmarsch zur Apotheke und wieder zurück führt? Was haben sie zu verlieren außer dem Schmerz?«

Ironischerweise haben sie etwas zu verlieren, dem sie einst große Bedeutung beimaßen – das Bewußtsein, von dem man einmal annahm, es führe automatisch zu geistiger Gesundheit und Glück. Aber *bewußt sein* bedeutet, nicht nur das Glücklichsein, sondern auch die Depression zu erfahren. Wie Farber schon scharfsinnig feststellte, können chemische Präparate die Menschen sich vielleicht besser *fühlen* lassen, aber besser *machen* können sie sie nicht – weder besser im Sinne von bessere Menschen noch besser im Sinne von »geheilt«. Sie führen zu keiner Lösung des Problems der Depression, sondern lediglich zu einer *Auflösung*: der Auflösung des Bewußtseins der Depression.

DIE AMINE-LÖSUNG. Die chemische Behandlung der Depression fußt auf der Tatsache, daß unsere Körper auf unsere Gefühle fein abgestimmt sind. Wenn wir aufgeschreckt werden, nimmt zum Beispiel der Adrenalinausstoß zu; wenn wir entspannen, verringert er sich. Doch bisher ist noch niemand auf den Gedanken gekommen, daß wir *infolge* der erhöhten Adrenalinausschüttung erschrecken; im Gegenteil, es ist ziemlich klar, daß der erhöhte Adrenalinausstoß eine Reaktion auf ein äußeres Erlebnis darstellt, das uns erschreckte. Er hängt mit etwas Bedrohlichem oder Erschreckendem in unserer Umwelt und unserer Reaktion darauf zusammen.

In ähnlicher Weise verändern sich die chemischen Wirkstoffe in unserem Gehirn, wenn wir deprimiert sind. Selbstverständlich ändern sie sich auch dann, wenn wir glücklich, ängstlich oder zornig sind. Doch bisher verfiel noch niemand auf den Gedanken, daß wir zornig werden, weil sich die chemischen Wirkstoffe unseres Gehirns verändert haben. Vor allem in jüngster Zeit wurden jedoch Stimmen laut, die behaupteten, daß wir aus diesem Grund Depressionen bekämen.

Die Forschung über die Chemie des Gehirns begann sich in den sechziger Jahren auf Neurotransmitter zu konzentrieren, auf die Stoffe also, welche die Nervenreize von einer Gehirnzelle auf die nächste übertragen. Bislang sind über zwei Dutzend davon identifiziert, obwohl es insgesamt vielleicht an die zweihundert gibt. Zwei von ihnen – das biogene Aminesserotonin und Norepinephrin – scheinen bei der Depression eine besonders wichtige Rolle zu spielen.

Wenn ein Mensch eine Depression durchläuft, sinkt der Norepinephrin-Spiegel zum Beispiel häufig ab. Wenn man nun aber den Norepinephrin-Spiegel künstlich im Gehirn eines nicht-depressiven Menschen erhöht, erfährt dieser Mensch oft eine gesteigerte Munterkeit und manchmal eine erhöhte Empfänglichkeit für Freude. Offensichtlich wirkt sich Norepinephrin also darauf aus, ob man sich gut oder schlecht fühlt. Ein antidepressives Medikament müßte also den Norepinephrin-Spiegel wirksam manipulieren.

Bisher wurden zwei verschiedene Sorten entwickelt. Das erste packt das Problem direkt an der Wurzel an, wo Norepinephrin in das Zentralnervensystem gelangt. Man fand heraus, daß ein Alkaloid namens Reserpin, das ursprünglich zur Senkung von Bluthochdruck verwandt wurde, die Norepinephrin-Ausschüttung drosselte, und setzte es erfolgreich bei der Behandlung hyperaktiver und manischer Patienten ein. Ferner rief es bei Versuchstieren eine »Verhaltensdepression« hervor; sie wurden träge und entwickelten Symptome ähnlich denen von schwerdepressiven Menschen. Die Forscher suchten nun also nach einem Medikament, das genau die entgegengesetzte Wirkung von Reserpin haben mußte. Sie fanden Imipramin, eine wegen ihrer chemischen Struktur sogenannte trizyklische Substanz. Imipramin beschleunigt den Ausstoß von Norepinephrin tief im Hirnstamm. Erst in jüngster Zeit entdeckte quadrozyklische Substanzen wie Iprindol scheinen in gleicher Weise die Ausschüttung von Serotonin und Norepinephrin zu beeinflussen.

Es wird deutlich, daß Biochemiker im Grunde so wie gute Schachspieler denken, nämlich aus verschiedenen Blickwinkeln an ein Problem herangehen, um es dann häufig fast auf Umwegen zu lösen. Die zweite Sorte der Antidepressiva wirkt daher auf umständlichere Weise als die erste. Das Medikament beruht auf einem Enzym, das Norepinephrin und Serotonin umwandelt und inaktiviert. Dieses Enzym heißt Monoaminoxidase. Es stellte sich also das Problem, die Monoaminoxidase zu hemmen – was in gewisser Weise die Hemmung des Hemmstoffes bedeutet. Das daraus entstehende Antidepressivum heißt deshalb Monoaminoxidase-Hemmstoff; er hindert die Monoaminoxidase am Abschwächen der Konzentration von Norepinephrin oder Serotonin im Gehirn. Wenn man die Oxidase blockiert, setzt man die biogenischen Amine damit frei.

Diese Antidepressiva stellen seit nun einem Jahrzehnt die größte Hoffnung für die Behandlung der Depression dar und haben bisher schon viel Leid gelindert. Ihre Anwendung bei Alltags-Depressionen ist jedoch nach wie vor höchst umstritten.

Wenn der natürliche Norepinephrin-Spiegel unter einen bestimmten Pegel absinkt, könnte man meinen, sei es doch ganz eindeutig, daß der Betroffene unter einer schweren Depression leide. Doch ungelöst bleibt dabei wieder die Frage, wie hoch oder niedrig man diesen Pegel festsetzen und bis zu welchem Maße man Schwankungen des Norepinephrin-

Spiegels als normal betrachten soll. Die Vorstellung, einfach den Norepinephrin-Spiegel von allen zu messen, um festzustellen, ob jemand Depressionen hat (als ob man das nicht selber wüßte), ist verlockend – bis einem klar wird, daß jeder einzelne eine andere Depressionstoleranz hat und ein hoher Substanzspiegel für den einen für den anderen niedrig sein kann. Selbst bei chemischen Substanzen ist die Festlegung der Grenze zwischen deprimiert und nichtdeprimiert nach wie vor entweder willkürlich oder eine Ermessensfrage. Myer Mendelson mußte in seinem Lehrbuch über Depressionen den Schluß ziehen: »Das biologische Verständnis der neurotischen [normalen oder Alltags-]Depression ist immer noch Lichtjahre entfernt von unserem zwar unvollkommenen, aber sich rasch vermehrenden Wissen über die biochemischen Abläufe bei der endogenen [schweren] Depression.«

In der modernen ärztlichen Behandlung ist das Hauptziel der Antidepressiva nicht die »Heilung« der Depression, wie uns die Medien glauben machen wollen, sondern eine Linderung der Symptome bis zu dem Punkt, wo der an Depressionen Leidende wenigstens für eine Psychotherapie zugänglich ist. Ein Psychiater sagte dazu: »Wenn wir Depressionen ›behandeln‹, dann sind wir bei ihrem Verlauf eigentlich nicht viel mehr als Zuschauer. Wir versuchen, unsere Patienten vor dem Tod und vor Schwierigkeiten zu bewahren, und wir tun unser möglichstes, den Gesundungsprozeß zu beschleunigen.« Die wirklichen Fachleute sind also wesentlich bescheidener – und realistischer – als die auf das Geschäft mit der schnellen Mark erpichten Psycho-Onkels und -Tanten in den Medien.

Ihre Zurückhaltung ist durchaus angebracht. Der Psychiater Jules Bemporad kam zum Beispiel zu dem Ergebnis, daß Antidepressiva bei unter Alltags-Depressionen leidenden Menschen nur geringe Wirkung zeigten und die meisten der mit ihnen Behandelten sich über unangenehme Nebenwirkungen beklagten: trockener Mund, Benommenheit, Desorientiertheit und »psychomotorische Störungen« (wenn der Körper einfach nicht tut, was man von ihm will).

Während meiner schweren Depressionsphase 1980 mußte ich zu meiner Ernüchterung ähnliches feststellen. Mein Arzt bemerkte meine Qual und überredete mich, Elavil zu probieren, ein gebräuchliches Antidepressivum (75 Prozent aller Antidepressiva werden inzwischen nicht von Psychiatern, sondern von Hausärzten verschrieben). Ich zuckte mit den Achseln, ging mit dem Rezept zur Apotheke und nahm an diesem Abend wie angeordnet eine Tablette. Am nächsten Morgen erwachte ich, stand auf und fiel hin. Ich merkte, daß ich mich beim besten Willen nicht wieder aufrappeln konnte. In meinem Mund hatte ich einen Geschmack, wie wenn ich tags zuvor ungefähr zehn Schachteln Zigaretten geraucht hätte. Mein Kopf fühlte sich an, wie wenn ich zuvor ungefähr zehn Flaschen billigen Rotwein getrunken hätte.

Das Telefon klingelte. Ich kroch auf dem Boden zu ihm hin, hob den Hörer ab und merkte, daß ich nicht sprechen konnte. In Anbetracht der Umstände zeigte ich im Rückblick betrachtet sehr viel Geistesgegenwart, zog den Stecker der Telefonleitung heraus, kroch zurück ins Bett und schlief so lange, bis die Wirkung der Tablette abgeklungen war. Als ich spätnachmittags wieder aufwachte, ging ich als erstes gleich ins Bad und spülte die restlichen Tabletten in der Toilette hinunter. Traurig sah ich mich im Badezimmerspiegel an und kam zwangsläufig zu dem Schluß, daß ich nicht unter schweren Depressionen litt.

Tatsächlich brechen ungefähr die Hälfte aller Patienten, die antidepressive Medikamente erhalten, die Behandlung wegen der Nebenwirkungen ab, was ein Zeichen dafür ist, daß entweder diese Medikamente für eine allgemeine Anwendung noch nicht ausgereift sind oder diese Menschen von Anfang an gar nicht unter schweren Depressionen litten.

Aber auch bei schweren Depressionen führen Antidepressiva bei vielen Patienten nur zu teilweiser Besserung, und eine beträchtliche Anzahl derer, die nach kurzzeitiger Medikamention Fortschritte machen, erleben während ein oder zwei Jahren einen Rückfall. Obwohl Antidepressiva häufig höchst wirksam sind, kann man sie also beim besten Willen nicht als Allheilmittel betrachten. Ihre Anwendung ist nach wie vor noch in der Testphase, und »Versuchen wir's mal mit einer höheren Dosis« oder »Mal sehen, ob es besser hinhaut, wenn wir das hier mit dem hier kombinieren« gehören immer noch zu den Standardsätzen der sie verschreibenden Psychiater.

Die ausführlichste Studie über ihre Wirksamkeit ist in drei zusammenhängenden Berichten von Allan Raskin enthalten, deren letzter vom National Institute of Mental Health veröffentlicht wurde. Er verglich Antidepressiva mit Placebos – mit Zuckerguß überzogene Pillen ohne Wirkstoff. (Bei Placeboversuchen wissen nicht nur die Patienten nicht, daß die Ärzte Placebos verwenden, sondern die das Medikament verabreichenden Ärzte wissen selbst nicht, wann sie ihren Patienten Placebos geben und wann das wirksame Präparat. Sie handeln »blind«, damit sie ihre Überzeugung von der Wirksamkeit der Pillen, die sie verschreiben, nicht auf den Patienten übertragen können.)

Die erste Studie, die bei unter schweren Depressionen leidenden Patienten im Krankenhaus durchgeführt wurde, diente als Vergleich für die nächsten beiden. Raskin maß einfach die »spontane Gesundungs-quote« innerhalb eines Jahres, das heißt also die Fälle, wo die Gesundung von allein eintrat, ohne die Einwirkung irgendeiner Therapie. Er stellte fest, daß die spontane Gesundungsquote bei 44 Prozent lag.

Die zweite Studie faßte die Ergebnisse aus dreiundzwanzig anderen zusammen, die Antidepressiva und Placebos im Blindversuch getestet hatten. Dabei kam Raskin zu dem Ergebnis, daß 46 Prozent der neu ins Krankenhaus eingewiesenen Schwerdepressiven mit Placebos Fort-schritte erzielten. Die Antidepressiva wiesen nur geringfügig bessere Ergebnisse auf.

Bei der dritten Studie stellte Raskin eine bei 36 Prozent liegende Bes-serungsquote mit Placebos fest, und die Besserungsquote mit Antide-pressiva lag bei 44 Prozent. Einige dieser Patienten litten nicht unter schweren Depressionen, sondern unter akuten Phasen »neurotischer« oder »reaktiver« Depression, wie Raskin es nannte. Diese Patienten sprachen viel besser auf Placebos an als die an schweren Depressionen leidenden psychotischen Patienten. In manchen Fällen sprachen sie so-gar besser auf Placebos als auf Antidepressiva an.

»Für viele Patienten«, schloß Raskin, »ist die Depression eine von selbst abklingende Krankheit mit einer hohen spontanen Gesundungs- und Placebo-Empfänglichkeitsquote. Neurotische Patienten zeigten im Krankenhaus bei Placebos die gleichen oder sogar bessere Ergebnisse als bei der Echtbehandlung. Neurotische Patienten wiesen auch eine ge-ringere Toleranz für die nachteilige Wirkung der Medikamente auf als psychotische Patienten; bei ihnen wurde das Medikament häufiger we-gen Nebenwirkungen abgesetzt.«

Wenn »neurotisch« depressive Patienten mit Placebos genauso viele oder sogar mehr Fortschritte machen wie mit Medikamenten, weshalb setzt man dann überhaupt Medikamente ein? Und wann setzt man sie ein? Angesichts dieses Problems haben einige Fachleute die These aufge-stellt, die schwere Depression sei ein von der normalen oder Alltags-Depression völlig verschiedenes Syndrom. Andere regen an, daß, ganz gleich, in welchen persönlichen Gründen die Depression ihre Ursache habe, sie ab einer gewissen Stufe »biologisch autonom wird und daher somatische Therapien erfordert« – mit anderen Worten, daß sie eine Art Eigenleben entwickelt. Wieder andere behaupten, daß manche Men-schen eine körperliche Veranlagung für schwere Depressionen haben, die durch Antidepressiva korrigiert werden kann. Alle halten sich jedoch sehr dabei zurück, dies von der schweren auf die Alltags-Depression zu übertragen.

Jules Bemporat, der zusammen mit Silvano Arieti *Depression* verfaßte, wohl das ausführlichste, in jedem Fall aber das beste Fachbuch zu diesem Thema, warnt vor einer Einweisung ins Krankenhaus in Fällen leichter Depression, selbst bei akuten Anfällen. »Auf kurze Sicht kann dies vielleicht helfen«, sagt er, »da der Betreffende dadurch die Aufmerksamkeit und Bemutterung erhält, nach der er sich so verzweifelt sehnt. Auf lange Sicht steigert der Aufenthalt im Krankenhaus jedoch den Widerstand des Depressiven, sein Leben selbst in die Hand zu nehmen, und hindert ihn ferner an der Einsicht, daß er seine Probleme durch eigene Anstrengung lösen muß.« Es gibt keine »Wundermittel«, betont Bemporat. Psychotherapie bedeutet harte Arbeit, und Heilung im Krankenhaus zu suchen, verlängert oder verschlimmert die Alltags-Depression sogar.

In einer Gesellschaft, die normalerweise in den Kategorien Krankheit und Heilung denkt, fallen solche Schlußfolgerungen nicht auf fruchtbaren Boden. Aber der Wunschtraum des Heilmittels und das Beharren auf sofortige Erleichterung leisten im Grunde nur der Selbstentfremdung Vorschub. Wenn es »bloß etwas Organisches« ist, dann kann und muß man nichts dagegen tun – außer zum Arzt gehen und die Pillen einnehmen. Letzten Endes werden Antidepressiva vielleicht nur deshalb zum Mittel der Wahl bei Depressionen, weil sie sehr gut zu ihnen passen, da sie das so häufige Gefühl der Hilflosigkeit verstärken. »*Ich* kann nichts dagegen tun«, kann der unter Depressionen leidende Mensch sagen. »Es liegt nicht an mir, es liegt an der Chemie.«

Die chemische Schimäre. Was bei den zahlreichen Berichten über die Fortschritte der Biochemie und Chemotherapie unerwähnt blieb ist, daß die Biochemiker zwar nach wie vor die chemischen Wechselbeziehungen der Depression erforschen, nicht aber ihre Ursachen. Natürlich können wir auf chemischem Wege unsere Stimmungslage verändern; wir können Beruhigungsmittel nehmen, Kokain, Quaaludes, Aspirin, Alkohol, Amphetamine oder Marihuana, um nur die bekanntesten Alltagsdrogen aufzuzählen. Aber bei keiner davon nehmen wir wie bei den Antidepressiva an, daß wir uns von dem Gefühl heilen könnten, das wir zuvor empfanden.

Das Problem der chemischen Depression läuft auf die alte Frage mit dem Huhn und dem Ei hinaus: was war zuerst da? Wenn wir annehmen, daß die chemische Veränderung tatsächlich vor der Depression auftritt und diese daher verursacht, dann ist die Heilung der Depression ein Kinderspiel: wir verändern die chemische Grundlage. Doch wenn wir annehmen, daß eine chemische Veränderung erst als Reaktion auf eine Depression eintritt (so wie der erhöhte Adrenalinausstoß bei Angst), dann ist die chemische Veränderung nicht die Ursache, sondern lediglich ein Symptom der Depression.

»Stellen wir uns vor«, rät uns Silvano Arieti, »daß ein Mann eine Auseinandersetzung mit seiner Frau hat. In der Folge sind seine Frau und er vielleicht beide sehr unglücklich und deprimiert. Die Frau geht ins Badezimmer an den Medizinschrank und nimmt eine Valium-Tablette. Zwanzig Minuten später fühlt sie sich nicht mehr deprimiert. Was bedeutet das? Es bedeutet lediglich, daß dieser biochemische Stoff ihren Organismus daran gehindert hat, die Depression wahrzunehmen, die sie unter normalen Bedingungen empfunden hätte. Ebenso geht ihr Mann vielleicht an die Hausbar und trinkt zwei oder drei Martinis. Die Umstände haben sich jedoch nicht verändert. Der Streit mit seiner Frau ist real. Der menschliche Organismus ist durch die Evolution so angelegt worden, daß er auf eine solche Situation mit einer Depression reagiert.«

Zweifellos können wir die Wahrnehmung der Erfahrung auf chemischem Wege ändern. Aber haben wir dadurch die Erfahrung »geheilt«? Und müssen wir überhaupt von der Erfahrung geheilt werden?

Die Depression als scheinbar zufälliges Verhalten von chemischen Stoffen im Gehirn zu erklären, obwohl man sie doch als logische Reaktion auf schwierige Lebenslagen viel plausibler erklären kann, rührt gewiß von dem sehnlichen Wunsch her, diesen Schwierigkeiten in Vogel-Strauß-Manier auszuweichen, statt sich mit ihnen auseinanderzusetzen.

Die chemischen Aspekte der Depression bleiben daher in psychiatrischen Fachkreisen ein heftig umstrittenes Thema. Welche Partei ein Psychiater in diesem Meinungsstreit ergreift, hängt weniger von den objektiven Gegebenheiten ab, über die noch relativ wenig bekannt ist, als vielmehr von seinen Überzeugungen und der allgemeinen Einstellung zur Erfahrung und zum Verhalten des Menschen. Diejenigen, die das Verhalten für den einzigen relevanten Faktor halten, werden in der Diskussion für die »Chemie-über-alles«-Gruppe Partei ergreifen; ihrer Meinung nach ist die Depression das Ergebnis einer chemischen Veränderung. Wer aber wie Arieti etwas mehr Achtung vor der Erfahrung hat, wird eine andere Auffassung vertreten.

»Ich streite nicht ab, daß ein chemischer Prozeß im Gehirn abläuft, wenn Menschen eine Depression erleben«, schrieb er. »Ich glaube sogar, daß auch dann ein chemischer Prozeß abläuft, wenn sie Traurigkeit empfinden. Doch der chemische Prozeß ist die Wirkung und in gewissem Maße das Medium des psychischen Prozesses, mit dem ich – als Psychiater, Psychologe oder Therapeut – mich in erster Linie zu befassen habe… Es erscheint einleuchtend, daß sich die Übertragung nicht von der Chemie auf die Psychologie ereignet, sondern von der Psychologie auf die Chemie.«

Wie Arieti schon anklingen läßt, bleibt es Ansichtssache. Für solche Fragen kann es keinen eindeutigen Beweis geben. Aber es ist doch ziemlich offensichtlich, daß uns, wenn jemand stirbt, den wir geliebt haben, diese Tatsache deprimiert, nicht die chemische Veränderung, die später eintritt. Es besteht kein Grund zu der Annahme, daß dies bei anderen Arten des Verlustes anders sei.

Nach einer chemischen Störung im Gehirn zu suchen und dabei so zu tun, als wäre alles andere in Ordnung, setzt eine seltsame, durch die fixe Idee der Heilung entstandene Art von Blindheit voraus. Die Chemie kann die schwere Depression mildern, sie kann uns jedoch nicht davor bewahren, überhaupt Depressionen zu entwickeln; das wäre auch nicht wünschenswert. Sich einzubilden, daß sie das könne, ist wirklich nur eine Form von Eskapismus.

AUSWEGE. Als säßen wir in einer Art *Alcatraz* des Geistes fest, ist Flucht die einzige uns in der Depression noch verbliebene Wunschvorstellung. Selbstmordphantasien sind, wie wir festgestellt haben, eine weitverbreitete Form der Ablenkung. Manche der neuen Depressionstherapien bieten im Grunde wenig mehr als eine Ablenkung vom Gefühl. Die Chemie stellt uns in Form von Antidepressiva eine Ablenkung vom Verstand zur Verfügung. Doch es gibt auch noch andere chemische Lösungen, die wesentlich verbreiteter und schädlicher sind. Die Flucht aus der Depression führt manchmal zu verzweifelten Auswegen.

Bernard Mack zum Beispiel brachte sich beim Weglaufen vor ihr fast um. Zweimal wurde er mit einer Überdosis Heroin ins Krankenhaus eingeliefert, und beim zweiten Mal schien es fraglich, ob er wohl am Leben bleiben würde. Heute, zwanzig Jahre später, erinnert er sich noch genau, was für ihn eigentlich am Heroin so anziehend war. »Ich dachte, daß ein Zustand der Euphorie irgendwie gleichbedeutend mit Glück ist«, erklärt er seine Motivation. »Aber es stellte sich auch als gefährlich heraus, denn hinterher kam immer dieser Crash. Man hebt eine Zeitlang ab, aber dann zieht's einen voll runter. Und ich wollte wohl einfach nicht mehr runterkommen. Dieser Zustand höchster Erregung – ich hatte das Gefühl, das Leben dreht sich nur darum. Im Vergleich dazu war alles andere tot. Aber ich irrte mich – es ist wirklichkeitsfremd, die ganze Zeit nur das zu wollen.«

Doch das Unrealistische ist verlockend, vor allem dann, wenn die Realität wenig erfreulich ist. Drogenexperten halten die weite Verbreitung von Kokain am amerikanischen Arbeitsplatz für eine der vordringlichsten Gefahren für unsere Gesundheit in den achtziger Jahren. Es ist jedoch auch ein Problem, das mit der Qualität der Arbeit zusammenhängt, da einem Kokain das Gefühl verleiht, daß alles, was man tue, genial sei, wenn es in Wirklichkeit auch nicht einmal mittelmäßig oder ganz einfach schlecht ist.

Nachdem man Kokain lange zur physischen Schmerzlinderung eingesetzt hat, wird es nun auch zur Linderung psychischer Schmerzen verwandt. Eine zeitweilige Euphorie bietet einen leichten, aber teuren Ausstieg aus den Problemen des Lebens und der Arbeit. Die Ironie bei der Verwendung von Kokain liegt jedoch darin, daß dadurch ein Teufelskreis entsteht. Seine Benutzer müssen mehr arbeiten, um es bezahlen zu können, und die gesteigerte Arbeitsbelastung schafft mehr Streß; je größer der Streß ist, desto mehr wächst das empfundene Bedürfnis nach Kokain, um ihn abzubauen; aber je mehr Kokain geschnupft wird, desto mehr muß man arbeiten, um es bezahlen zu können, und je größer der Streß dadurch wird... Ein chronisch depressiver Künstler, der diesen Kreislauf gerade aus reiner Erschöpfung hatte unterbrechen müssen, machte dazu die traurige Bemerkung: »Kokain ist Gottes Art, einen spüren zu lassen, daß man ein Versager ist.«

Realitätsflucht mit Hilfe der Chemie ist so häufig geworden, daß andere Arten von Realitätsflucht ihre Sprache übernommen haben. Der Club Méditerranée wirbt für seine Urlaubsreisen zum Beispiel mit dem Slogan »Das Gegengift zur Zivilisation« und hat damit einen weltweiten Erfolg, weil er eine der allgemeinsten Fluchtphantasien überhaupt angesprochen hat – die Flucht in ein Traumparadies, wo die Welt uns nicht mehr erreichen kann und rein gar nichts von uns verlangt wird. In gewisser Hinsicht ist es die Erwachsenenversion des kindlichen Wunschtraums, von zu Hause wegzulaufen.

Viele Menschen hegen den Gedanken an einen bestimmten Ort als Möglichkeit für die Zukunft. Das ist kein feststehendes Lebensziel, denn sie suchen es nicht wirklich zu erlangen, sondern behalten den Gedanken daran im Hinterkopf, wo er ihnen die Gewißheit verleiht, daß sie tatsächlich aussteigen könnten, wenn sie es wirklich wollten.

Eine Rentnerin, die früher Verlagsassistentin war, hegte zeit ihres Lebens einen Wunschtraum von einem menschenleeren Strand in Maine. »Dort steht ein kleines behagliches Ferienhäuschen«, beschreibt sie ihre Vision, »gerade groß genug für mich und sonst niemand. Ich würde meine Zeit mit Lesen und Spaziergängen am Strand verbringen, auf denen ich dann allerlei Krimskrams aufsammeln könnte, und kochen und essen würde ich, wann *mir* das paßt, ohne auf andere Rücksicht nehmen zu müssen.« Ihren Mann, die Kinder und Enkelkinder ließe sie in einer anderen Welt zurück und fände, weit weg von ihnen allen, ihren persönlichen Frieden. »Es ist ein schöner Traum«, sagte sie. »Er spendet einem Trost. Ich weiß, daß ich es nie tun werde, aber allein schon der Gedanke, daß ich es tun könnte, daß ich zumindest in der Theorie diese Möglichkeit habe, hilft mir über manches hinweg.«

Ein Sozialarbeiter, der »schon zu lange« mit Obdachlosen arbeitet, tröstet sich mit dem Gedanken: »Es bleibt immer noch Neuseeland.« Nicht weil es in Neuseeland keine Depression gibt, jeder Neuseeländer könnte ihm das Gegenteil versichern, sondern aus dem einfachen Grund, weil er nichts über dieses Land weiß. »Was mich betrifft, gibt es dort wunderschöne Landschaften, Seen, Berge und gute Luft; dort ereignet sich nie etwas, denn hier in der Zeitung steht nichts davon. Ich bin mir natürlich im klaren, daß das nicht stimmt, mit Ausnahme von der Sache mit den Landschaften. Ich weiß, daß es dort Probleme gibt, und natürlich auch Depressionen. Aber sehen Sie, es ist einfach weit weg, weiter kann ich fast nicht von dem ganzen Zeug hier wegkommen...« Er macht eine weit ausholende Armbewegung, die den Schmutz, die Armut und das Elend des Lebens der Arbeitslosen und Obdachlosen in der Großstadt einschließen soll.

Ich selbst träumte von einer griechischen Insel. Ich kenne sogar Leute, die diesen Traum in die Tat umsetzten... einige Jahre lang. Aus irgendeinem Grund dauerte es nie länger, bis sie zurückkehrten und sich darüber beklagten, daß zu viele andere den gleichen Wunschtraum verwirklichten und auf die Inseln gekommen waren, sie »korrumpierten« und zu kleinen Fremdenkolonien machten. Als ich ihre Berichte hörte, verlagerte ich meinen Wunschtraum allmählich nach Neuseeland, aus demselben Grund wie der Sozialarbeiter – ich wußte sehr wenig davon. Ich spielte sogar mit dem Gedanken, dorthin zu reisen und mir das Land anzusehen, doch dann erkannte ich, daß ich lieber darauf verzichten sollte, wenn ich mir meinen Traum bewahren wollte. Neuseeland würde Wirklichkeit für mich werden, und wie schön es auch sein mochte, mein idealisierter Traum vom Aussteigen wäre zerstört.

In Anbetracht der Häufigkeit solcher Wunschträume ist es vielleicht überraschend, daß nur so wenige versuchen, sie in die Tat umzusetzen. Vielleicht wissen wir, ohne es uns einzugestehen, daß wir unsere Probleme lediglich im Handgepäck mitnehmen würden, wenn wir fortliefen. Doch die weite Verbreitung solcher Wunschträume deutet auf das Wissen eines wichtigen Umstandes hin: körperliche Bewegung kann bei der Bewältigung der Depression eine Hilfe sein. Sie kann das Gefühl der Hilflosigkeit abschwächen. Wir müssen nicht reisen, um mit der Depression fertig zu werden, aber wir müssen uns bewegen.

BEWEGUNG IN DIE SEELE BRINGEN. Kann körperliche Bewegung psychische Bewegung herbeiführen? Es erscheint unwahrscheinlich, wenn man die Frage so direkt stellt, aber viele Menschen stellen fest, daß ihnen körperliche Bewegung darüber hinweghilft, wenn sie psychisch in eine Sackgasse geraten sind.

Die Lyrikerin May Sarton bemerkte zum Beispiel, daß sie Unkraut ausreißen konnte – eine hübsche Metapher für das Verscheuchen der Depression. »Ich arbeitete mir in einem Garten die Qual von der Seele und lernte, Ordnung in mein Inneres zu bringen, während ich Ordnung in ein Beet brachte.« Sich mit Sense und Hacke in einem überwucherten Garten an die Arbeit zu machen kann ein sehr befriedigendes Tagwerk sein, aber für diejenigen, die keinen Garten besitzen, ganz zu schweigen von einem überwucherten, erfüllt jede andere körperliche Betätigung den gleichen Zweck. Ich persönlich hatte zu verschiedenen Zeiten folgende Lieblingstätigkeiten: Bergsteigen, Karate, Laufen und Tanzen. Der Symbolcharakter dieser Betätigungen ist offensichtlich: aufsteigen, schlagen, vorankommen, sich lösen, elastisch sein – die verschiedenen Tätigkeiten lassen sich leicht in psychologische Begriffe fassen. Den Körper überkommt gesunde Müdigkeit: nicht die Müdigkeit der Abgespanntheit und Apathie, sondern die befriedigende Müdigkeit, seine Kräfte ganz ausgeschöpft zu haben. Aus unbefriedigender Ermattung wird befriedigende Müdigkeit.

Diese läßt sich natürlich teilweise auf biochemischem Wege erklären. Während körperlicher Betätigung werden im Gehirn verstärkt Endorphine ausgeschüttet, die »natürlichen Opiate« des Körpers. Doch die Wirkung von körperlicher Bewegung auf die Depression hält länger an als eine kurzfristige Erhöhung im Endorphin-Spiegel. Sie verändert die Beziehung zur Außenwelt, als hätte die Bewegung selbst einen aus dem Schwermut der Depression gerissen und diese wie dichten Nebel zerteilt.

Sich »in Form« bringen wird somit zu dem Versuch, den eigenen Standort neu zu bestimmen und durch Bewegung wieder das Gefühl für das eigene Selbst zu gewinnen. Das Bewußtsein des auf gesunde Art ermüdeten Körpers unterscheidet sich sehr stark von dem eines erschöpften Körpers. Manchmal kann es schon strapaziös sein, einfach dazusitzen und nichts zu tun.

Die Psychoanalytikerin Edrita Fried vertrat die Ansicht, wir müßten uns auch in psychischer Beziehung Bewegung verschaffen, um in Form zu bleiben, »in der gleichen Art wie der Körper trainiert wird und verschiedene Muskelübungen absolvieren muß, wenn er elastisch und gesund bleiben soll«. Körperliche und seelische Beweglichkeit hängen eng zusammen. Selbst so kleine Dinge wie Aufrechtstehen können dazu beitragen, wie Fried feststellte, den Weg von der Passivität zur Aktivität zu bahnen.

Anstrengende Betätigungen sind vielleicht gar nicht erforderlich. Yoga, Meditation und andere verhältnismäßig passive Verfahren wie die Alexander-Methode können zum gleichen Erfolg führen wie Laufen oder Schwimmen. Die Wahl der Bewegungsart hängt allem Anschein nach eher von den persönlichen Vorlieben als von einer Notwendigkeit ab. Das Wesentliche scheint nur die Aufmerksamkeit für das Körperempfinden und das Bewußtsein von Bewegung, Stillstand, Gestalt und Form.

Auch Musik kann einen Zugang zum Aktivsein eröffnen. Im Lauf der Jahre habe ich mir einige Stücke ausgewählt, die ich als »Bewegungs-Musik« bezeichne – was nicht unbedingt Musik bedeutet, zu der man sich bewegt wie beim Tanzen, sondern Musik, die für mich eine Eindringlichkeit oder Stimmung wiedergibt, die an psychische Bewegung erinnert. Diese Musik läßt sich nicht in den Hintergrund verbannen und erfordert eine Reaktion. Von Mal zu Mal wechselt die Musik, denn ich verändere mich auch. Zur Zeit ist es gerade Beethovens Achte Symphonie und Musik des griechischen Komponisten Mikis Theodorakis, aber ich bin mir sehr wohl bewußt, daß sich meine Vorlieben vielleicht gewandelt haben, wenn der Leser diese Zeilen liest. Jedenfalls haben sie mir schon über manche schwere Zeit hinweggeholfen.

Alle diese Bewegungsarten gehen in psychische Bewegung über und durchbrechen das statische Wesen der Depression. Bewegung auf der einen Ebene scheint Bewegung auf den jeweils anderen zu erzeugen. Physische Energie zu verbrauchen kann psychische Energie hervorrufen, und die Betonung hierbei sollte vielleicht weniger auf der Körperbewegung als auf dem Körperbewußtsein liegen – dem Empfinden der Lebendigkeit und dem Kraftvorrat für Bewegung, das einen von dem bedrückenden Gefühl befreit, in die Enge getrieben zu sein.

Aber dennoch bleibt Körperbewußtsein lediglich ein Hilfsmittel bei der Bewältigung der Depression, eine nützliche Sache zwar, aber nichts, das uns größere Einsicht in die eigene Persönlichkeit verleiht oder die Gründe der Depression erklärt. Wenn wir die Depression wirklich bewältigen wollen, müssen wir tiefer gehen und uns zunächst um Toleranz gegenüber dem eigenen Gefühl bemühen und dann um ein Verständnis ihrer Gründe. Die Psychotherapie bietet den meisten Menschen hierfür eine sichere Anleitung. Im Idealfall erzeugt sie ein verständnisvolles Umfeld, in dem die Patienten sich und das eigene Leben prüfen und wieder zu einem Sinn für die Möglichkeiten und Vitalität gelangen. Aber selbst im Idealfall bietet die Therapie keine einfache Fluchtmöglichkeit und keine Wunderheilung – gerade im Idealfall nicht.

DIE WAHRE FUNKTION DER PSYCHOTHERAPIE. Heutzutage scheinen nur wenige Therapeuten – ob sie nun Psychiater, Psychologen, Psychoanalytiker oder Sozialarbeiter sind – den Humor oder den Realismus zu besitzen, den man braucht, um Gefallen an Freuds Bemerkung zu finden, daß er die Leiden des Neurotikers nur geheilt habe, um ihn für die normalen Leiden des Lebens empfänglich zu machen.

Freud gehört zu einem der am meisten zitierten und am wenigsten gelesenen Denkern des zwanzigsten Jahrhunderts. Er räumte ein, daß der Heilungsgedanke der Medizin zugrunde liegt, doch er betrachtete die Psychoanalyse nie als »Medizin des Geistes«. Statt dessen führte er einen langen und aufreibenden Kampf gegen die Vorstellung, nur Ärzte zu Psychoanalytikern auszubilden. »Die Psychoanalyse ist kein Spezialfach der Medizin«, betonte er. »Ich sehe nicht, wie man sich sträuben kann, das zu erkennen. Die Psychoanalyse ist ein Stück Psychologie.«

In den Vereinigten Staaten verlor er diesen Kampf; der Wunsch, die Psychoanalyse zu verwissenschaftlichen und ihr ein Ansehen wie das der Medizin zu verleihen, hat dazu geführt, daß die meisten Psychoanalytiker den größten Teil ihrer Ausbildung mit Medizin verbrachten, wobei ihr Interesse eher dem Krankhaften als dem Normalen galt. Wo Freud das Bild der Krankheit und ihrer Behandlung nur als Bild gebrauchte, betrachtet die auf der Grundlage seines Werkes gegründete Denkschule sie als objektive Tatsache.

Bei seinen leidenschaftlichen Darlegungen, wie Freuds Betonung der Seele mißverstanden und in pseudomedizinische Begriffe sogar falsch übersetzt wurde, hat Bruno Bettelheim angeführt, daß diese ganze Einstellung zu überzogenen Erwartungen an die Psychoanalyse führte: »Es wird erwartet, daß jeder, der sich einer Psychoanalyse unterzieht, zu konkreten Erfolgen – Erfolgen, wie sie ein Arzt bei der Heilung des Körpers erzielt – statt zu einem besseren Verständnis von sich selbst und zu größerer Kontrolle über sein Leben gelangt.«

Der Wunschtraum der Heilung steckt noch tief im Kern der Vorstellung von der Psychotherapie. Eine wirklich gute Therapie stellt jedoch keine Wunder in Aussicht. Das, was sie in Aussicht stellt, ist harte Arbeit. Wenn man nur schnelle Abhilfe sucht, ist man beim Apotheker an der richtigen Adresse, nicht aber beim Therapeuten.

Aber ich kann nicht glauben, daß die Menschen, die sich in Therapie begeben, so naiv in ihren Erwartungen sind, wie Bettelheim sich vorstellt. Der Wunsch nach schneller Abhilfe ist weit verbreitet, zugestanden, aber ebenso weit verbreitet ist der Wunsch, sich selbst zu verstehen. Allein schon der Schritt, sich überhaupt in Therapie zu begeben, kann einigen Mut erfordern.

Vor allem Männer halten es für ein Zeichen von Schwäche, wenn man sich in Therapie begibt. Das darin mit enthaltene Eingeständnis, daß man nicht mehr alles im Griff hat, steht im Widerspruch zur männlichen Klischeevorstellung. Dies zu überwinden und seine Hilfsbedürftigkeit einzugestehen kann an sich schon ein wichtiger Schritt in die richtige Richtung sein. Der Psychiater M. Scott Peck schreibt in diesem Zusammenhang: »Selbst am Anfang der Therapie sind die Menschen, die sich einer Therapie unterziehen, entgegen der landläufigen Vorstellung emotional stabiler und gesünder als der Durchschnitt.«

Gerade dadurch, daß er sich in Behandlung begibt, bekennt sich ein Mensch zu dem Verlust der Illusion, alles im Griff zu haben. Dazu ist Mut erforderlich, der aber reich belohnt wird. Durch das Eingeständnis des Verlusts kann man mit seiner Bewältigung beginnen. Ohne dieses Eingeständnis bleibt nur Angst und Scham, weil man Depressionen hat.

Ein guter Therapeut kann vor allen Dingen eine Stütze gegen die Angst vor dem eigenen Gefühl sein und Beistand, Wärme und Mitgefühl bieten – alle Eigenschaften, die wir bei guten Freunden oder Verwandten antreffen könnten, wenn diese Freunde und Verwandte nur etwas mehr Nachsicht mit Depressionen bei sich und anderen aufbringen würden. Hauptsächlich zu Beginn stellt die Therapie auch eine große Quelle der Beruhigung dar – vielleicht deshalb, weil viele Menschen immer noch der Illusion unterliegen, der Therapeut könnte ihnen als Außenstehender die Arbeit abnehmen. Das kann natürlich kein Therapeut, aber zu dem Zeitpunkt, wo der Patient in der Therapie dies entdeckt, hat er auch den eigenen Mut entdeckt und ist bereit, diese Aufgabe selbst zu bewältigen.

Das »Geheimnis« der Therapie, insofern es überhaupt eines gibt, liegt weniger beim Therapeuten als bei dem Menschen, der sich ihr unterzieht, und den Gründen, aus denen er dies tut. Nach wie vor kommen zu viele mit der Erwartung einer Heilung in die Therapie, als ob ihr Leben irgendwie infiziert worden wäre und nun geheilt werden müßte. Sie unterziehen sich der Therapie in der Hoffnung, ein Wundermittel zu finden, das den Schmerz völlig lindert – und werden gelegentlich hinters Licht geführt von Therapeuten, die behaupten, das Gesuchte zu besitzen. Andere Menschen haben vorher schärfer nachgedacht. Sie geben sich keinen Illusionen mehr hin, wenn sie sich in Therapie begeben, empfinden ein Gefühl der Hilflosigkeit und bekennen sich auch dazu. In diesem Fall stellt sich die Frage, ob sie wollen, daß man ihnen ihre Illusionen zurückgibt, oder ob sie bereit sind, die mühevolle Aufgabe in Angriff zu nehmen, sich dem Leben und all seinen Unzulänglichkeiten zu stellen und den Mut und den Glauben dafür in sich selbst zu finden.

Und welche Funktion hat dabei der Therapeut? Erstens bietet ein guter Therapeut nicht Heilung an, sondern Mut. Er kann seinen Patienten Verständnis und Beistand geben sowie eine Herausforderung anbieten – sichere Rahmenbedingungen, um zu sich selbst zu finden und den Verlust zu bewältigen. Zweitens befreit ein guter Therapeut seine Patienten von der fixen Idee der Heilung und ermuntert sie dazu, sich ihren Gefühlen zu stellen, statt sie zu verdrängen. Drittens, und das ist meiner Meinung nach der wichtigste Punkt, veranlaßt ein guter Therapeut die Patienten, über ihr unmittelbares Verlustgefühl hinaus zu dem Kern dessen vorzustoßen, was sie in ihrem Leben für wichtig halten, hilft ihnen bei der Überprüfung ihrer Werte und unterstützt sie bei dem Übergang von der Erfahrung der Depression zu der Neufestlegung von Sinn und Bedeutung.

Im Vergleich zu den vielen Versprechungen auf Heilung und ewiges Glück ist dies harte Arbeit. Aber das Leben kann man nicht heilen. Gute Therapeuten machen sich in diesem Punkt nichts vor – und auch nicht ihren Patienten. Da sie sich über die Widrigkeiten des Lebens und über die Werte und Gefühle des Menschen im klaren sind, stufen sie die Depressionsart, die Menschen wie wir durchlaufen, nicht als krankhaft, irrational oder unbegründet ein. Im Gegenteil, das Wichtigste, was sie für einen tun, ist, den Menschen und seine Gefühle zu achten.

10.
Der Weg zur Transzendenz

»In der Verzweiflung oder Depression haben die meisten Menschen Angst, doch man kann auch konstruktiven Gebrauch von ihr machen und sie als Chance begreifen. Die Verzweiflung wirkt in diesem Fall vielleicht wie die biblische Sintflut auf den Betroffenen: sie kann die riesigen Schuttmassen – die falschen Lösungen, falschen Leitgedanken und oberflächlichen Prinzipien – beiseite schaffen, wodurch Platz für neue Möglichkeiten entsteht, ein Freiraum also.«

Dies sind die Worte des Psychoanalytikers Rollo May über die konstruktiven Möglichkeiten der Verzweiflung. Die Art, wie er das ausdrückt, läßt sie überirdisch und wunderbar erscheinen. Daneben ist sie offenbar aber auch äußerst schmerzlich. Es hat den Anschein, als könnten nur wenige außergewöhnlich begabte, aber gepeinigte Menschen auf diesem Niveau möglicherweise den Durchbruch schaffen.

Von kreativen Menschen erwarten wir schon fast, daß sie die tiefste Verzweiflung durchleben. Ihnen ist nicht die Feld-Wald-und-Wiesen-Depression bestimmt, wie sie die meisten von uns kennen, sondern die tiefsten Abgründe der Verzweiflung, wo sie Erfahrungsbereiche ausloten können, die den meisten von uns glücklicherweise verschlossen bleiben. Wir neigen dazu, ihre Verzweiflung als Teil der »künstlerischen Persönlichkeit« aufzufassen. Einige Zyniker unter uns mögen den Verdacht haben, daß sie das um des Eindrucks willen hochspielen und ihr Verhalten an der eigenen Klischeevorstellung von der Gefühlswelt des »Künstlers« ausrichten.

Wenn sie unmäßig trinken, häufig Drogen nehmen oder Verhaltensweisen an den Tag legen, die wir bei uns selbst nie dulden würden – na, das gehört eben zum Kreativsein, denken wir. Mit ihren Depressionen finden wir uns leichter ab als mit den eigenen, was vielleicht daran liegt, daß wir vor schöpferischen Bemühungen so viel Hochachtung haben.

Doch die gleiche drastisch übertriebene Depression findet sich auch im Leben derer, von denen wir es am wenigsten erwarten – der Heiligen und Mystiker, also genau den Menschen, die wir uns zum Vorbild dafür nehmen, wie wir sein sollten und auch könnten. Als ich ihre Schriften und Lebensbeschreibungen las, fiel mir auf, wie groß die Ähnlichkeit zwischen ihren Depressionszyklen und denen kreativer Menschen war. In beiden Fällen schien die Depression den Auftakt zu einem Durchbruch darzustellen, sei es der Schöpfung eines Kunstwerks oder einer Offenbarung. Es schien sich bei ihr weniger um einen Antagonisten ihres Lebens, als vielmehr um eine entscheidende Phase ihres Wirkens oder Denkens zu handeln. Mir kam der Gedanke, daß die Depression für sie eher ein Freund als ein Feind war, da sie den Weg darstellte, über den sie unter großen Mühen zu einer Art Transzendenz gelangten.

Nicht weil ich der Meinung bin, wir sollten uns bemühen, so zu sein wie diese außergewöhnlichen Menschen, halte ich diese ungewöhnliche Funktion der Depression einer genaueren Betrachtung wert – dieser Meinung bin ich eben nicht –, sondern weil ihre Erfahrungen ein anschauliches Beispiel für die positiven Aspekte der Depression abgeben. Während ihre Depressionen anscheinend schwerer und quälender als unsere sind, scheinen ihre Freuden entsprechend größer zu sein und bis an den Rand der Ekstase zu führen. Indem sie in die Grenzbereiche des Seins und der Gefühle vorstießen, entdeckten sie das konstruktive Potential der Depression und waren sogar darauf angewiesen.

DIE QUAL DER KREATIVITÄT. »Wir, die wir im Herzen der Einsamkeit leben, sind stets Opfer des Zweifels an uns selbst«, schrieb Thomas Wolfe in dem Essay »God's Lonely Man«. »Immer wieder tauchen in unserer Einsamkeit plötzlich schmachvolle Minderwertigkeitsgefühle auf, um in einer verderblichen Woge des Entsetzens, Unglaubens und Elends über uns hereinzubrechen, unsere Gesundheit und unser Selbstvertrauen anzugreifen und zu zerrütten und die Quelle der reinen jubelnden Freude zu vergiften. Das ewig Paradoxe daran ist, daß ein Mensch, der das glorreiche schöpferische Ringen erfahren will, sich über lange Zeit hinweg der Einsamkeit verschreiben und ertragen muß, wie ihm die Einsamkeit die Gesundheit, das Selbstvertrauen, den Glauben und die Freude raubt, die für jede schöpferische Arbeit unerläßlich sind.«

Es kann ein plötzlicher Ausbruch »nackten Grauens« sein, schrieb er, oder aber »etwas so Unbestimmtes wie ein Unwetter der Seele«. Was auch immer, »die ganze Freude und Heiterkeit des Tages erlischt wie eine niedergebrannte Kerze, die Hoffnung scheint mir auf immer verloren, und alle Zuversicht, die mir je beschieden war, erscheint trügerisch.«

Tatsächlich beneide ich Wolfe darum, daß er an »die ganze Freude und Heiterkeit des Tages« überhaupt so gewöhnt war. Zwar fühle ich ihm die Orientierungslosigkeit während seiner Depression nach, die Worte, mit denen er ihre Überwindung beschreibt, klingen in meinen Ohren jedoch eher verführerisch: »Eines Tages, plötzlich und ohne ersichtlichen Grund, strömt das Vertrauen und der Glaube an das Leben einer Flutwelle gleich wieder in ihn zurück. Mit jubelnder, unüberwindlicher Kraft schwillt sie in ihm an, reißt ein Fenster in die große Weltenmauer und verleiht allem die Form unsterblichen Glanzes. Wie durch ein Wunder wieder heil und vertrauenerfüllt, stürzt er sich von neuem in das glorreiche schöpferische Ringen.«

Wolfe ging tatsächlich aufs Ganze. Er war der Mann, den man auf einem Spaziergang durch die nächtlichen Straßen Brooklyns trällern hörte: »Heute hab' ich zehntausend Worte zu Papier gebracht!«, der Mann, der bei seinem Verleger die Manuskripte kartonweise ablieferte, der Mann, der so schrieb, wie sich Laien die Arbeit eines Schriftstellers vorstellen – die Worte flossen ihm nur so aus der Feder. Die ungebrochene Energie dieses Mannes gab seiner Depression nicht minder Gestalt wie seiner Kreativität. Beide erlebte er mit einer Intensität, so scheint es, die den meisten von uns verborgen bleibt.

Diese Intensität entsprang einem Grundzug von Wolfes Leben: »Der einsame Mensch, der auch der tragische Mensch ist, ist ausnahmslos der Mensch, der das Leben von ganzem Herzen liebt – das heißt, der frohe Mensch... Die eine Voraussetzung impliziert die andere und macht sie zur Bedingung.« Wenn er weiterhin schreiben wollte, so erkannte er, mußte er sich abfinden mit den Zweifeln, der Hoffnungslosigkeit und dem Wechselbad der Gefühle, die er Einsamkeit nannte, denn aus diesem erschütternden Empfinden völliger Hilflosigkeit erwuchs der Drang, neue Formen und Bilder zu schaffen und einzigartige Ausdrucksmöglichkeiten für Erfahrung zu entwickeln.

Der Kritiker Leon Edel behauptet, alle großen Schriftsteller schrieben aus der Depression heraus, die Benjamin Rush in diesem Zusammenhang einmal »Tristomanie« nannte. Ob es alle tun, kann ich nicht sagen, auf die meisten trifft es meines Wissens nach jedenfalls zu, wenn mir auch klar ist, daß man sich gegen diese Erkenntnis sträubt. Es klingt wenig plausibel, wenn man es zum ersten Mal hört; es scheint aufreizend paradox. Schließlich halten wir die Kreativität für den Urquell des Lebens, während die Depression fast ein wenig wie der Tod ist. Wie kann die Depression also für die Kreativität unerläßlich sein?

Wenn die Depression als Reaktion auf einen Verlust ein fester Bestandteil des Alltagslebens ist, dann gilt dies für das nicht alltägliche, schöpferische Leben um so mehr. Die meisten Schriftsteller kennen jenes lähmende Gefühl der Leere und Erschöpfung, das nach Beendigung eines Werkes eintritt, und die mit ihm verbundene Überzeugung, sie können nie wieder etwas schreiben, über das sich zu schreiben lohnt, oder sie würden nie wieder so gut schreiben können wie früher.

Teils liegt dies an der Postpartum-Depression, teils aber auch ironischerweise an dem Tief, das ein Erfolg nach sich zieht. Man hat etwas Neues geschaffen und ihm ein unabhängiges Dasein in der Welt geschenkt. Die Frage »Was nun?« wird zu einem Schreckgespenst, und die Depression stellt das Ringen um die Antwort auf diese Frage dar.

Kreativität fußt auf dem Verzicht auf übliche und bestehende Annahmen und auf der Loslösung von dem bereits Vorhandenen, um das noch nicht Vorhandene zu entdecken oder zu schaffen. Ihrem Wesen nach erfordert sie eine neue Anschauung, eine neue Perspektive. Wenn man glaubt, alles sei schon einmal gesagt worden, bleibt natürlich nichts mehr hinzuzufügen. Doch der Reiz, es auf neue Art auszudrücken oder sogar wirklich etwas ganz Neues zu sagen, gehört zum täglichen Brot eines jeden guten Schriftstellers.

Der Schöpfungsvorgang ist daher ein ständiges Verlieren und Wiederfinden. Es kann sein, daß man dafür eine spezielle Mentalität haben muß – vielleicht eine besonders ausgeprägte Widerstandsfähigkeit gegen Depressionen. Möglicherweise ist es aber auch so, daß Menschen, die schreiben, gar nichts anderes übrigbleibt, als ihre Depressionen zu ertragen, weil sie zu ihrer Arbeit gehören. Ich bezweifle, ob sich je ermitteln läßt, wie die Dinge wirklich liegen. Aber jeder Schriftsteller kennt gewiß das Gefühl der Leere. Schließlich ist sie, das anfängliche Vorhandensein des Nichts, der Ausgangspunkt aller Schöpfung.

Man schöpft aus der Leere und kehrt später wieder zu ihr zurück, um Raum für die Entwicklung der nächsten Schöpfung zu finden. Die Depression wird zu der Leere, in der das »Etwas« seinen Anfang nimmt.

Virginia Woolf durchlief immer wieder Phasen schwerer Depression, bis sie sich schließlich umbrachte, aber sie war davon überzeugt, daß diese Depressionen für ihr Werk unerläßlich seien. »In meinem Verstand geschieht etwas. Ich höre einfach auf, weitere Eindrücke zu sammeln. Er verschließt sich. Ich verpuppe mich. Ich liege ganz still, erstarrt, häufig empfinde ich starken physischen Schmerz dabei... Und dann bricht einfach etwas auf.«

Kafka litt monatelang unter Depressionen; ein Gefühl der Hilflosigkeit durchzieht sein ganzes Werk, das eine Stimmung düsterer Beklemmung und sinnloser Wiederholung ausstrahlt. Keats schrieb: »Manch dunkle Stunde hab ich schon verbracht, im Kopfe wirr und in der Seele nacht.« Goethe traf gegen Ende seines Lebens die tragische Feststellung, sein ganzes Leben sei »nichts als Mühe und Arbeit gewesen, und ich kann wohl sagen, daß ich in meinen fünfundsiebzig Jahren keine vier Wochen eigentliches Behagens gehabt. Es war das ewige Wälzen eines Steines, der immer von neuem gehoben sein wollte.«

Die Frage »Ist es überhaupt der Mühe wert?« ist berechtigt. Es scheint fast ein Sakrileg zu sein, sie zu stellen, weil in ihr praktisch ein Urteil über unsere gesamte Literatur enthalten ist. Ich glaube kaum, daß es darauf eine endgültige Antwort geben kann. Ein »Ja« bedeutet, daß wir in egoistischer Weise ein Produkt des Leidens anerkennen, das Leiden selbst dabei aber außer acht lassen; ein »Nein« würde das Verschwinden des Produkts bedeuten. Auffallend ist nur, daß sich die Beteiligten selbst diese Frage nie gestellt zu haben scheinen. Ein lebenswichtiger Drang ließ sie weiterschreiben und weiterschaffen, ließ sie die Leere und Depression akzeptieren, die zu ihrer Arbeit und ihrem Leben gehörten. Kreativität hat ihren Preis, und sie waren bereit, ihn zu bezahlen. Das ist unser Glück, und letzten Endes können wir nicht beurteilen, ob es für sie ein Glück oder ein Unglück war. Sie verschrieben sich einem Leben des Kampfes.

DIE FRÖHLICHEN MELANCHOLIKER. »Wir sagen, man muß die Hochs *und* die Tiefs kennen, wenn wir ausdrücken wollen, daß man geistig gesund ist«, sagt Adin Steinsalz, wobei er zur Unterstreichung seiner Worte mit seiner Pfeife herumfuchtelt, während wir uns in seinem Zuhause in Jerusalem über den jüdischen Glauben unterhalten. Obwohl er orthodoxer Rabbiner ist, entspricht er nicht gerade der gängigen Vorstellung davon. Das rote Haar fällt ihm in gekräuselten Locken in die hohe Stirn, seine Taschen stecken voller Tabakkrümel und in seine Augen tritt ein lustiges Funkeln, wenn er mit Ideen jongliert, deren schockierende Wirkung auf seinen Zuhörer ihm bekannt ist. Der frühere Physiker und Mathematiker ist heute, Mitte Vierzig, eine allgemein anerkannte Autorität auf dem Gebiet des Talmuds und der Kabbala.

Seine gesamte Philosophie steht in völligem Gegensatz zu der Seligkeit und Zufriedenheit, die fernöstliche Glaubenslehren in Aussicht stellen. Die jüdische Denkweise sei traditionell von Mühe und Neugier geprägt, hebt er hervor. Sie schiebe die Grenzen immer weiter hinaus und gebe sich nie mit etwas zufrieden.

»Ein aus dem zweiten Jahrhundert stammender talmudische Text eines *Zaddiks* (die im jüdischen Glauben einem Heiligen am nächsten kommende Entsprechung) besagt: ›Die Gerechten finden keine Ruhe,

weder in dieser Welt noch in der nächsten««, erklärt er. »Dies wird nicht
von den Gottlosen behauptet, sondern von den Gerechten, weil sie so viel
zu tun haben, daß sie es sich nie bequem machen können. Man sieht das
an allen biblischen Helden: keiner von ihnen macht es sich bequem,
keiner von ihnen ist ohne Schuld. In der Bibel gibt es keine Schönfärbe-
rei. Sie stehen alle mitten im Lebenskampf, und von daher beziehen sie
ihre Größe. Ein mittelalterliches Sprichwort sagt, wenn man Gott ver-
stünde, *wäre* man Gott. Das Bestreben, Gott zu verstehen, ist also wie
die Jagd nach dem Horizont; je mehr man sich anstrengt, desto mehr
wird man sich der Entfernung bewußt, doch desto mehr sehnt man sich
auch danach.«

»Aber das Bewußtsein der Unmöglichkeit«, wende ich ein, »könnte
doch sehr wohl zur Verzweiflung führen.«

»Solange man kämpft und streitet«, erwidert er, »kann es keine Verzweiflung geben. Verzweiflung ist eine Todsünde, weil der verzweifelnde Mensch aufhört zu kämpfen. Dadurch wird Verzweiflung zur
größten Niederlage; sie ist der Tod. Ihr haftet so etwas Endgültiges an,
eng verwandt mit Selbstgefälligkeit. Der verzweifelnde Mensch unter-
nimmt nichts, um sich aus seiner Lage zu befreien – nichts um sich oder
die Welt zu ändern –, und diese Endgültigkeit ist ein Zeichen des Ster-
bens. Sterben ist Vollendung.«

Er lehnt sich zurück, um kurz nachzudenken, verschränkt die Arme
hinter dem Kopf und fährt dann fort.

»Ein berühmter Rabbi sprach einmal davon, welch großartiges, erfülltes Leben sein Großvater geführt habe. Ein Schüler gab zu bedenken,
daß sein Großvater sehr jung gestorben sei. ›Wo denkst du denn hin?‹
erwiderte der Rabbi. ›Sind Menschen denn Kleider, die man auswäscht,
trocknet und dann wieder anzieht? Nein, sie führen zu Ende, was sie tun
müssen, und dann gehen sie aus dem Leben!‹«

Dahinter steht die Vorstellung, daß man in dem Moment, wo einem
nichts mehr zu tun bleibt und man vollbracht hat, was man tun mußte,
von der Bühne des Lebens abtritt. Bei dem, was sich bis dahin auf dieser
Bühne abgespielt hat, kommt es aber nicht auf die Dauer, sondern auf die
Entwicklung der Handlung an. Der ganze jüdische Glauben dreht sich
um Entwicklung: das unablässige Pendeln zwischen oben und unten,
Himmel und Erde. Das gehört zum Leben wie das Atmen. Und der
Zweck liegt nicht darin, oben oder unten zu sein; es kommt auf die Bewegung an, durch die Leben erst entsteht. Die einzige Möglichkeit, jemand aus der Verzweiflung aufzurütteln, ist manchmal, ihn zu verbit-
tern, ihn dazu zu zwingen, daß er etwas spürt, daß er leidet und dagegen

ankämpft. Eine der schönen Seiten des Auszugs aus Ägypten ist, daß vorher die Kinder Israel ›ihr Leben bitter machten‹. Ehe sie das taten, fanden sie sich mit den Bedingungen der Gefangenschaft ab; indem sie aber ihr Leben bitter machten, wurden sie ihnen unerträglich. Dies ist der Ausgangspunkt für jede Art von Befreiung. Wenn man zufrieden ist – vielleicht steht nicht alles zum besten, aber es ist erträglich – rührt man sich nicht vom Fleck, und es kommt zu keiner Bewegung, keinem Leben.«

Emotionale und psychische Abwechslung ist für uns alle kein Luxus und kein Sichgehenlassen, sondern absolut erforderlich, wenn wir nicht unsere Lebensfähigkeit verlieren wollen. Die jüdische Mystik machte aus der Not eine Tugend, und ihre Lehrer wurden in ihrer Auseinandersetzung mit Gott zu fröhlichen Melancholikern. Viele der charismatischen Chassidim durchlitten einschneidende Zeiten quälender Depression. Bei manchen mündete dies in einer manisch-depressiven Psychose; einer von ihnen war Sabbatai Zwi, ein Vorläufer des Chassidismus im siebzehnten Jahrhundert, der sich in seinen manischen Phasen als Messias bezeichnen ließ.

Andere sehnten sich zwar nach der Hochstimmung der Manie, kämpften jedoch hauptsächlich gegen ihre Depressionen an. Einer von ihnen war Rabbi Itzikl Horowitz, der Heilige Seher von Lublin. Als ihn in jungen Jahren ein Rabbinerkollege davon abhielt, sich von einem Felsen zu stürzen, beklagte er sich, die Welt sei zu seicht. Ihr fehle Feuer und Leidenschaft, erklärte er, und dies führe zu Gleichgültigkeit und Resignation – anders ausgedrückt, zum Tod. Was ist schlimmer als Leiden? fragte er später seine Schüler. Gleichgültigkeit, lautete die Antwort. Und was ist schlimmer als Verzweiflung? Resignation, womit die Unfähigkeit gemeint war, bewegt zu *werden*, sich zu lösen oder seine Phantasie entzünden zu lassen.

Der Baal Schem Tov – der Begründer der Chassidim-Bewegung – bezeichnete die Depression einmal als die schlimmste aller Sünden, weil sie den Menschen daran hindere, etwas Gutes oder überhaupt nur irgend etwas zu tun. Doch er erkannte auch, daß sie unentbehrlich zur Erfahrung der Freude gehörte. Die Sünde bestand nicht darin, deprimiert zu *sein*, sondern deprimiert zu *bleiben*. Die Depression selbst konnte dazu benutzt werden, näher an Gott zu kommen.

Die Chassidim entwickelten die alte kabbalistische Vorstellung des »Abstiegs um das Aufstiegs willen« weiter. Wenn einem ein Gedanke in den Sinn kommt, der einen von Gott entfernt, sagten sie, muß man sich in seinen Geist versenken und diesen Gedanken verfolgen, um den

»Funken Heiligkeit« in ihm zu entdecken und wieder zu Gott zu bringen. Dies ließe sich für die heutige Zeit als Umlenkung der Energie übersetzen, damit sie, statt sich selbst zu verzehren und nutzlos zu verpuffen, in emotional positiver Weise zur Wirkung kommt. Das Prinzip ist das gleiche: man muß die Energie umwandeln, sie auf ein höheres Niveau ›heben‹.

Wohl wissend, wie er seine Schüler bei der Sache halten konnte, wählte der Baal Schem Tov das Beispiel Wollust. Ursprünglich, so erklärte er, stammte die Wollust aus dem Palast der göttlichen Liebe. Man müsse ihren Ursprung erkennen und verstehen, daß sie lediglich eine Umwandlung durchgemacht habe. Gelingt einem dies, könne man sie wieder in Liebe verwandeln.

Ein anderer Melancholiker unter den Chassidim, Nachman von Preßburg, betrachtete die Depression als unveränderlichen Aspekt der Persönlichkeit. Er benutzte die Parabel eines melancholischen Mannes, der abseits steht und einem Kreis von Chassidim beim Tanzen zuschaut. Auch wenn man glücklich sei, stehe der unveränderlich melancholische Teil von einem abseits und sehe einem beim Tanzen zu. Deshalb müsse man ihn ergreifen, ihn in den Kreis zerren und diesen öffnen, so daß er zu einem Teil des Kreises wird. Weshalb sei diese Gewaltanwendung erforderlich? Weil er das Glück zerstören würde, wenn man ihn abseits stehen ließe. Wahres Glück sei nicht möglich, behauptete Nachman, wenn ein Teil von einem zurücktrete und zusehe. Jener Teil, der melancholische Teil, müsse in den Kreis einbezogen werden, andernfalls reiße er einen heraus.

»Die Hauptsache ist, daß man sich immer mit ganzer Kraft bemühen muß, stets fröhlich zu sein«, sagte er. »Es liegt in der Natur des Menschen, wegen der Dinge, die ihm zustoßen, in Melancholie und Traurigkeit zu verfallen; jeder Mensch steckt voller Kummer.« Um mit diesem Kummer zurechtzukommen, machte es Nachman sogar zur Regel, »sich das Herz zu brechen«. Eine Stunde am Tag solle man, meditierend und in stillem Gebet, absichtlich unglücklich sein. Diese Stunde sollte als Katharsis dienen und den Gram und die Niedergeschlagenheit auffangen, die unterschwellig sonst den ganzen Tag bestimmen könnten. In dieser Zeit, so verfügte Nachman, solle man laut zu Gott sprechen, seine Verzweiflung artikulieren und dadurch ein Ventil für sie schaffen. Somit war er der Begründer eines Vorläufers der Gesprächstherapie oder der Psychotherapie, wobei Gott die Rolle des Therapeuten zugewiesen bekam.

Nachman blieb bis an sein Lebensende wohlvertraut mit Depressionen. Er hatte kein Rezept dafür, wie man Depressionen vermeidet – sie waren eine Selbstverständlichkeit des Lebens –, nur wie man mit ihnen zurechtkommt. Und er schien sich darüber im klaren zu sein, daß mit dem Streben der Mystiker vielleicht mehr und schwerere Depressionen verbunden waren als im normalen Leben. »Ihr seht in mir einen großen schönen Baum mit herrlichen Ästen«, sprach er einmal zu seinen Jüngern, »aber die Wurzeln dieses Baumes liegen in der Hölle.« Es war eine Warnung mit der Absicht, ihnen den Fluch und den Segen der mystischen Suche zu Bewußtsein zu bringen, die man in der christlichen Mystik schon lange als Finsternis der Seele kannte.

DIE FINSTERNIS DER SEELE. Das Versenken und Vertiefen in sein Inneres – anscheinend eine Grundvoraussetzung für mystische Erlebnisse – ist eine besonders qualvolle Form von Depression. Sie tritt in sämtlichen mystischen Lehren der Welt auf, bald als offen zum Ausdruck kommende Ohnmacht und Hoffnungslosigkeit, bald als symbolische Krise oder Reise ins Schattenreich. Orpheus' Abstieg in die Unterwelt zählt ebenso dazu wie Josefs Sturz in den Brunnen, Jesu Begräbnis und Jonas Gefangenschaft im Leib des Fisches.

Der heilige Johannes vom Kreuz hielt diese Versenkung für eine Phase »passiver Reinigung«. Er erlebte die damit verbundene Qual so heftig, daß er sie mit dem Tod verglich. Im Bewußtsein der Existenz einer anderen Wahrnehmungsebene – der göttlichen Offenbarung –, ohne diese jedoch erlangen zu können, beklagte er seine Ohnmacht. »Ich lebe, das wahre Leben aber geht an mir vorbei«, schrieb der Mystiker – und artikulierte damit die typische Grunderfahrung des in der Depression befindlichen Menschen, den der Gedanke peinigt, daß er zwar physisch am Leben sei, das eigentliche Leben aber verpasse.

»Die Seele ist sich einer großen Leere in ihrem Inneren bewußt«, schrieb Johannes, »einem schrecklichen Mangel an den drei zu ihrem Wohl bestimmten Dingen natürlicher, weltlicher und geistiger Art. Sie sieht sich umgeben von gegensätzlichen Übeln, jämmerlichen Schwächen, der Dürre und Leere des Verstandes und der Verlassenheit des Geistes im finstern.« Den meisten von uns mag diese Quälerei bekannt vorkommen, für die Mystiker besaß sie aber auch Sinn: sie bildete das Vorspiel zur Offenbarung, war der Preis der Ekstase.

Evelyn Underhill beschreibt in ihrem klassischen Werk *Mystik* die Finsternis folgendermaßen: sie sei »die chaotische Zwischenzeit nach dem Zusammenbruch eines alten Gleichgewichtszustandes und vor der

Schaffung eines neuen. In seinem zwangsläufigen Streben nach höheren Wirklichkeitsstufen büßt das Selbst bestimmte liebgewonnene Elemente seiner Welt ein, denen es nun entwachsen ist und die es hinter sich läßt... Niedergang und Zerfall des bewußten Denkens ist ein Zeichen dafür, daß sich das Selbst nach innen wendet und sein Interesse auf andere Dinge konzentriert; das aus dem Verlust des Denkens herrührende Gefühl der Entbehrung und Unzulänglichkeit ist ein indirekter Anreiz zur Weiterentwicklung. Das Selbst wird in eine neue Welt geworfen, die ihm anfangs noch fremd erscheint, weil es noch nicht so weit ist, sein zweites, reifes Leben bewußt auszuloten... Aus psychologischer Sicht läßt sich die Finsternis der Seele also auf den zweifachen Umstand der Auflösung eines alten und der Entwicklung eines neuen Bewußtseinszustandes zurückführen.«

Die Finsternis ist Underhill zufolge somit eine Art Wachstumsschmerz bei dem »organischen Reifungsprozeß des Selbst zum Absoluten hin«, und »die großen Mystiker erkannten instinktiv, wie man geistigen Gewinn aus diesen psychischen Störungen ziehen kann.«

Denen unter uns, die sich mehr für weltliche Probleme als für geistigen Gewinn interessieren und denen das Absolute weniger am Herzen liegt, muß dies deshalb kein Buch mit sieben Siegeln sein. Im Grunde machten diese Mystiker eine allgemein menschliche Erfahrung in etwas anschaulicherer und mutmaßlich erhabenerer Weise. Sie begaben sich absichtlich in die Finsternis, während wir meist gegen unseren Willen dort hingelangen. Obwohl nur die wenigsten von uns eine mystische Offenbarung erleben oder dies auch nur wollen, kennen die meisten von uns Zeiten »metaphysischer Unruhe«, was ein Freund von mir einmal als »akuter Fall von Existentialitis« bezeichnete. Die Mystiker besaßen kein Monopol auf das Dunkel.

Räumte man der Finsternis die Herrschaft ein, war damit eine beachtliche Belohnung verbunden: Ungewißheit konnte in Gewißheit verwandelt werden, Verwirrung in Klarheit, Zögern und Furcht in Mut und Entschlossenheit. Allein schon die Auseinandersetzung damit schien den Geist zu stärken und zu festigen. Aus der Tiefe gingen die Höhepunkte des Erlebens hervor.

Eines der beredtsten Zeugnisse dieses Ringens ist Tolstojs *Meine Beichte*, die fast ein Tagebuch der lang anhaltenden Seelenfinsternis ist, unter der er Anfang Fünfzig litt. »Ich spürte, daß etwas in mir zerbrochen war, auf das sich mein Leben stets gestützt hatte«, schrieb er, »daß mir nichts mehr blieb, an dem ich mich festhalten konnte, und vom moralischen Standpunkt aus mein Leben beendet war... Ich wußte nicht, was ich wollte. Ich hatte Angst vor dem Leben; ich fühlte den Drang, ihm ein Ende zu setzen; aber trotzdem erhoffte ich mir noch etwas.«

Diese erdrückende Krise traf ihn zu einer Zeit, als sein Leben ganz nach Wunsch zu verlaufen schien. Doch es drängten sich Fragen auf: »Was wird die Folge sein von dem, was ich heute tue? Was die Folge von dem, was ich morgen tue? Was die Folge meines ganzen Lebens? Warum soll ich weiterleben? Warum soll ich überhaupt etwas tun? Gibt es irgendeinen Sinn in meinem Leben, den der unvermeidliche Tod, der mich erwartet, nicht aufhebt und zerstört? Diese Fragen sind die einfachsten der Welt. Sie sind in der Seele eines jeden Menschen verankert, vom einfältigsten Kind bis zum weisesten Alten. Ohne eine Antwort auf sie ist meiner Erfahrung nach eine Fortführung des Lebens nicht möglich...«

Das Alltagsleben, mit dem er bislang durchaus zufrieden gewesen war, erschien Tolstoj nun mit einemmal als »bedeutungsloser Unsinn«. Der einzige Ausweg schien Selbstmord zu sein. »Doch während mein Verstand arbeitete, arbeitete auch noch etwas anderes in mir und hielt mich von der Tat ab – ein Lebensbewußtsein, wie ich es nennen möchte, das wie eine Kraft wirkte, die meinen Geist in andere Bahnen lenkte und dazu veranlaßte, mich aus meiner verzweifelten Lage aufzurütteln... Ich kann dies nicht anders bezeichnen als Hunger nach Gott.«

Die Kenntnis, daß es »noch etwas anderes« gab, gewann er erst in der Depression infolge einer tiefgehenden Ernüchterung vom Leben. William James spricht Tolstojs Bekehrung in seinem Buch *Die religiöse Erfahrung in ihrer Mannigfaltigkeit* an und wertet die Depression als Phase, während der Tolstoj »Ordnung in seine Seele brachte«, und als »Flucht aus der Lüge in das, was er für den Weg der Wahrheit hielt«. Wenn die Ernüchterung einmal so weit fortgeschritten ist, so James, »ist kaum noch eine restitutio ad integrum möglich. Man hat die verbotene Frucht gekostet, und das Glück vom Garten Eden kehrt nie mehr wieder. Sollte sich dennoch Glück einstellen, ... ist dieses Glück nicht die schlichte Unkenntnis des Bösen, sondern etwas wesentlich Vielschichtigeres, einer dessen Grundbestandteile das natürliche Böse ist, ohne daß es dieses jedoch als Hindernis oder Schrecken empfindet, da es in der Allmacht des übernatürlichen Guten unterzugehen scheint. Dieser Vorgang gleicht einer Erlösung, ist mehr als die bloße Wiederherstellung normaler Gesundheit, und wenn der Leidende erlöst wird, erscheint ihm seine Rettung als Wiedergeburt, als stünde sein Bewußtsein nun auf einer höheren Stufe als zuvor.«

Durch seine Depression, behauptet James, habe Tolstoj »einen Anreiz, einen Ansporn, einen Glauben« gefunden, »eine Kraft, welche die positive Lebensbereitschaft neu belebt«.

Tolstoj benötigte zwei Jahre, um sich zu der Notwendigkeit des Glauben zu bekennen und sie zu akzeptieren. »Seit Anbeginn der Menschheit«, schrieb er zu dieser Zeit, »herrschte immer dort, wo es Leben gab, auch der Glaube, der das Leben ermöglichte. Glaube ist der Sinn des Lebens, der Grund, weshalb sich der Mensch nicht umbringt, sondern weiterlebt. Er ist die Kraft, die uns am Leben hält. Wenn der Mensch nicht glaubte, für etwas leben zu müssen, würde er seinem Leben ein Ende setzen.«

Für Tolstoj bedeutete dies die Verwerfung des Lebens der Intellektuellen der Oberschicht zugunsten dessen, was er als das einfache Leben der Kleinbauern ansah – ohne Rücksicht auf Freunde und Verwandte. Die allgemein anerkannte Vorstellung von Tolstojs Bekehrung und seinem späteren Leben ist reizvoll, ja sogar verführerisch, weil sie ebensoviel verschweigt wie sie darstellt. In Wirklichkeit stand sein Entschluß zur Lösung der Krise nie so unumstößlich fest, wie seine Bewunderer glaubten. Aber da wir uns alle nach einer Ideallösung sehnen, wurde er für eine ganze Generation von Sozialisten, Philosophen und Theologen zu einer Art Guru. »Obwohl es nicht viele von uns Tolstoj gleichtun können«, schrieb William James voller Bewunderung, »weil wir vielleicht nicht genügend vom Mark menschlicher Urlebenskraft in unseren Knochen haben, vertreten die meisten von uns zumindest die Ansicht, daß es besser wäre, wenn wir es könnten.«

In dem Moment aber, wo jemand vom »Mark menschlicher Urlebenskraft« spricht, keimt in uns der Verdacht einer romantischen Verklärung des einfachen Lebens. Ein anderer romantischer Intellektueller, der diese Wirkung anstrebte und sie in seinen Romanen auch in großartiger Weise erzielte, war Nikos Kazantzakis, der Poet der Lebenskraft, dessen ganzes Werk, von *Alexis Zorbas* über *Griechische Passion* bis zu der herrlichen *Odyssee*, ein leidenschaftlicher Mystizismus durchzieht. Der Entwurf, den er aufstellt, wirkt enorm anziehend, erfordert jedoch fast heroische Größe. Jeder von uns wäre gern Zorbas, aber selbst die, die es versuchten, waren schließlich gezwungen, den Unterschied zwischen einem fiktiven Ideal und realisierbaren Möglichkeiten einzugestehen.

Trotzdem bleibt dieses Ideal eine Quelle wichtiger Anregungen. »Gott ist die prächtigste Form der Verzweiflung, die prächtigste Form der Hoffnung«, schrieb Kazantzakis. Die Depression war für ihn nicht nur eine Art Ausfall der Lebenskraft, sie barg in sich auch die Anstrengung, wieder in den Genuß der Fülle des Lebens zu kommen. Diese Anstrengung erfordert ungewöhnliche Willensstärke und Widerstandskraft, was Kazantzakis' Geschichte von dem Mann veranschaulicht, der einen Berg besteigt, um das Antlitz Gottes zu schauen; als er auf dem Gipfel anlangt und nur nackten Fels vorfindet, packt er, statt zu verzweifeln, einen Meißel aus und fängt an, ein Gesicht in den Fels zu hauen...

Alle diese Persönlichkeiten – Romanciers, Mystiker, Rebellen und Bilderstürmer – leben auf einer hohen Bewußtseinsebene, die von fern bewundernswert, aus der Nähe betrachtet aber strapaziös erscheint. Wir bewundern sie, lassen uns von ihnen inspirieren und feiern sie sogar als Helden. Wir können die ihrem Leben zugrunde liegenden Leitgedanken erkennen und sie auf unser Dasein übertragen. Als Vorbild aber nehmen wir sie uns im Grunde nicht. Die meisten von uns suchen – vernünftigerweise, finde ich – nach etwas anderem. Transzendenz und Erlösung sind zuviel für uns; wir wollen etwas Ruhigeres, Dauerhafteres und Reiferes.

11.
Die Voraussetzungen zur Reife

Als ich zum erstenmal daran dachte, dieses Buch zu schreiben, hegte ich die naive Hoffnung, daß ich während der Arbeit daran jede Spur von Depression in mir auf immer abbauen könnte. Wider alle Vernunft besaß ich immer noch beträchtlichen Glauben an den verderblichen Schlüssel-zum-ewigen-Glück und dachte, ich müßte mir nur mehr Wissen aneignen, dann würde sich mir der Schlüssel auf dem silbernen Tablett präsentieren.

Je weiter die Arbeit jedoch fortschritt, desto klarer wurde mir, daß etwas ganz anderes geschah. Schon ziemlich bald erkannte ich, daß uns Patentlösungen und Wundermittel nicht weiterbringen würden; sie waren Schimären, Produkte unserer Hoffnungen und Illusionen. Doch es dauerte eine Zeitlang, sich von den bequemen Hoffnungen zu trennen, so trügerisch sie auch waren, und sich etwas wesentlich Verheißungsvolleres zu vergegenwärtigen: daß nämlich die Depression, sobald man den mit ihr verbundenen Gefühlskomplex in den Griff bekommt und seine Angst vor der Auseinandersetzung mit ihr überwunden hat, gar kein so schreckliches Ungeheuer ist, wie man uns eingeredet hat.

Nachdem ich nun die meisten Ratgeber über Depressionen gelesen habe, frage ich mich manchmal, welches Bild von ihren Lesern in den Köpfen der Verfasser herumspukt. Häufig hat es den Anschein, als sähen sie uns als furchtsame Kinder, die Angst vor der Dunkelheit haben. Einerseits heizen sie diese Angst noch an, indem sie uns von sämtlichen Greueltaten erzählen, die im Dunkeln geschehen können; andererseits beruhigen sie uns damit, daß wir uns das alles nur einbildeten und nichts davon wahr sei. Dann erzählen sie uns die Gutenachtgeschichten, die wir ihrer Meinung nach hören wollen, und für kurze Zeit können auch wir in die Rolle der Übermenschen aus den Psychomärchen schlüpfen – niemals deprimiert, immer glücklich und fehlerlos.

Doch diese neuen Gutenachtgeschichten für Erwachsene wirken nicht gerade beruhigend. Sie lassen uns die Ansprüche an uns selbst immer höher schrauben; nie ist es genug, was wir tun oder sind. Das Ziel der Vollendung läßt sich immer noch ein Stückchen weiter hinausschieben. Statt daß man uns wie reife Menschen unsere Grenzen einsehen läßt, macht man uns glauben, es gäbe gar keine.

Allerorten werden »lebensverlängernde« Mittel und Maßnahmen angepriesen, als wäre Langlebigkeit an sich schon eine Tugend und hätte mit Lebensqualität nichts zu tun; mit Hilfe von Biofeedback können wir uns an ein bisher unerträgliches Maß an Streß und Anspannung gewöhnen: schneller als je zuvor können wir laufen, schwimmen und fahren, aber wenn die Vier-Minuten-Meile auch schon längst Geschichte ist, geht die Jagd nach Rekorden ungebrochen weiter und scheint immer sinnloser zu werden. Sogar Vitalität artet immer mehr in nervöse Hyperaktivität aus, bei der nur noch rasches Handeln zählt, und während wir wie von Sinnen das soziale Umfeld beackern, als könnten wir uns in dem vergänglichen Bild »finden«, das sich die anderen von uns machen, verlieren wir die Fühlung zum ruhigen Mittelpunkt unseres Seins.

Bei diesem fieberhaften Streben nach Vollkommenheit und Glück bleibt wenig Zeit für die Mühen und Nöte des »bloßen« Menschseins. Daher herrscht hinter der glitzernden Fassade des neuen Psychoreichs zwangsläufig ein wachsendes Gefühl der Unzufriedenheit. Immer mehr Menschen fühlen sich durch allzu große Versprechungen hinters Licht geführt. Wenn die Versprechungen nicht eingelöst werden, weil man sie gar nicht halten kann, sind sie enttäuscht und ärgerlich über ihre Unvollkommenheit.

Der uns in leuchtenden Farben ausgemalte Sonnenuntergang weicht der Nacht, wie es jeder Sonnenuntergang einmal muß, und die Depression ist da, um uns wieder ins rechte Lot zu bringen und vor Leere und Schaden in unserem Inneren zu warnen. Wenn dies geschieht, könnten wir sie begrüßen, statt Enttäuschung und Angst zu empfinden, denn sie tritt als Gegengewicht zu den Psychomoden auf – als Gegengift gegen Hybris und als wichtige Erinnerung an unsere Fehlbarkeit und Verwundbarkeit. Ob es uns gefällt oder nicht, sie läßt uns menschlich bleiben.

»Es gibt kein Licht ohne Schatten«, schrieb Albert Camus einmal, »und die Kenntnis der Nacht ist unabdingbar.« In einer Zeit, welche die Nacht anscheinend völlig verbannen will, ist diese Kenntnis um so wichtiger.

DER MUT ZUM SEIN. Wenn einen Angst vor der Depression befällt, scheint der naheliegendste Ausweg Flucht zu sein. Das Paradoxe ist aber, daß die Auseinandersetzung mit ihr, die auf den ersten Blick schwerer scheint, in Wirklichkeit leichter ist. Wird das Leiden akzeptiert, verliert es seinen Stachel; sein Schrecken schwächt sich ab, und mit dem, was davon noch bleibt, werden wir in der Regel wesentlich leichter fertig als wir dachten. Wenn wir ihm direkt gegenübertreten, schrumpft das riesige Ungeheuer auf ein menschliches Maß.

»Lasse dem Dämon, der schreien, protestieren und fluchen möchte, alle Freiheit, die er will«, verkündet Alan Watts in Manier eines Gurus und fährt fort: »Meistens schöpft er diese Freiheit gar nicht aus, denn allein schon ihre Gewährung sorgt für Erleichterung.«

Wenn wir uns selbst diese Freiheit gewähren wollen, müssen wir lernen, Vertrauen in uns zu haben – Vertrauen in unsere Normalität, in die Echtheit dessen, was wir empfinden, in unsere Vernunft und Menschlichkeit. Aber wie schon viele Menschen feststellen mußten, die sich einer Psychoanalyse unterzogen, bedeutet die Kenntnis von etwas nicht unbedingt, daß einem der Umgang damit leichter fällt. In Wirklichkeit kann sie die Sache noch weiter komplizieren. Es erfordert Mut, dieses Bewußtsein zu ertragen; nur der Unwissende braucht keinen.

Paul Tillich nannte ihn »den Mut zum Sein« – den Mut, die Tatsache zu akzeptieren, daß komplette Kontrolle und Zufriedenheit weder möglich noch wünschenswert sind, daß unsere Menschlichkeit und Lebenskraft davon abhängen, ob wir unvollkommen und verwundbar bleiben. Wenn man dies anerkennen will, ist es nicht damit getan, einfach nur mit dem Kopf zu nicken und zu sagen: »Ja, das stimmt.« Daraus folgt, dieses Wissen auch gefühls- und verstandesmäßig zu verarbeiten. Die Depression zu akzeptieren, wenn man nicht unter Depressionen leidet, ist eine Sache, eine ganz andere aber ist es, dies auch im umgekehrten Fall zu tun. Dies ist die Gelegenheit, wo sich Verstandeswissen in Wissen des Herzens verwandeln muß, das nicht nach Umfang oder Breite, sondern nach Tiefe beurteilt wird.

»Wenn Leid allein klüger machte, gäbe es nur noch Weise auf der Welt, denn jeder leidet«, schrieb Anne Morrow Lindbergh. »Zum Leid muß noch Trauer, Verständnis, Geduld, Liebe, Offenheit und die Bereitschaft zur Verletzlichkeit hinzukommen.« Dies sind die Voraussetzungen, die uns erlauben, einen Verlust zu bewältigen und uns auf konstruktive Weise zu verändern, wodurch wir reifer werden. Sobald wir uns diese Eigenschaften zugestehen, haben wir wieder das Gefühl, daß Schwung, Sinn und Bewegung in unser Leben kommen.

Dazu sind viel mehr von uns imstande, als wir bisher vielleicht dachten. Wir verfügen fast alle über ein größeres Mutpotential, als wir uns zutrauen, aber wir nehmen es viel zu selten in Anspruch. Dadurch, daß wir Heilung von außen erwarten und unser Empfinden auf Fehlwahrnehmungen oder Störungen im Hormonhaushalt zurückführen, verzichten wir auf unseren Mut und unsere Fähigkeiten. Aufgrund mangelnder Inanspruchnahme schwindet in der Folge unser Mut. Einige von uns müssen in diesem Fall vielleicht die bittere Erfahrung machen, daß sie den Mut aus fehlendem Glauben an sein Vorhandensein völlig verloren haben.

Wenn wir diesen Mut aber finden, überrascht uns dies möglicherweise ebenso sehr wie jemanden, der auf seinem Speicher einen vergessenen Schatz findet. Dieses Gefühl hatte auch eine Frau Ende dreißig, die auf die Ermutigung eines klugen Therapeuten hin den Entschluß faßte, sich mit ihrer Depression auseinanderzusetzen. »Ich habe heute nicht mehr soviel Angst vor ihr wie früher«, sagt sie. »Sie jagte mir immer einen furchtbaren Schreck ein, so daß für mich an erster Stelle stand, sie nicht mehr zu empfinden und etwas zu unternehmen, irgendwas einfach, damit ich sie nicht mehr wahrnahm. Durch die Therapie wurde mir klar, daß mich die Depression schon nicht umbringen würde und ich sie überwinden konnte, wenn ich mich ihr stellte. Und das habe ich dann auch getan.«

Sie wirkt immer noch ein wenig überrascht, daß ihr dies wirklich gelang. »Ich weiß noch, wie es beim ersten Mal war, als ich mir erlaubte, mit dem Strom zu schwimmen statt gegen ihn anzukämpfen... Die Depression nahm tatsächlich ein Ende! Weil ich aber mit dem Strom schwamm, nicht gegen ihn ankämpfte, und die Depression tatsächlich ein Ende nahm, kann ich sie jetzt durchstehen. Ich weiß jetzt, daß ich mit ihr fertig werde.

Es ist nicht so, daß ich heute anfälliger oder weniger anfällig für sie bin, ich habe sie vielmehr ganz einfach als etwas akzeptiert, das von Zeit zu Zeit auftritt. Die Depression ist kein Schreckgespenst mehr. Ich habe sie immer als derart große Schwäche eingestuft, als persönliches Versagen, daß mich Panik erfaßte und ich alle Hebel in Bewegung setzte, um diese Empfindung im Keim zu ersticken. Heute mache ich das nicht mehr. Ich lege eine Verschnaufpause ein, denke über die Depression nach und finde mich damit ab, daß sie eine Zeitlang bei mir bleiben wird. Wenn ich das mache, stelle ich fest, daß sie wie eine Art seelisches Auftanken wirkt, wo aufgezehrte Kraft ersetzt wird. Sie bietet die Gelegenheit, wirklich einmal tief durchzuatmen und sich Gedanken zu machen, was in letzter Zeit alles geschah.«

Dazu ermutigt, durch die Hülle zum Kern ihrer Depression vorzustoßen, entdeckte sie dort eine relative Ruhe, eine stille Leere an Stelle des beängstigenden Nichts. Hier trat die Struktur der Verluste in ihrem Leben deutlich zutage; sie konnte sie betrauern und sich dann anderen Dingen zuwenden.

Andere schlagen vielleicht einen Mittelweg ein. Ein Mann mittleren Alters hält es – einstweilen zumindest – am besten für sich, »so eine Art gespaltene Einstellung zu meiner Depression zu haben. Ein Teil von mir läßt sie gewähren. Aber ein anderer Teil distanziert sich und setzt die Grenzen fest, wie weit ich sie gehen lassen darf. Das ist ein Kompromiß, der zu funktionieren scheint. Wissen Sie, die Frage ist nicht, ob man unter einer Depression leidet, sondern ob man sich bewußt wird, was mit einem los ist. Sobald man dieses Bewußtsein hat, sobald man weiß, was mit einem los ist, gewinnt man einen gewissen Einfluß darauf. Und sobald man dieses gewisse Maß an Kontrolle hat, kommt man sich nicht mehr so blöd vor, wenn man als erwachsener Mann unter Depressionen leidet.«

Hier war keine unerklärliche Alchimie oder ein unerforschtes Verfahren am Werk. Vielmehr wurde der Kampf gegen das eigene Ich eingestellt, und die Kraft, die zuvor das Bewußtsein in Schach hielt, kam nun an konstruktiverer Stelle zum Einsatz und bewirkte tiefere Einsicht und besseres Verständnis.

In der dadurch entstehenden Stille gibt es eine Grundfrage, die wir uns alle stellen sollten: *Was ging verloren?*

Wenn wir uns eine Verschnaufpause gönnen und uns diese eine Grundfrage stellen können, wobei wir den Bereich des Verlusts vom Greifbaren zum Ungreifbaren, vom Gegenständlichen zum Symbolischen ausdehnen müssen, scheint es, als fänden wir immer eine genaue Antwort darauf. Und sobald dies der Fall ist, können wir den Verlust angemessen und wirksam betrauern.

Diese Frage scheint gar nicht so schwer, aber sie zu stellen kann eine radikale Veränderung in unserer Einstellung zur Depression herbeiführen. Was irrational war, wird rational; was absurd schien, erscheint nun als angemessene Reaktion; was als Zeitverschwendung gesehen wurde, wird zu einem wertvollen Freiraum zur Wiedergewinnung von Sinn und Zweck.

Wir können diese Arbeit allein oder mit Hilfe von Freunden oder eines Therapeuten leisten. Auf die eine oder die andere Weise gelangen wir rasch zur Ursache der Depression. Dadurch bekommt die Depression eine Bedeutung. Wir kommen uns nicht mehr töricht vor; wir tanken Kraft auf. Und dies tun wir nicht in Angst, Schrecken oder nach vereitelter Flucht, sondern in der ruhigen und reifen Bejahung des eigenen Ichs.

DIE GROSSE STÄRKE DER KLEINEN SCHWÄCHEN. Es gibt keine Ideallösung für das Problem der Depression, und dies ist wohlweislich so. So merkwürdig das auf den ersten Blick auch sein mag, wir sollten froh darüber sein. Die Depression läßt uns menschlich bleiben.

Manche Kulturen – älter und sich der Gefahr der Selbstüberschätzung besser bewußt als die unsere – wissen dies schon seit Jahrhunderten. In echte Orientteppiche wirken ihre moslemischen Weber absichtlich einen kleinen Fehler ein, weil Vollkommenheit ihrer Ansicht nach einzig Gott vorbehalten ist. Orthodoxe Juden lassen in einem frisch gestrichenen Zimmer immer einen kleinen Fleck frei, weil vollkommen zu sein nicht von dieser Welt ist.

Wir streben alle nach Vollkommenheit. Wir sehnen uns danach, zufriedene Menschen zu sein, die mit sich und ihrem Schicksal im reinen sind. Aber Zufriedenheit ist gefährlich – gefährlicher als Unzufriedenheit. Das Streben nach vollkommener Zufriedenheit mag zwar verständlich sein – sie würde der Mühsal und dem Streben, der Unsicherheit und dem Zweifel ein Ende setzen –, aber die Erfüllung dieses Wunsches wäre fatal. Dadurch würde ein Zustand der Entropie geschaffen, und das wäre das Aus für unsere Welt.

Entropie ist ein Zustand der Ausgewogenheit – ein vollkommenes Gleichgewicht, bei dem keinerlei Entwicklung mehr erforderlich ist. Biologisch bezeichnet sie einen inaktiven oder statischen Zustand, und in der Biologie führt sie zum Tod. Die in der Natur vorkommenden Arten unterliegen einer ständigen Entwicklung, der Evolution, und ohne Evolution erlischt das Leben.

In der Psychologie bezeichnet Entropie im Grunde das gleiche. Der Philosoph Miguel de Unamuno tat einmal so, als bewundere er das Wort »Entropie« – »ein exaktes und höchst praktisches Wort« nannte er es –, aber »für eine lebenshungrige Seele ist es die dem Nichts am nächsten kommende Sache, die man sich vorstellen kann.« Unamuno nahm leidenschaftlich Partei für »das tragische Lebensgefühl«, wie er es nannte, und trat für Unsicherheit und Zweifel als Grundlage moralischen und ethischen Verhaltens ein.

Ich sehe darin jedoch keine Spur von Tragik. Für mich ist gerade dies vielmehr die Quintessenz der Vitalität. In einer als vollkommen geltenden Welt gäbe es keine Depression, kein Leid, keinen Schmerz, nicht einmal so etwas wie Tod. Aber in dieser schönen neuen Welt gäbe es auch kein Leben. Sie wäre statisch und sinnlos, voll von einschläfernd langweiliger und unablässiger Eintönigkeit. Wenn wir alle einen vollkommenen Körper und einen vollkommenen Geist besäßen, verschwände der Spaß an der individuellen Unterschiedlichkeit und dem gegenseitigen Kennenlernen. Wir wüßten genau, was wir zu erwarten hätten, so wie bei Maschinen, denn nur Maschinen können vollkommen sein.

Wenn alle vollkommen und völlig zufrieden wären, gäbe es keinen Grund, etwas zu verändern, jede Veränderung wäre sinnlos. Entropie stellt sich ein. Alle Wünsche verstummten, denn wenn alles ideal ist, bleibt nichts mehr, was man sich wünschen könnte. Aber das Ende der Anstrengung und das Ende der Wünsche ist auch der Zustand des Todes. Es steht im Gegensatz zu allem, was uns sowohl physisch als auch psychisch am Leben hält.

Die Unvollkommenheit veranlaßt uns zu denken, zu fühlen und zu handeln. Während Vollkommenheit ein abstumpfender Zustand der Entropie ist, bedeutet Unvollkommenheit vitale und schöpferische Lebendigkeit. John Passmore schrieb in *Der vollkommene Mensch*, daß die Leistung des Menschen »mit davon abhängt, daß er ein besorgter, leidenschaftlicher und unzufriedener Mensch bleibt«.

»Aber wer möchte schon besorgt und unzufrieden sein?« ließe sich daraufhin fragen. Dies ist die falsche Frage. Weiter würde es uns bringen, wenn wir fragten: »Wer könnte schon anders als besorgt und unzufrieden sein?« Einem Narzißten wäre das bestimmt möglich, auch einem sehr kleinen und glücklichen Kind oder einem dogmatischen und fanatischen Gläubigen. Keine Zweifel und keine Probleme würden sie plagen, kein tiefer Schmerz und kein Bewußtsein, etwas verloren zu haben. Kein sensibler, vitaler Mensch könnte jedoch auf Dauer so empfinden. Man würde zuviel dabei einbüßen.

Selbstverständlich können wir Vollkommenheit als Idealzustand würdigen und jene vielleicht sogar einige Tage, wo das Ideal in Erfüllung geht, bis zur Neige auskosten. Aber ständige Vollkommenheit und Zufriedenheit zu erwarten ist wirklichkeitsfremd. Wir müssen darauf gefaßt sein, ihr Ende zu betrauern und in der Folge in eine problematischere Wirklichkeit zurückzukehren. Statt danach zu streben, etwas zu verlängern, was seinem Wesen nach nicht von langer Dauer ist, sollten wir uns bemühen, die Unvollkommenheit des Lebens als reife Menschen hinzunehmen und sogar dankbar für sie zu sein.

DIE BUNTHEIT DES LEBENS. Eine Party, ein Fußballspiel, ein Essen bei Kerzenlicht – die kleinsten ebensogut wie die größten Dinge des Lebens können wunderbare Augenblicke reiner Euphorie hervorrufen. Ein guter Film zum Beispiel läßt uns das eigene Ich und unsere

Lebensumstände völlig vergessen, weil er uns durch Spannung, Dramatik, Zauber oder einer Mischung aus allen dreien ganz in seinen Bann schlägt. Aber Augenblicke wie diese, wo man sich »losgelöst« vom eigenen Ich fühlt, sind ihrem Wesen nach sehr flüchtig; sie lassen sich nicht verlängern. Nicht Euphorie führt zu einem ausgefüllten Leben, sondern Vitalität.

Wir wollen nicht nur leben; wir wollen die eigene Lebendigkeit empfinden. Wir wollen uns lebendig *fühlen*. Vitalität wirkt über das Glücklichsein hinaus auf die mannigfaltige Gesamtstruktur des Lebens. Sie ist die treibende Kraft des Lebens, die Kraft hinter der Erfahrung, der für jenes Gefühl der Lebendigkeit erforderliche Handlungsfluß.

Erich Fromm beschrieb das Glücklichsein einmal als »unser Kontakt mit dem Tiefpunkt der Wirklichkeit... die Entdeckung des eigenen Ichs, unserer Ähnlichkeit und Verschiedenheit im Vergleich mit anderen... ein Zustand starker innerer Aktivität, die Erfahrung der anwachsenden Lebenskraft, der wir im fruchtbaren Wechselspiel zwischen der Welt und uns selbst begegnen.«

In Wirklichkeit beschrieb Fromm damit nicht das Glücklichsein, sondern die Vitalität. Die Schlüsselbegriffe seiner Beschreibung – Tiefpunkt der Wirklichkeit, Entdeckung des eigenen Ichs, starke innere Aktivität – sind auch Schlüsselbegriffe der Depression, in der sich das unbezähmbare menschliche Verlangen nach Sinn, Bedeutung und einem Bewußtsein für Zweck und Stellenwert seines Daseins widerspiegelt. Aber dieses Verlangen ist janusköpfig, ist schön und häßlich zugleich. Weder jede Minute noch jeder Tag kann sinnvoll sein. Anderenfalls wären wir derart überfrachtet mit Sinn, daß wir davon völlig erschlagen würden. Wir brauchen diese Zeiten, wo wir uns ausblenden können, wo wir die Illusion erzeugen, sie billigen, Vergnügen an ihr finden und uns eine zeitweilige Aufhebung des Urteilsvermögens erlauben können. Wir brauchen Spiel und Spaß, Albernheit und sogar Trivialität, aber nicht unter Ausschluß von allem anderen. Das Gleichgewicht zwischen Bewußtsein und Illusion, zwischen Ernst und Spiel läßt sich nur durch die Erfahrung von beidem finden, nicht durch die Flucht vor dem einen und dem verzweifelten Streben nach dem anderen. Das eine bereichert das jeweils andere und verleiht ihm Tiefe.

Gerade das ist doch das Interessante am Leben: die Auseinandersetzung, der fortwährende Kampf, der Wechsel zwischen Licht und Schatten, Auf und Ab, Bedrücktheit und Unbeschwertheit. Im Zusammenprall von harter Wirklichkeit und spielerischer Phantasie steckt Vitalität. In ihr treffen Erfahrung und Reflexion aufeinander, Bewußtsein und

Illusion, Stillstand und Entwicklung, Verlieren und Finden, Freud und Leid. Wenn wir aber tatkräftige, vitale Menschen bleiben wollen, müssen wir uns die Fähigkeit bewahren, nicht nur Glück, sondern auch Depression empfinden zu können.

Sowohl das Glücklichsein als auch die Depression speisen sich aus der gleichen Quelle: der Fähigkeit zu empfinden, uns selbst Gefühle zu erlauben, und der Wille, die Fülle des Lebens auszukosten. Das ist Vitalität. Depressionen sind keine Zeitverschwendung, wie manche Menschen behaupten, sondern ein ebenso grundlegender Bestandteil der menschlichen Erfahrung wie das Glücklichsein. Der normale Gang des Lebens schließt sowohl Freud als auch Leid ein, und ebenso die riesige Grauzone dazwischen.

Zu viele Menschen wollen das einfach nicht wahrhaben. Es ist gerade so, als hätten sie ihr Leben in Schwarz und Weiß eingeteilt und dann beschlossen, nur Weiß sei annehmbar. Verwirrt von der Unmenge an Grautönen, ziehen sie es vor, das Vorhandensein des Grau einfach zu ignorieren. Sie leben lediglich für einen Extrembereich der Erfahrung. Dadurch rauben sie der Depression nicht nur ihren Bedeutungsgehalt, sondern auch ihren Sinn. Da sie ihr nicht ausweichen können, weil auch sie nur Menschen sind, hindern sie die Depression an der Erfüllung ihrer Aufgabe – der Verarbeitung von Verlust und Wandel und dem Aufbau einer neuen Grundlage für das Dasein in der Welt. Sie machen aus der Depression genau die sinnlose Qual, die sie am meisten fürchten.

Bedauerlicher noch, sie koppeln sich von der Buntheit und Erfahrung des Lebens ab, und somit auch von der Vitalität. Es gibt natürlich Zeiten, wo wir dem Dichter W. H. Auden zustimmen, der schrieb: »Alltägliches menschliches Unglück ist die natürliche Farbe des Lebens.« Mir aber scheint es, daß wir uns statt dessen die konstruktive Reife zum Ziel setzen sollten, die Freud befürwortete, für den das Leben die ganze Farbpalette von hell bis dunkel einschloß. Ein Gegensatz zwischen einer optimistischen und einer pessimistischen Lebensanschauung stand für ihn nicht zur Debatte. Nur das gleichzeitige Wechselspiel der Urtriebe, des Eros und des Todestriebs, könne die Buntheit des Lebens erklären, schrieb er, niemals der eine oder der andere allein.

Genau das hilft uns weiter – ein Sinn für die Buntheit des Lebens, für das Leid und die Lust einer vollständigen Palette. Zu der Buntheit des Lebens gehört die Depression als lebenswichtige Dimension des Menschseins.

Ausgewählte Bibliographie

Akiskal, H. S. und McKinney, W. T., »Overview of Recent Research in Depression«, in: *Archives of General Psychiatry.* Vol. 32 (1975).

Aldrin, Edwin E., *Return to Earth.* New York 1973.

Alloy, L., und Abramson, L., »Judgment of Contingency in Depressed and Nondepressed Students: Sadder but Wiser?«, in: *Journal of Experimental Psychology, General.* Vol. 108 (1979).

Alvarez, A., *Life After Marriage.* New York 1982.

Anthony, E. James, in: Anthony, E. James, und Benedek, Therese, *Depression and Human Existence.* New York 1975.

Arendt, Hannah, *Über die Revolution,* München 1965.

Arieti, Silvano, *The Intrapsychic Self.* New York 1967.

Arieti, Silvano, in: Arieti, Silvano, und Bemporad, Jules, *Depression.* Stuttgart 1983.

Arieti, Silvano, Interview in *Psychology Today,* April 1979

Aristoteles, *Problemata.* Cambridge, Mass. 1936–7.

Balint, Michael, »The Paranoid and Depressive Syndromes«, in: *Primary Love and Psychoanalytic Technique.* New York 1953.

Beck, Aaron T., »An Inventory for Measuring Depression«, in: *Archives of General Psychiatry.* Vol. 4 (1961).

Beck, Aaron T., *Depression: Causes and Treatment.* Philadelphia 1972.

Becker, Ernest, *The Birth and Death of Meaning: A Perspective in Psychiatry and Anthropology.* New York 1962.

Becker, Ernest, *Revolution in Psychiatry: The New Understanding of Man.* New York 1964.

Becker, Ernest, *Dynamik des Todes.* Freiburg/Br. 1976.

Bell, Quentin, *Virginia Woolf.* Frankfurt a. M. 1977

Bemporad, Jules, in: Arieti, Silvano, und Bemporad, Jules, *Depression.* Stuttgart 1983.

Benedek, Therese, in: Anthony, E. James, und Benedek, Therese, *Depression and Human Existence.* New York 1975.

Bettelheim, Bruno, *Freud und die Seele des Menschen.* Düsseldorf 1984.

Bibring, Ernest, »The Mechanism of Depression«, in: Phyllis Greenacre, *Affective Disorders.* New York 1953.

Blatt, S. J. et. al., »Experiences of Depression in Normal Youth Adults«, in: *Journal of Abnormal Psychology.* August 1976.

Bonime, Walter, »The Psychodynamics of Neurotic Depression«, in: *Journal of the American Academy of Psychoanalysis.* Vol. 4 (1975).

Bowlby, John, *Loss: Sadness and Depression.* Vol. III, *Attachment and Loss.* London 1980.

Boyd, J., und Weissman, M., »The Epidemiology of Affective Disorders: A Reexamination and Future Directions«, in: *Archives of General Psychiatry.* September 1981.

Boyd, J., Weissman, M., Thompson, W. D., und Myers, J. K., »Screening for Depression in a Community Sample; Understanding the Discrepancies Between Depression Symptoms and Diagnostic Scales«, in: *Archives of General Psychiatry.* October 1982.

Bradburn, N. M., und Caplovitz, D. C., *Reports on Happiness.* Chicago 1965.

Broverman, I., et. al., »Sex Role Stereotypes and Clinical Judgments of Mental Health«, in: *Journal of Consulting and Clinical Psychology.* January 1970.

Brown, George W., und Tirril, Harris, *Social Origins of Depression.* London 1978.

Burton, Robert, *The Anatomy of Melancholy.* New York 1927 (Erstausgabe 1621).

Camus, Albert, *Der Mythos von Sisyphos.* Hamburg 1959.

Camus, Albert, *Literarische Essays.* Hamburg 1959.

Cooper, David G., in: Laing, R. D. und Cooper, David G., *Vernunft und Gewalt.* Frankfurt a. M. 1973.

Costello, Charles, *Anxiety and Depression.* Montreal 1976.

Coyne, James C., »Depression and the Response of Others«, in: *Journal of Abnormal Psychology.* Vol. 85 (1976).

De Tocqueville, A., *Über die Demokratie in Amerika.* Stuttgart 1959.

Diagnostic and Statistical Manual of Mental Disorders, 3. Aufl., American Psychiatric Association, Washington 1980.

Eckardt, Marianne Horney, »Life as a Juggling Act: Our Concepts of »Normal« Development – Myth or Reality?« in: *American Journal of Psychoanalysis.* Vol. 35 (1975).

Edel, Leon, *Stuff of Sleep and Dreams: Experiments in Literary Psychology.* New York 1982.

Eliot, T. S., *Die Dramen.* Frankfurt a. M. 1974.

Farber, Leslie H., *Lying, Despair, Jealousy, Envy, Sex, Suicide, Drugs and the Good Life.* New York 1976.

Farber, Leslie H., »Merchandizing Depression«, in: *Psychology Today.* April 1979.

Flach, Frederic F., *Depression als Lebenschance.* Hamburg 1975.

Foucault, Michel, *Wahnsinn und Gesellschaft.* Frankfurt a. M. 1969.

Freud, Sigmund, *Zeitgemäßes über Krieg und Tod.* In: *Gesammelte Werke,* Bd. 10, Frankfurt a. M. 1946.

Freud, Sigmund, *Trauer und Melancholie.* In: *Gesammelte Werke,* Bd. 10, Frankfurt a. M. 1946.

Freud, Sigmund, *Nachwort zur »Frage der Laienanalyse«*, in: *Gesammelte Werke*, Bd. 14, Frankfurt a. M. 1948.

Fried, Edrita, *The Courage to Change*. New York 1981.

Friedman, R. J., und Katz, M. M. (Hrsg.), *The Psychology of Depression: Contemporary Theory and Research*. New York 1974.

Fromm, Erich, *Wege aus einer kranken Gesellschaft*. Frankfurt a. M. 1980.

Fromm, Erich, *Die Seele des Menschen*. Stuttgart 1979.

Fromm, Erich, *Anatomie der menschlichen Destruktivität*. Stuttgart 1974.

Gaylin, Willard (Hrsg.), *The Meaning of Despair*. New York 1968.

Gaylin, Willard, *Feelings*. New York 1979.

Goldberg, Herb, *Der verunsicherte Mann – Wege zu einer neuen Identität aus psychotherapeutischer Sicht*. Hamburg 1979.

Gove, Walter, »The Relationship Between Sex Roles, Marital Status and Mental Illness«, in: *Social Forces*. September 1972.

Green, Arthur, *Tormented Master: A Life of Rabbi Nahman of Bratslav*. University, Alabama, 1979.

Greene, Graham, *Der Ausgangspunkt*. Wien 1951.

Greenson, Ralph, »On Boredom«, in: *Journal of the American Psychoanalytic Association*. January 1953.

Guardini, Roman, *Der Blick aufs Ganze*. München 1985.

Hammen, C. L. und Padesky, C. A., »Sex Differences in the Expression of Depressive Responses«, in: *Journal of Abnormal Psychology*. Vol. 86 (1977).

Hammen, C. L. und Peters, S. D., »Differential Responses to Male and Female Depressive Reactions«, in: *Journal of Consulting and Clinical Psychology*. Vol. 45 (1977).

Hammen, C. L. und Peters, S. D., »Interpersonal Consequences of Depression«, in: *Journal of Abnormal Psychology*. Vol. 87 (1978).

Hammen, C. L. und Padesky, C. A., »Sex Differences in Depressive Symptom Expression and Help-seeking Among College Students«, in: *Sex Roles*. Vol. 7 (1981).

Hartmann, Heinz, *Ich-Psychologie*. Stuttgart 1972.

Hazleton, Lesley, »The Joyful Struggle of Adin Steinsalz«, in: *Quest/80*. July 1980.

Henry, Jules, *Jungle People*. New York 1941.

Hesse, Hermann, *Der Steppenwolf*, Berlin 1927.

Hopkins, G. M., *Poems of Gerard Manley Hopkins*. Oxford 1930.

Huxley, Aldous, *Schöne neue Welt*, Frankfurt a. M. 1953.

Ingleby, David, »Understanding ›Mental Illness‹«, in: *Critical Psychiatry*. Herausgegeben von David Ingelby. New York 1980.

Jahoda, Marie (Marie Lazarsfeld), *Current Concepts of Positive Mental Health*. New York 1958.

James, William, *Die religiöse Erfahrung in ihrer Mannigfaltigkeit.* Leipzig 1907.
Jones, Ernest, *Sigmund Freud, Leben und Werk.* Frankfurt a. M. 1969.
Jones, Howard Mumford, *The Pursuit of Happiness.* Harvard 1953.

Kant, Immanuel, *Beobachtungen über das Gefühl des Schönen und Erhabenen.* Königsberg 1766.
Kaufmann, Walter, *Nietzsche: Philosoph, Psychologe, Antichrist.* Darmstadt 1982.
Kierkegaard, Søren, *Der Begriff der Angst.* Düsseldorf 1952.
Kierkegaard, Søren, *Furcht und Zittern.* Düsseldorf 1950.
Kierkegaard, Søren, *Die Krankheit zum Tode.* Düsseldorf 1954.
Kleinke, C. L. et. al., »Sex Differences in Coping with Depression«, in: *Sex Roles.* Vol. 8 (1982).
Klerman, Gerald, et. al., »Treatment of Depression by Drugs and Psychotherapy«, in: *American Journal of Psychiatry.* Vol. 131 (1974).
Kline, N., in: *Manic Illness.* Herausgegeben von Baron Shopsin. New York 1979.
Kovel, Joel, »The American Mental Health Industry«, in: *Critical Psychiatry.* Herausgegeben von David Ingleby. New York 1980.

Laing, R. D., *Phänomenologie der Erfahrung.* Frankfurt a. M. 1969.
Laing, R. D., »The Obvious«, in: *The Dialectics of Liberation.* Herausgegeben von David Cooper, London 1968.
Lasch, Christopher, *Das Zeitalter des Narzißmus.* München 1980.
Lewis, C. S., *Über die menschliche Trauer.* Einsiedeln 1967.
Lifton, Jay Robert, *Der Verlust des Todes.* München 1986.
Lifton, J. R. und Falk, Richard, *Indefensible Weapons.* New York 1982.

Marcel, Gabriel, *Geheimnis des Seins.* Wien 1952.
Marcel, Gabriel, *Philosophie der Hoffnung.* München 1964.
Marris, Peter, *Loss and Change.* London 1964.
Maslow, Abraham, »The Need to Know and the Fear of Knowing«, in: *Journal of General Psychology.* Vol. 68 (1963).
Maslow, Abraham, »Neurosis as a Failure of Personal Growth«, in: *Humanitas.* Vol. 3 (1967).
May, Rollo, »Contributions of Existential Psychotherapy«, in: *Existence: A New Dimension in Psychiatry and Psychology.* Herausgegeben von R. May, E. Angel und H. Ellenberger. New York 1958.
May, Rollo, *Der verdrängte Eros.* Hamburg 1970.
May, Rollo, *Man's Search for Himself.* New York 1953.
May, Rollo, *Freedom and Destiny.* New York 1981.
Mendelson, Myer, *Psychoanalytic Concepts of Depression.* New York 1974.

National Institute of Mental Health, *Report on the Collaborative Program on the Psychobiology of Depression.* Washington 1980.

Nurnberg, H. G., »Narcissistic Personality Disorder«, in: *Weekly Psychiatry Update Series*. F. Flach (Hrsg.). Vol. III, No. 18. Princeton 1980.

Oates, Joyce Carol, »›Why is Your Writing so Violent?‹« in: *The New York Times Book Review*, 29. März 1981.
Ortega y Gasset, Joset, *Der Aufstand der Massen*. Stuttgart 1931.

Parker, Dorothy, *The Portable Dorothy Parker*. New York 1954.
Passmore, John, *Der vollkommene Mensch*. Stuttgart 1975.
Pavese, Cesare, *Das Handwerk des Lebens*. Hamburg 1956.
Peck, M. Scott, *The Road Less Traveled*. New York 1978.
Prange, Arthur J., »Antidepressants«, in: *The American Handbook of Psychiatry*. Vol. V, Silvano Arieti (Hrsg.), New York 1974.

Raskin, Allen, »A Guide for Drug Use in Depressive Disorders«, in: *American Journal of Psychiatry*. Vol. 131 (1974).
Ricœur, Paul, *Dread and Philosophy*. Yale 1970.
Ricœur, Paul, *Freedom and Nature*, Evanston, Illinois 1966.
Ricœur, Paul, »Psychiatry and Moral Values«, in: *The American Handbook of Psychiatry*. Vol. I, Silvano Arieti (Hrsg.), New York 1974.
Roiphe, Anne, »A Writer Looks at the Void«, in: *International Journal of Psychoanalysis*. Vol. 35 (1975).
Roszak, Theodore, »In Search of the Miraculous«, in: *Harper's*, January 1981.

Sandler, J. und Joffe, W. G., »Notes on Childhood Depression«, in: *International Journal of Psychoanalysis*. Vol. 46 (1965).
Scarf, Maggie, *Unfinished Business: Pressure Points in the Lives of Women*. New York 1980.
Schopenhauer, Arthur, »Über den Tod« und »Von der Nichtigkeit und dem Leiden des Lebens«, in: *Die Welt als Wille und Vorstellung*, Bd. 2. Zürich 1977.
Slater, Philip, *The Pursuit of Loneliness*. Boston 1976.

Tillich, Paul, *Der Mut zum Sein*. Stuttgart 1953.
Tolstoj, Leo, *Meine Beichte*, Leipzig 1901.

Unamuno, Miguel de, *Das tragische Lebensgefühl*, Wien 1924.
Underhill, Evelyn, *Mystik*. München 1928.

Van Kaam, Adrian, in: *The Goals of Psychotherapy*. Herausgegeben von A. R. Mahrer, New York 1967.

Watts, Alan, The Meaning of Happiness, Stanford 1953.
Weissman, Myrna, et. al., »Treatment Effects on the Social Adjustment of Depressed Patients«, in: *Archives of General Psychiatry*. Vol. 30 (1974).
Weissman, Myrna, »Drugs and Psychotherapy in Depression Revisited«, in: *Psychopharmacology Bulletin*. Vol. II (1975).

Weissman, Myrna und Klerman, Gerald L. »Sex Differences and the Epidemiology of Depression«, in: *Archives of General Psychiatry.* Vol. 34 (1977).

Wiesel, Elie, *Was die Tore des Himmels öffnet: Geschichten chassidischer Meister.* Freiburg 1981.

Williams, Tennessee, »On a Streetcar Named Success«, in: *The New York Times*, 30. November 1947.

Wolfe, Thomas, »God's Lonely Man«, in: *The Hills Beyond.* New York 1941.

Woolf, Virginia, *Die Wellen.* Frankfurt a. M. 1959.

Zetzel, Elizabeth R., »Depression and the Incapacity to Bear It«, in: *International Journal of Psychoanalysis.* Vol. 41 (1960).

Zilbergeld, B., *The Shrinking of America: Myths of Psychological Change.* Boston 1983.

Guter Rat

Dan Kiley
Das Peter-Pan-Syndrom
Männer, die nie erwachsen werden
280 Seiten, gebunden, DM 29,80

Jede Frau hat einen *Peter Pan* gekannt, geliebt, geheiratet, verlassen oder überlebt…
Dieses Buch beschäftigt sich mit den Männern, die nie erwachsen geworden sind. Sie sind witzig, charmant und oft sehr erfolgreich, gleichzeitig aber auch von erstaunlicher Unreife – unfähig, Bindungen einzugehen, Verantwortung zu übernehmen, echte Liebe zu empfinden.
Dr. Dan Kiley zeigt, wie wir einen *Peter Pan* erkennen und verstehen können, und wie wir ihm helfen können, endlich erwachsen zu werden.

Lynn Caine
Was habe ich bloß falsch gemacht?
Mütter und ihre Schuldgefühle
272 Seiten, gebunden, DM 29,80

Das ist die langersehnte tröstliche Botschaft für alle Mütter, die unter dem quälenden, lähmenden Gefühl der Schuld leiden, bei ihren Kindern versagt zu haben. Lynn Caine macht ihnen Mut: Hört auf, euch selbst die Schuld zu geben! Es gibt nur wenige Garantien, wenn es darum geht, »gesunde« Kinder aufzuziehen. Meistens setzen sich Frauen unerfüllbare Maßstäbe, und wenn es dann zu den unvermeidlichen Fehlschlägen kommt, geben sie sich selbst die Schuld.

bei Kabel

Bücher von
Elisabeth Müller-Luckmann

Eine Psychologie-Professorin gibt Lebenshilfe im wahrsten Sinne des Wortes. Sie schreibt einfach und klar, ohne das Begriffsgestrüpp der Wissenschaft zu bemühen, und doch wird nichts simplifiziert:

Die große Kränkung
Wenn Liebe ins Leere fällt

Was passiert, wenn der »Märchenprinz« geht und nichts als schmerzliche Leere hinterläßt? Haben Frauen zu hohe Erwartungen an die Männer, die sie bei Nichterfüllung ins Bodenlose fallen lassen? (120 Seiten, gebunden, DM 19,80)

Männer um 50

Der Mann um 50 – wenn er überhaupt eine Chance gehabt hat, zu einer »Persönlichkeit« zu werden, dann dürfte er es jetzt sein. Hat er »noch« Träume, »noch« neue Ziele? Ein Buch, das ermutigende Denkanstöße geben will, um Selbstreflektion und Selbstverständnis von Betroffenen und auch ihrer Partnerinnen zu schärfen. (120 Seiten, gebunden, DM 19,80)

bei Kabel